北京大学政府管理学院学术出版基金资助

陆 军 等著

FROM MISMATCH TO MATCH

An Evidence-based Analysis of Spatial Matching of Public Goods in Beijing

从失配到适配

北京公共产品空间匹配循证分析

北京大学出版社
PEKING UNIVERSITY PRESS

图书在版编目(CIP)数据

从失配到适配：北京公共产品空间匹配循证分析/陆军等著. —北京：北京大学出版社，2021.10

ISBN 978-7-301-32706-7

Ⅰ.①从… Ⅱ.①陆… Ⅲ.①公共物品 – 供给制 – 研究 – 北京 Ⅳ.①F20

中国版本图书馆CIP数据核字(2021)第 226625 号

书　　　名	从失配到适配：北京公共产品空间匹配循证分析 CONG SHIPEI DAO SHIPEI: BEIJING GONGGONG CHANPIN KONGJIAN PIPEI XUNZHENG FENXI
著作责任者	陆　军　等著
责 任 编 辑	王树通　赵旻枫
标 准 书 号	ISBN 978-7-301-32706-7
出 版 发 行	北京大学出版社
地　　　址	北京市海淀区成府路205号　100871
网　　　址	http://www.pup.cn　新浪微博:@北京大学出版社
电 子 信 箱	zpup@pup.cn
电　　　话	邮购部 010-62752015　发行部 010-62750672　编辑部 010-62764976
印 刷 者	天津中印联印务有限公司
经 销 者	新华书店
	720 毫米 × 1020 毫米　16 开本　21.75 印张　418 千字 2021 年 10 月第 1 版　2021 年 10 月第 1 次印刷
定　　　价	89.00 元

未经许可，不得以任何方式复制或抄袭本书之部分或全部内容。
版权所有，侵权必究
举报电话: 010-62752024　电子信箱: fd@pup.pku.edu.cn
图书如有印装质量问题，请与出版部联系，电话: 010-62756370

前　言

　　1933年8月,由世界现代派建筑师代表建立的国际组织——国际现代建筑协会(Congrès International d'Architecture Modern,CIAM)开会讨论通过了一份关于城市规划理论和方法的纲领性文件《城市规划大纲》,提出了城市功能分区和以人为本的思想,也提出了维护居住、工作、游憩与交通四大功能活动是城市规划的目的。1943年上述思想和行动指南冠以《雅典宪章》之名推出,享誉世界。

　　回顾往昔,受由来已久的落后生产力和封闭发展模式的制约,在很长的一个历史时期内,中国城市大都存在着以产为本、规划滞后、功能不全、设施不均、服务低质等问题,亟待解决。例如,1949年至改革开放后的一段时间,在公共产品和基本公共服务领域,中国城市长期普遍遭受着供给的绝对规模不足、服务品种和质量落后及空间上供求区位失衡失配三大核心问题的严重困扰,无法满足城市居民需求,无法保障城市功能运行,也无法服务于城市的未来发展。

　　公共产品和基本公共服务是现代城市赖以生存和发展的基石。基于对人民的高度责任感和清醒认识,党的十八大报告提出2020年要全面提高人民生活水平,总体实现基本公共服务均等化。2017年10月召开的中国共产党第十九次全国代表大会提出,中国特色社会主义已经进入新时代,中国已迈入全面建成小康社会的决胜阶段,中国社会的主要矛盾已经转化为人民日益增长的美好生活需要和不平衡不充分的发展之间的矛盾。

针对历史问题,响应战略指引,从空间视角,及时深入地开展关于城市公共产品和基本公共服务的"供给-需求匹配"和"空间均衡"研究,对中国城市的健康高效、公平与和谐发展具有极其重要的理论与实践意义和战略价值。基于城市研究者的使命感,我们组建团队,采用"基于证据的实践"(evidence-based practice)的循证技术路线,以北京为案例,对城市公共产品与基本公共服务的空间匹配进行循证分析,力求通过慎重收集数据、准确反映现状、明智预判趋势,为科学制定城市发展策略提供研究证据。

在书中,笔者想呈现出如下的尝试与特征:

第一,自始至终秉承强烈的问题意识,在系统梳理当代城市公共产品和公共服务空间失配前沿研究动态的基础上,以北京为研究对象,通过建立分类与综合相结合的公共产品供需现状分析、空间供给能力评价和公共产品空间匹配分析等工具,深刻反映北京市公共产品空间失配的现象、形态及其产生机理。

第二,综合运用耦合协调度、地理单元加总与映射、供需比例匹配和空间拥挤度等科学分析方法,形成"宏-中-微多层复合"的公共产品匹配分析框架。宏观上,考察各地及其下辖区域公共产品供需的同步性并进行阶段性识别;中观上,从区域和公共产品细分两个维度探查空间失配根源并给出纾解的优先级排序;微观上,对比分析各公共设施网点的布局容量和周边人口密度,根据有效服务半径确定城市公共产品的失配地区。

第三,基于"分类、分品"的异质性分析思路,依据相关调查数据、年鉴数据、空间数据,从总量均衡、结构均衡、地域均衡三个维度,对北京市公共产品的空间适配性进行评价。进而遴选医疗、公园、博物馆、教育、电影院、商贸服务六类核心公共产品,从空间供给特征、辐射半径、可达性、分布密度等方面进行样本分析,归纳北京公共产品供求的核心问题及其症结。

第四,将空间失配的内涵扩展为总量与结构、公平与效率两类问题,以避免就空间论空间的局限,同时也能扬弃过度关注技术效率与配置效率,而忽视公共政策有效性和社会公平性的偏狭视角。本书的基本纾解思路是:政府必须综合集成各类技术和制度工具,综合运用政策手段,实现供求双向调节,最大化发挥公共产品效应,提升居民福利水平。

第五,注重公共产品的偏好表达机制和主观效用评价的客观性改进。本书依托典型公共产品的细分研究框架,以及对家庭和代表性公共产品消费需求进行较大样本调查的数据基础,通过建立公共产品需求函数和进行需求因子分析,尝试构建城市公共产品的偏好显示机制,力争在城市公共产品的总量需求与结构模拟、供需失衡或空间偏离判别等方面有所进展。

此外,本书高度重视政策建议与对策措施的可操作性。在对北京城市公共产品空间适配分析评价的基础上,既对存量、增量两类公共资源在北京城区内部的空间纾解方案提出了设想,也从供给、需求两端以及不同匹配方式的角度提出了一般性的纾解策略与政策建议。

本书源于国家社会科学基金项目"中国城市公共产品空间失配的纾解策略研究"的初步研究成果,在此向科学工作办公室的支持致以衷心感谢。同时,本课题研究历时数年,参与人员众多,主要成员包括陆军、伏虎、汪文姝、宋灏、荣秋艳、姬懿、齐云蕾、张雅文、徐杰、赵雪冉、李政隆、藏天宇、吴望可、王安然、林力、王安琪、米伊雯等。在此,向所有参加本课题研究或为研究提供各种支持和协助的人员致以衷心感谢。同时,衷心感谢北京大学政府管理学院学术出版基金提供的出版资金支持。本课题仍是一项初步的研究成果与思考,沧海一粟,还需完善。面对中国城市日新月异的发展大潮以及迫切的理论研究和实践需要,我们将继续努力,持续跟踪研究。同时,我们热切期待各位专家、学者和实践领域的工作者,给予我们更多的指教与提点。在此谨致以衷心感谢,并期盼共同开展中国城市研究。

陆 军

于燕园

2021 年 9 月

目 录

第1章　导论 ·· (1)
　1.1　空间失配假说的起源及验证 ·· (1)
　1.2　国内外的公共产品空间失配研究 ···································· (2)
　1.3　城市公共产品空间失配问题的提出 ·································· (4)
　1.4　研究的技术路线 ·· (7)
　1.5　内容与研究框架 ·· (8)
　参考文献 ·· (9)

第2章　实证方法与公共产品布局分析模型 ································ (13)
　2.1　空间失配理论实证方法总结 ·· (13)
　2.2　城市公共产品布局的分析模型 ······································ (15)
　参考文献 ·· (21)

第3章　北京市医疗机构空间布局及供给研究 ···························· (26)
　3.1　医疗卫生资源布局理论与实践综述 ·································· (26)
　3.2　北京市医疗卫生机构布局现状评价 ·································· (30)
　3.3　北京市医疗资源空间布局优化方案 ·································· (57)

3.4 北京市医疗资源管理改革政策建议 ……………………………… (58)
参考文献 ……………………………………………………………… (59)

第 4 章 北京市公园空间布局及供给研究 ……………………………… (63)
4.1 城市公园公共空间研究综述 ……………………………………… (63)
4.2 北京市公园布局现状及成因分析 ………………………………… (69)
4.3 北京市中心城区各街道公园供给能力空间分异分析 ………… (79)
4.4 首都功能核心区与城市功能拓展区公园布局优化 …………… (91)
参考文献 ……………………………………………………………… (93)

第 5 章 北京市博物馆空间布局及供给研究 …………………………… (96)
5.1 城市博物馆理论与研究综述 ……………………………………… (96)
5.2 北京市博物馆布局现状及成因分析 ……………………………… (99)
5.3 北京市与世界其他城市博物馆比较分析 ……………………… (112)
5.4 北京市博物馆空间布局政策建议 ……………………………… (115)
参考文献 ……………………………………………………………… (116)

第 6 章 北京市教育资源空间布局及供给研究 ………………………… (118)
6.1 城市教育资源理论与研究综述 ………………………………… (119)
6.2 北京市普通高中教育资源空间布局的现状特征 ……………… (126)
6.3 北京市普通高中教育资源空间布局成因及优化措施 ………… (155)
参考文献 ……………………………………………………………… (161)

第 7 章 北京市电影院空间布局及供给研究 …………………………… (164)
7.1 电影院空间研究的文献综述 …………………………………… (164)
7.2 研究内容与研究范围 …………………………………………… (169)
7.3 研究方法与技术路线 …………………………………………… (170)
7.4 数据搜集、预处理 ……………………………………………… (170)
7.5 北京市电影院的空间布局与供给特征 ………………………… (173)
7.6 北京市电影院空间布局的主要影响因素 ……………………… (189)
参考文献 ……………………………………………………………… (190)

第 8 章 北京市商业服务设施空间布局及供给研究 …………………… (192)
8.1 研究方法 ………………………………………………………… (193)
8.2 文献与研究综述 ………………………………………………… (193)
8.3 模型设计 ………………………………………………………… (195)

  8.4　实证研究 ·· (198)
  8.5　原因解释 ·· (205)
  8.6　政策建议 ·· (212)
  参考文献 ·· (214)

第 9 章　城市公共产品空间适配的思路与方法 ···························· (216)
  9.1　空间适配分析的思路、方法和工具 ································· (216)
  9.2　耦合协调度分析 ··· (218)
  9.3　供需比例匹配分析 ·· (219)
  9.4　拥挤度空间分析 ··· (221)
  参考文献 ·· (222)

第 10 章　城市公共产品空间供给能力测度与布局 ······················· (223)
  10.1　公共产品供给的理论与模型 ······································· (223)
  10.2　北京市城六区公共产品空间供给能力测度 ····················· (227)
  10.3　北京市城六区公共产品空间供给布局特征 ····················· (239)
  参考文献 ·· (253)

第 11 章　城市公共产品空间需求分析与测度 ····························· (255)
  11.1　城市公共产品空间需求理论与方法 ······························ (255)
  11.2　城市公共产品需求的影响因素 ···································· (258)
  11.3　城市公共产品空间需求的模型与测度 ··························· (266)
  参考文献 ·· (283)

第 12 章　北京市城市公共产品空间适配综合评价 ······················· (285)
  12.1　宏观分析：城市公共产品耦合协调度评价 ····················· (285)
  12.2　中观分析：城市公共产品供需比例匹配评价 ·················· (287)
  12.3　微观分析：城市公共产品拥挤度评价 ··························· (289)
  12.4　北京市城市公共产品空间失配的纾解策略 ····················· (293)
  参考文献 ·· (297)

第 13 章　城市公共产品生产运营的国际经验 ····························· (300)
  参考文献 ·· (305)

第 14 章　城市公共产品空间失配的纾解策略 ····························· (309)
  14.1　纾解空间失配的思路与目标 ······································· (309)
  14.2　加快城市公共财政预算体系改革 ································· (310)

  14.3 公共产品空间失配的供给侧纾解 ································· (312)
  14.4 公共产品空间失配的需求侧纾解 ································· (314)
  参考文献 ·· (315)

第 15 章 纾解城市公共产品空间失配的保障措施 ···················· (317)
  15.1 公共产品需求选择的公民表决机制 ····························· (317)
  15.2 推进城市政府转变公共服务职能 ······························· (318)
  15.3 调整城市土地利用规划政策 ··································· (320)
  15.4 建设城市公共产品治理体系 ··································· (321)
  15.5 优化城市区域空间组织结构 ··································· (323)
  参考文献 ·· (324)

附录 1 各街道电影院供给能力的测算-技术方案 ····················· (325)
附录 2 问卷设计及结果分析 ······································ (327)
后记 ·· (335)

第1章 导　　论

1.1　空间失配假说的起源及验证

1971年,哈佛大学学者Kain首次提出"空间失配"假说,主要研究不同种族之间居住区和工作区的空间不匹配现象。Kain指出,居住在市中心的黑人由于远离市郊的就业机会以及通勤不便,从而导致贫困和失业率较高,他估计芝加哥的住宅隔离使黑人的就业机会减少了20 000多个,即居住隔离和交通可达性造成黑人和白人工作机会的差异与内城贫困。空间失配假说提出后,一系列旨在检验其真伪的研究逐渐出现。早期研究由于实证研究方法和数据的限制存在一定缺陷,缺乏说服力,但20世纪90年代以来的研究已证实空间失配是造成内城居民(特别是少数族裔和青少年)失业的重要原因,如Ihlanfeldt和Sjoquist(1991)指出种族歧视、信息不对称、黑人居住区和工作增长区的公共交通限制等因素,限制了黑人通勤和在工作机会多的地区寻找工作的可能性。Patacchini和Zenou(2005)采用英国各区域的数据进行实证研究,证实了在职住分离的情况下,由于内城的非白人居民比外城白人居民的通勤距离和通勤时间长很多,导致非白人寻找工作的积极性降低,因此更易陷入失业和贫困。Houston(2005)则对测度空间失配的方法进行了研究,认为Kain的空间失配假说是成立的,不同的研究之所以得出相互矛盾的结果是因为检验空间失配假说的方法存在差异性。其后,空间失配作为现象、方法论和研究议题,在各领域有着广泛应用。

1.2 国内外的公共产品空间失配研究

1.2.1 西方理论研究

20世纪90年代以来,关于空间失配问题的研究逐渐扩展到公共产品领域,城市公共服务设施供给的区位效率、社会分异以及空间公平等引起众多西方国家学者的关注,相关研究涉及教育、医疗保健、体育及公共娱乐等城市公共服务设施。有研究发现,随着福利制度的淡出,城市公共服务出现了供给主体多元化的趋势,公共服务可能呈现"反向法则"(inverse-care law),即公共服务的供需反向变化,空间布局更有利于高收入者。Wilson(1999)研究指出,在社区层面,内城区提供的公共产品不能满足中产阶级的需求,在经济社会变迁和社会政策共同作用下,中产阶级撤出内城区的贫困社区,以享受所需的公共产品和服务以及优越的商业、居住条件,这一定程度上恶化了社区的社会资本状况。Nicholls 和 Shafer(2001)对得克萨斯州 College Station 社区公园的研究表明,低收入者和非白人居民居住区社区公园的可达性差,但他们对社区公园的需求并不比高收入者和白人少。Squires 和 Kubrin(2005)也曾指出,美国弱势社区存在公共产品失配现象:政府政策鼓励商业和就业由城市向郊区迁移,财政激励造成城市社区的去工业化和低投资率,商业逃离到以低成本招商引资的地区。为了平衡财力,地方政府出于无奈只能消减对传统弱势社区的公共产品供给,由此造成弱势社区的生活品质、商业环境、公共服务和社会投资进一步下滑,强化了城市公共产品的空间失配。Heynen、Perkins、Roy(2006)采用相关性检验方法,结合人口统计变量对密尔沃基市绿色开敞空间的服务区域进行了公平性研究,发现其具有向高收入社区、非西班牙裔白人居住区以及低空置率住宅区集聚的特征。这些研究结论一定程度上为低收入者聚居区公共设施供给不足的论断提供了现实依据。

公共产品空间失配与城市贫困也密切相关。Massey(1990)研究表明,社会隔离和职住分离造成黑人聚集区的贫困,贫困使这些居住区的公共设施质量严重下降,造成城市内部公共设施和公共资源空间分布不公平、住房条件和居住环境恶化,这反过来又加剧了城市贫困。Wilson(1999)指出,内城区的黑人居民较外城白人居民更需要便利的公共交通设施来寻找工作和通勤,但公共交通供给的不足阻碍了内城区工人去郊区就业的可能,进而加剧了内城区的贫困。因此，为消除城市贫困，促进城市内部各区域协调健康发展，城市公共服务设施应提供给最需要它们的人群。Wilson(1999)认为，公共设施空间分配的公平意味着公共服务设施配置分布要与居民的需要、偏好标准相一致。西方实践证明，符合社区文化方式的公共服务设施是最受欢迎的，但现行的规划目标往往是追求公共服务设施在城市范围内分布的地域公平，而非根据不同居民群体需要来配置公共服务设施，这容易造成公共产品在空间上失配，导致城市内部公共产品在空间上供求失衡。

尽管西方对公共产品空间失配现象的研究已有 20 多年的历史，也已形成涵盖理论、实证和方法的研究体系，但该研究领域始终未能成为相关学科的主流方向，研究成果数量也较少。

1.2.2 国内理论研究

目前，国内对公共产品空间失配的研究非常少，且不像国外那样系统和全面，主要是对国外研究的介绍以及对单个城市中某一类公共产品空间失配的研究。

在理论研究方面，周江评(2004)最早介绍了国外对"空间失配"假设的研究情况，并指出我国借鉴空间失配理论的意义。李纯滨、吴静(2006)对西方学者在空间失配假设方面的研究进行了回顾，提出在研究中应重点关注在中国城市就业、城市交通规划、土地利用规划和城市改造拆迁四个方面应用空间失配假设的可能性和必要性。牟永福(2008)认为，受市场化的利益驱动，投资主体通常追求公共产品集中性分布，忽略可及性和空间匹配，导致城市公共产品集中于闹市区和富裕群体聚集区，城市边缘区或低收入群体聚集区公共产品严重不足。因此，公共产品市场化提高供给效率时，也导致空间失配：一方面应实现公共产品的空间差异性分布；另一方面增强公共产品供给模式的多样化，满足不同群体的需求。然而，了解整个社会或城市的公众偏好极其困难。且政府不能根据每个人的偏好设计和提供公共产品，因为成本会太高，所以须在社会偏好和私人偏好两极间选择一个有限偏好集。即使市场机制受到政府管制，但只要保证居民自由流动，在社区层面就会形成有限偏好集，最大限度实现公共产品供给效率。

在实证研究方面，晋璟瑶等(2007)研究居住区公共服务设施问题时发现，公共设施供给结构性不足。例如，停车设施统计表明，当前存在"总量不足、局部有余、新旧不同、上下有别"问题。712 个建有停车场(库)的小区，户均停车位不足 0.22 个，距户均停车位 0.3~1.3 个的标准相距很远。经验表明，交通网络通过连接服务设施和居住点来满足公共服务设施利用。但王婷娜（2007）发现，当前城市交通的可达性条件无法满足公共设施充分利用的需要。周林刚、朱昌华（2008）发现，深圳市便民设施、城市休憩空间、文化娱乐设施、福利设施及高中阶段教育设施等发展型公共产品的供给数量不足、供给结构失衡和空间布局不合理。空间布局不合理还导致公共产品使用效率受损，公共产品供过于求和供不应求同时存在，加剧了城市贫困。李薇薇、张德金（2008）研究发现，北京的社区商业设施空间布局不平衡。以各区域每万人拥有的社区商业网点数量为标准，功能拓展区、发展新区分别为 37.2 个和 30.4 个，与居民消费服务需求有较大差距。且老城区配套薄弱，社区商业设施有效供给不足；新城区则因不适应社区商业经营者和居民的消费需要，有效供给也不足。在公共产品配置上，杨梅、甄峰、杜文平（2009）研究深圳市龙岗区社区医疗设施空间布局状况发现，商业化、市场化导致医疗服务质量和居民卫生服务需求呈现出空间不配套现象，医疗服务资源向高端产品集中，地域上向高购买力地区集中，医疗卫生服务可达性降低，供需出现结构性矛盾。例如，2004 年深圳市龙岗区各类卫生机构仅有 349 间，其中公有 133 间，社会 216 间。高军波等（2010）研究广州公共服务设施空间分异发现，公共交通设施供需存在空间不匹配问题。周素红、程璐萍、吴志东（2010）研究广州市保障性住房的空间分布时发现，广州存在居住-就业空间不匹配现象。凌莉（2011）运用空间失配方法，从就业机会提供、就业可达性和服务设施配套等三个方面分析规划选址要素，揭示了面向中低收入人群的上海保障性住房规划选址正由空间失配逐步走向空间适配。关于空间失配的主要因素，虞晓芬、高鋆（2015）认为，城市职住分离程度加大、交通教育设施配置不当以及居民对通勤的重视不足，是造成空间失配的主要因素；住房价格、居住时间、收入水平、通勤方式、性别等也对空间失配存在显著影响。

不难发现，我国对公共产品空间失配的研究大多仅停留在对某类公共产品空间失配现象的描述方面，仍然缺乏系统的理论基础、科学的模型化定量分析和建设性完善措施。

1.3 城市公共产品空间失配问题的提出

公共产品的供给和基本公共服务的均等化，已经成为城市中社会和谐、经济发展、空间均衡、社会有序的重要保障和物质支撑。然而，当前中国正处于快速城市化、大规模城市更新、社会转型等多重进程相互叠加的特殊历史阶段，在户籍制度、城乡二元化分割、消除城市贫困、社会保障与福利制度改革滞后等因素的惯性作用下，市场作用和自由竞争机制仍未完全确立起来。

此外，由于公共服务相较于一般性的商品服务，具有独特的非排他性和非竞争性，在供需匹配的过程中需要政府、社会在空间层面针对人口特征进行调控和安排，而无法完全依靠市场的力量自我调节，由此具有高度的复杂性。加之资源的行政指令分配和"以乡补城"发展模式的综合影响，进一步导致了中国城市公共产品与发展利益的空间分配失衡现象非常严重，不仅城市公共产品供给规模总体不足，更严重的是，公共产品空间布局的失衡情况非常严重，一方面优质公共产品和政府投资多向大城市的高收入和高消费的地区集聚，公共产品在城市边缘地区或低收入人群聚集区配置不足，公共产品空间供给与需求呈现"逆向失配现象"(inverse-care law)；另一方面大量公共资源被闲置和低效利用，浪费了宝贵的社会资源，损害了社会公平和城市空间的均衡发展。因此，从数量、品质和布局三个维度上，加快构建基于公平与效率原则的城市公共产品均衡供给体系，满足不同空间区位人群有效需求能力和消费选择目标，从根本上实现公共产品的空间正义变得刻不容缓，对我国具有极其重要的政治、经济和社会效应。

鉴于公共产品空间失配的议题在我国城市经济社会发展中由来已久，相应的，本书的任务和目标即是针对中国当前城市公共产品空间供给层面存在的问题进行识别，通过量化分析提出理论上的解决措施和具体的政策方案。北京市作为中国最大的外来人口集聚地，在公共服务的供需问题上很有代表性，同时北京的公共服务供给体系相对完善，是非常理想的研究对象。本书将分别从供给、需求及供需匹配三大视角，从理论上阐述北京市城六区当前公共产品的供需失配状况，并从财政、税收、市场调节等方面提出政策建议。

在西方传统的空间失配理论中，居住和劳动力市场的隔离是造成弱势群体就业率低下、公共福利受益不均衡的主要原因。然而，在我国居住-工作的空间失配并非显著现象，而公共福利（教育、医疗、生态文化设施）的空间布局不公平才更为普遍。这种空间失配带来的福利损失一直未被重视。公共服务设施失配检验的思路跟居住-工作隔离的检验思路一致，一方面需要在空间上显示不同类型、不同层次的公共产品在供给和需求两端的分布状况，另一方面通过通勤成本计量可达性是量化供需的基本思路。但公共产品的类型多样，不同类型公共产品的供给和需求特征不同，需要进行分辨。本书中所采用的方式是将公共产品分为生存保障型、生活服务型和发展享受型三类，然后在地理信息系统(geographic information system，GIS)中区分不同的供给范围，在需求端区分需求的不同影响因素，如表1-1所示。

表 1-1 城市公共产品的分类、需求函数及布局特征

基本类型	亚类	主要内容	偏好显示与需求函数	布局特征
生存保障型公共产品	医疗保健	三级医院、二级医院、一级医院	$G = \dfrac{I_0}{2} + \dfrac{1}{2}\alpha(I - I_0) + \dfrac{1}{2}\alpha|I - I_0| + \beta P_c + \gamma P_o$ 其中，I 表示收入，P_c、P_o 分别表示孩童与老人在区域人口总数中的比例，I_0 表示高低收入临界值，α 表示收入高出临界值部分影响公共产品需求的比例系数，β、γ 是系数。	基本保障均质分布，属弱集中型布局。
	社保设施	养老院、敬老院		
	基础教育	一般中学、中专职高、一般小学		
	社区商业	一般超市、农贸市场		
	社会救助	受援助贫困家庭户数		
	就业培训	就业培训场所机构		
生活服务型公共产品	环境健康	公园、知名景点	$G = \begin{cases} \alpha I + \gamma E + c_{I_0} & (I < I_0) \\ \beta I + \gamma E & (I > I_0) \end{cases}$ 其中，I 指收入，I_0 指高低收入临界值，c_{I_0} 指低收入人群消费交通可达性公共产品常量，E 指区域环境恶劣程度，α、β、γ 是系数，因高收入消费商业服务类公共产品比例较高，有 $\alpha < \beta$。	随人口分布和收入提高密集布局，属偏集中型布局。
	交通可达性	轨道交通、高速路、快速路、主干线		
	商业服务	大型商场、大型超市、特色购物		
	生活服务	公共停车场、火车票代售点		
	社区服务	社区服务网络、社会服务项目		
发展享受型公共产品	文化设施	博物馆、美术馆、图书馆	$G = \dfrac{1}{2}\alpha(I - I_0) + \dfrac{1}{2}\alpha|I - I_0| + L$ 其中，I 指收入，I_0 指高低收入临界值，L 表示人文环境的优越程度，α 表示收入高出临界值部分影响公共产品需求的比例系数。	密集分布于高收入区域，属显著集中型布局。
	体育场馆	体育馆、健身馆		
	娱乐休闲	电影院、星级酒店、度假村		
	信息服务	公共信息服务机构、旅行社		
	开放空间	大型广场、特色街区、重点文物保护单位		

资料来源：作者自行研究划分。

1.4 研究的技术路线

本书以北京市为对象,从理论研究、案例解析、经验集成、策略设计与政策方案等方面,研究中国城市公共产品空间失配的现象、特征、机理和治理策略(图1-1)。主要内容包括如下五篇:① 研究导论。② 理论基础与文献综述。系统综述欧美城市公共产品空间失配的前沿成果和理论研究进展,制订研究框架与思路方法。③ 公共产品空间供给研究。从公共产品供给的角度,以北京市公园、教育、医疗、博物馆、电影院等典型公共产品为对象,借助GIS空间数据处理工具和SPSS等面板数据处理工具,解析其空间的现状、特征与形成机制,进一步归纳公共产品空间分布的关键影响因子及其作用方式,进行空间配置特征测度,以形成空间规律特征研究的理论框架和实证研究基础。④ 城市公共产品供需空间适配分析。一方面,通过问卷调查(questionnaire survey, QS)、获得统计数据和谷歌地图等网络搜集途径,获取一手数据资料,构建数据库;另一方面,在机理研究基础上,构建城市公共产品的偏好显示机制,进行需求因子筛选、总量需求与结构合理化模拟、供需失衡或空间偏离判别等,构建公共产品需求分析框架。⑤ 公共产品空间失配纾解策略研究。以北京为例,参考国际上对城市公共产品的供需两端调控经验,系统提出城市公共产品空间失配的扭转策略、治理措施和政策建议。

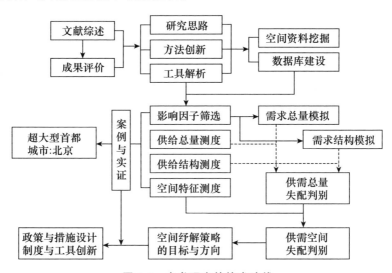

图1-1 本书研究的技术路线

1.5 内容与研究框架

公共产品空间失配问题的研究框架见图 1-2。

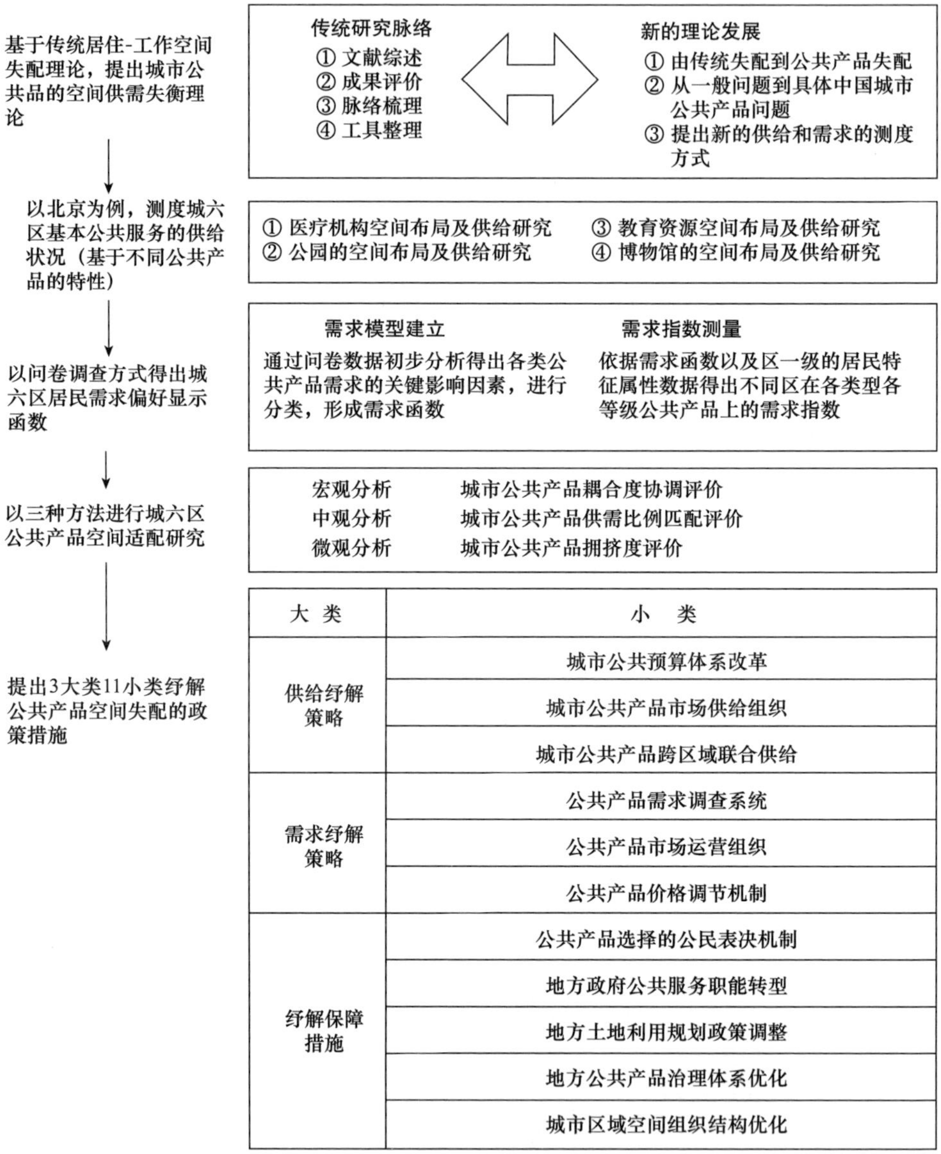

	传统研究脉络	新的理论发展
基于传统居住-工作空间失配理论,提出城市公共品的空间供需失衡理论	① 文献综述 ② 成果评价 ③ 脉络梳理 ④ 工具整理	① 由传统失配到公共产品失配 ② 从一般问题到具体中国城市公共产品问题 ③ 提出新的供给和需求的测度方式
以北京为例,测度城六区基本公共服务的供给状况(基于不同公共产品的特性)	① 医疗机构空间布局及供给研究 ② 公园的空间布局及供给研究	③ 教育资源空间布局及供给研究 ④ 博物馆的空间布局及供给研究
以问卷调查方式得出城六区居民需求偏好显示函数	**需求模型建立** 通过问卷数据初步分析得出各类公共产品需求的关键影响因素,进行分类,形成需求函数	**需求指数测量** 依据需求函数以及区一级的居民特征属性数据得出不同区在各类型各等级公共产品上的需求指数
以三种方法进行城六区公共产品空间适配研究	宏观分析 中观分析 微观分析	城市公共产品耦合度协调评价 城市公共产品供需比例匹配评价 城市公共产品拥挤度评价

大 类	小 类
供给纾解策略	城市公共预算体系改革
	城市公共产品市场供给组织
	城市公共产品跨区域联合供给
需求纾解策略	公共产品需求调查系统
	公共产品市场运营组织
	公共产品价格调节机制
纾解保障措施	公共产品选择的公民表决机制
	地方政府公共服务职能转型
	地方土地利用规划政策调整
	地方公共产品治理体系优化
	城市区域空间组织结构优化

提出3大类11小类纾解公共产品空间失配的政策措施

图 1-2 公共产品空间失配问题的研究框架

参考文献

[1] 陈旸. 基于 GIS 的社区体育服务设施布局优化研究[J]. 经济地理, 2010, 30(008): 1254-1258.

[2] 高军波, 周春山, 江海燕, 等. 广州城市公共服务设施供给空间分异研究[J]. 人文地理, 2010, 25(003): 78-83.

[3] 高军波, 周春山. 西方国家城市公共服务设施供给理论及研究进展[J]. 世界地理研究, 2009, 18(004): 81-90.

[4] 顾鸣东, 尹海伟. 公共设施空间可达性与公平性研究概述[J]. 城市问题, 2010(05): 27-31.

[5] 黄雄伟, 詹骞, 莫晓红. GIS 在城市生活垃圾填埋场选址中的应用[J]. 软件导刊, 2008(03): 78-79.

[6] 晋璟瑶, 林坚, 杨春志, 等. 城市居住区公共服务设施有效供给机制研究——以北京市为例[J]. 城市发展研究, 2007(06): 98-103.

[7] 李纯斌, 吴静. "空间失配"假设及对中国城市问题研究的启示[J]. 城市问题, 2006(2): 16-21.

[8] 李薇薇, 张德金. 北京社区商业设施公共产品性质分析[J]. 北京财贸职业学院学报, 2008, 24(002): 8-11.

[9] 凌莉. 从"空间失配"走向"空间适配"——上海市保障性住房规划选址影响要素评析[J]. 上海城市规划, 2011(3): 58-62.

[10] 牟永福. 城市公共物品供给的"空间失配"现象及其优化策略分析[J]. 福建论坛(人文社会科学版), 2008(006): 126-130.

[11] 宋正娜, 陈雯, 车前进, 等. 基于改进潜能模型的就医空间可达性度量和缺医地区判断——以江苏省如东县为例[J]. 地理科学, 2010, 30(2): 213-219.

[12] 宋正娜, 陈雯, 袁丰, 等. 公共设施区位理论及其相关研究述评[J]. 地理科学进展, 2010, 29(012): 1499-1508.

[13] 唐少军. 基于 GIS 的公共服务设施空间布局选址研究[D]. 长沙: 中南大学, 2008.

[14] 王婷娜. 基于可达性的公共产品空间布局研究[D]. 南京: 南京师范大学, 2007.

[15] 吴建军, 孔云峰, 李斌. 基于 GIS 的农村医疗设施空间可达性分析——以河南省兰考县为例[J]. 人文地理, 2008, 23(005): 37-42.

[16] 肖华斌, 袁奇峰, 徐会军. 基于可达性和服务面积的公园绿地空间分布研究[J]. 规划师, 2009, 25(002): 83-88.

[17] 杨梅, 甄峰, 杜文平. 城市社区医疗卫生资源优化配置——以深圳龙岗为例[J]. 南京医科大学学报(社会科学版), 2009(12): 25-28.

[18] 余双燕, 钟业喜. 基于 GIS 的城市公园可达性分析[J]. 安徽农业科学, 2010(28):

15842-15844.

[19] 虞晓芬,高鋆.城市"空间失配"的形成机制研究——以杭州为例[J].浙江工业大学学报(社会科学版),2015(02):5-10+16.

[20] 张龙,周海燕.GIS中基于Voronoi图的公共设施选址研究[J].计算机工程与应用,2004,40(009):223-224.

[21] 赵林,张宇硕,张明,等.东北地区基本公共服务失配度时空格局演化与形成机理[J].经济地理,2015(03):38-46.

[22] 周江评."空间不匹配"假设与城市弱势群体就业问题:美国相关研究及其对中国的启示[J].现代城市研究,2004(09):8-14.

[23] 周亮,王挺,马娜,等.基于GIS的城市公共绿地空间可达性研究——以武汉市汉口地区为例[J].云南地理环境研究,2008,20(4):11-15.

[24] 周林刚,朱昌华.服务型政府建设中的城市公共产品供求问题分析——基于深圳市的问卷调查[J].深圳大学学报(人文社会科学版),2008(6):25.

[25] 周素红,程璐萍,吴志东.广州市保障性住房社区居民的居住——就业选择与空间匹配性[J].地理研究,2010,29(010):1735-1745.

[26] ADAY L, ANDERSON R. Equity of access to medical care: A conceptual and empirical overview[J]. Medical Care, 1981, 19(Suppl.): 4-27.

[27] AUSTIN C M. The evaluation of urban public facility location: An alternative to benefit-cost analysis[J]. Geographical Analysis, 2010, 6(2): 135-145.

[28] AUSTIN M, SMITH T E, WOLPERT J. The implementation of controversial facility-complex programs[J]. Geographical Analysis, 1970, 4(2): 315-329.

[29] BIGMAN D, REVELLE C. The theory of welfare considerations in public facility location problems[J]. Geographical Analysis, 1978, 10: 229-240.

[30] BLUMENBERG E, ONG P. Job accessibility and welfare usage: Evidence from Los Angeles[J]. Journal of Policy Analysis and Management, 1998, 17(4): 639-657.

[31] BRIMBERG J, WESOLOWSKY G O. Locating facilities by minimax relative to closest points of demand areas[J]. Computers & Operations Research, 2002, 29(6): 625-636.

[32] CHURCH R, REVELLE C. Theoretical and computational links between the p-median, location set-covering, and the maximal covering location problem[J]. Geographical Analysis, 1976, 12: 406-415.

[33] CLARKE G. Applied spatial modeling for business and service planning[J]. Computers, Environment and Urban Systems, 1977, 21: 373-376.

[34] DEVERTEUIL G. Reconsidering the legacy of urban public facility location theory in human geography[J]. Progress in Human Geography, 2000, 24(1): 47-69.

[35] ELLWOOD D T. The spatial mismatch hypothesis: Are there teenage jobs missing in the ghetto?[J]. NBER Chapters, 1986: 147-190.

[36] FARLEY J. Disproportionate black and Hispanic unemployment in US metropolitan area[J]. American Journal of Economics and Sociology, 1987, 46: 129-150.

[37] FREEMAN R B, HOLZER H J. The black youth employment crisis[J]. NBER Books, 1986: 353-376.

[38] GLAESER E L, KAHN M E, RAPPAPORT J. Why do the poor live in cities? The role of public transportation[J]. Journal of Urban Economics, 2008, 63(1): 1-24.

[39] HANSEN W. How accessiblility shapes land use[J]. Journal of the American Institute of Planners, 1959,2(25): 73-76.

[40] HEYNEN N, PERKINS H A, ROY P. The political ecology of uneven urban green space: The impact of political economy on race and ethnicity in producing environmental inequality in Milwaukee[J]. Urban Affairs Review, 2006, 42: 3-25.

[41] HOLZER H J. The spatial mismatch hypothesis: What has the evidence shown? [J]. Urban Studies, 1991,28(1): 105-122.

[42] HOUSTON D S. Methods to test the spatial mismatch hypothesis[J]. Economic Geography, 2005,81(4): 407-434.

[43] HUTCHINSON P M. The Effect of Accessibility and Segregation on the Employment of the Urban Poor[M]. Lexington: Lexington Books, 1974.

[44] IHLANFELDT K, SJOQUIST D. The effect of job access on black youth employment: A cross-sectional analysis[J]. Urban Studies, 1991, 28(2): 255-265.

[45] KAIN J F. Housing segregation, Negro employment and metropolitan decentralization: Rejoinder[J]. Quarterly Journal of Economics, 1971, 85(1): 161-162.

[46] KAIN J F. The spatial mismatch hypothesis: Three decades later[J]. Housing Policy Debate,1992,3(2): 371-460.

[47] KAIN J F. A pioneer's perspective on the spatial mismatch literature[J]. Urban Studies, 2004(1): 7-23.

[48] KHUMAWALA B M. An efficient algorithm for the p-median problem with maximum distance constraints[J]. Geographical Analysis, 1973,12: 309-321.

[49] MASSEY D S. American apartheid: Segregation and the making of the underclass [J]. The American Journal of Sociology, 1990(96): 329-357.

[50] MASTERS S H. A note on John Kain's "Housing segregation, Negro employment and decentralization"[J]. The Quarterly Journal of Economics,1974, 88: 592-626.

[51] NICHOLLS S, SHAFER C S. Measuring accessibility and equity in a local park system[J]. The Journal of Park and Recreation Administration,2001,19(4): 102-124.

[52] OLSON M. Directorship, democracy, and development[J]. American Political Science Review, 1993,87(3): 567-576.

[53] PATACCHINI E, ZENOU Y. Spatial mismatch, transport mode and search decisions in England[J]. Journal of Urban Economics, 2005, 58(1): 62-90.

[54] SQUIRES G D, KUBRIN C E. Privileged places: Race, uneven development and the geography of opportunity in urban America[J]. Urban Studies, 2005, 42(1): 47-68.

[55] TAYLOR B D, ONG P M. Spatial mismatch or automobile mismatch? An examination of race, residence and commuting in U. S. metropolitan areas[J]. Urban Studies, 1995(32): 1453-1473.

[56] TOREGAS C, REVELLE C. Optimal location under time or distance constraints [J]. Papers of the Regional Science Association, 1972, 28(1): 131-143.

[57] WEINBERG B A. Testing the spatial mismatch hypothesis using inter-city variations in industrial composition[J]. Regional Science & Urban Economics, 2004, 34(5): 505-532.

[58] WHITE A. Accessibility and public facility location[J]. Economic Geography, 1979, 55: 18-35.

[59] WILSON W J. When work disappears: New implications for race and urban poverty in the global economy[J]. Ethnic & Racial Studies, 1999, 22(3): 479-499.

[60] WYLY E K. Race, gender and spatial segmentation in twin cities[J]. Professional Geographer, 1996 (48): 431-444.

第 2 章 实证方法与公共产品布局分析模型

2.1 空间失配理论实证方法总结

对空间失配的研究实质是从不同层次、不同角度对假说进行实证分析,但迄今仍无统一标准,各种方法也各有利弊。总体上,实证方法或研究角度可以归纳为三类:

(1) 工作可达性

工作可达性(job accessibility)方法将工作可达性作为影响失业率的主要变量。Hutchinson(1974)认为,若黑人的工作可达性显著低于白人,那么就业率的种族差异就可归为空间问题。Hutchinson 最早选取匹兹堡的工作岗位到调查者家庭所在地的距离和利用公交出行到达工作岗位的时间,即工作可达性作为自变量,以是否工作的概率作为因变量进行回归分析,发现黑人即使居住在众多工作岗位附近,也不一定能提高就业率。Ellwood(1986)通过对比芝加哥制造业的黑人就业率情况,发现存在比空间更重要的影响因素。Wheeler(1993)为了克服空间失配研究证据大都只与男性相关的不足,选取多个都市统计区(MSA)的 629 名女性作为样本,以劳动力不参与率以及包含是否居住在中心城市、都市统计区的总就业率、平均通勤时间在内的工作可达性作为自变量进行分析,但回归结果并不显著。

Weinberg(2004)采用195个都市统计区的数据,回归黑人与白人在中心城市的工作就业率的区别以及黑人与白人居住于城市中心的比例的区别,结果发现,相对于白人,在中心城市小部分工作岗位增加的情况下,黑人就业率有所提高,充分验证了空间失配假说,暗示并非每个都市统计区都存在空间失配现象。

Blumenberg和Ong(1998)划分黑人、白人、西班牙裔和亚裔四个组别,以高中教育及以下程度人群的福利使用率(welfare usage rate)为因变量,对工作可达性、种族等人口统计组成部分进行回归,其中工作可达性是直径3英里(1英里=1.6093km)内低收入工作数量与处于工作年龄(working-age)的成人数量的比例。所有回归系数均显著,显示工作的获取与处于工作年龄依靠福利保障的人口比例呈负相关。

此方法存在一些不足,例如大都市统计区的可达性很可能忽略一些重要变量,导致存在误差;此外,工作可达性主要通过个人拥有的工作机会(job vacancies)来衡量,因此以就业率作为变量的计算并不准确。

(2) 居住隔离

Offner和Saks(1971)通过芝加哥1950年的数据发现,雇主在白人或多种族混居的地区比在黑人为主的社区要雇佣更少比例的黑人,说明居住隔离(house segregation)并不关键。Masters(1974)在排除拥有大量农业从业人口的都市统计区后,利用1969年数据分析发现,在居住隔离不严重的都市统计区,黑人更可能拥有工作与更高的收入。Farley(1987)研究提出,若城市中心拥有大量仅要求一般工作技能的工作岗位,将有利于缩小黑人与白人之间的总体就业率差距。Holzer(1991)分析居住隔离效果(the effects of residential segregation)、居住郊区化(residential suburbanization)和就业郊区化(employment suburbanization)发现,空间失配假说有助于解释白人与黑人的就业差距,但影响范围还不清楚。

除了上述前人研究中争论的问题,居住隔离方法还存在问题:一方面,为了估计无偏差,工人的居住位置必须是内生的,但这较难处理。另一方面,研究中静态地划分为城市中心与郊区两个部分的方法有局限性,随着城市发展,一些郊区逐渐演变成城市中心,地区差别并不鲜明。

(3) 通勤行为

通勤行为(commuting behavior)分析方法通过检验不同种族人群通勤时间和距离的差异,分析通勤的影响因素。Taylor和Ong(1995)考察了美国黑人、白人、西班牙人等不同人群的通勤行为差异。Wyly(1996)分析黑人通勤距离时间的变化规律发现,黑人就业大部分从高工资向低工资行业转变,从而验证了空间失配假说。Glaeser、Kahn、Rappaport(2008)将收入对与中央商务区(CBD)的距离、与最近轨道交通的距离进行回归,发现公共交通有显著影响,验证了公共交通是造成美国城市贫困人口城区居住比例高于郊区居住比例的重要原因。

这种方法使用较广,但要克服一些问题:一是收入的影响。由于黑人与贫困的相关性,黑人与白人的通勤距离的显著差异或许可归结为两者收入的差异。因此,考虑不同种族导致的空间失配时,应控制收入相关对计量分析的干扰。二是通勤方式的影响。公共交通与私家车出行效率存在差异,导致主要利用公共交通通勤的黑人与主要利用私家车通勤的白人之间的通勤时间差异受到影响。因此,计量分析时应控制通勤方式的干扰。三是即使克服以上问题,且验证了两种人群通勤时间或距离的显著差异后,也不能绝对确定验证了空间失配假说。因为劳动力市场与住房市场的种族歧视,同样会影响黑人的通勤时间,结论的稳健性仍需进一步检验。

2.2 城市公共产品布局的分析模型

2.2.1 效率衡量

Deverteuil(2000)认为,分析具有非竞争性、非排他性的公共产品的布局效率时,仍可采用成本-收益分析框架,求解预算约束下的线性最优解。界定收益时应重视实现可达性程度最大化。可达性通常被定义为交通网络各节点间相互作用的机会,衡量可达性的方法有以下几类:

(1) 出行成本最小化

Hakimi(1964)提出 p-median 模型,目标是使用者到设施所耗费的加权距离(时间、成本)最小化。Toregas、ReVelle(1972)和 Khumawala(1973)则在 p-median 模型的基础上,附加了极限出行距离(maximal distance)的限制,构建了 location set-covering 模型。

(2) 覆盖面积最大化

Church 和 ReVelle(1974)进一步对 location set-covering 模型进行发展,提出覆盖面积最大化(maximal covering location problem,MCLP)模型,实现固定数量下设施覆盖的人口数量的最大化。

$$\max \sum_{i=1} W_i Y_i$$

其中,i 为具体的需求人群,为需求束;j 为具体的可选区位,为区位束;W_i 为 i

需求人群的总量；$Y_i = \begin{cases} 1(\text{人群 } i \text{ 被服务}) \\ 0(\text{区位 } j \text{ 不被服务}) \end{cases}$。

在其后的研究中，Church 和 ReVelle(1976)发现，MCLP 模型在方法的运用上与 location set-covering 和 p-median 可相互转化。Tong 和 Murray(2010)进一步发展了 MCLP 模型，仅有部分需求人群 i 能够享受到 j 地设施的福利，C_{ij} 为其占 i 地总需求人群的比例，求解 $\max \sum_{i=1}\sum_{j\in \Omega_i} W_i C_{ij} Y_i$。

（3）可达设施数量最大化

Geurs 和 VanEck(2001)认为，该方法可分为等高线法(contour measure)、合成法(composite measure)。等高线法考察可达终点的数量：

$$A_i = \sum_{j^*} D_j$$

其中，j^* 表示某一阈值内可达的终点（设施）的总数，D_j 是终点（设施）j 上的机会总数。合成法基于重力模型，计算一定距离（时间或花费）下所能达到的设施的数量：

$$A_i = \sum_j D_j f(C)_{ij}, \quad f(C)_{ij} = C_{ij}^{-\beta}$$

其中，C 是起点 i 和终点 j 之间的阻力，D_j 表示机会的数量，β 反映了出行阻力的系数。

2.2.2 公平衡量

公共设施区位布局的公平是实现社会福利最大化，主要体现在：第一，用个人福利的加总表示社会福利，引入效用函数表示个人福利。第二，不同人群对公共设施的满足程度不同，应对人群进行区分。第三，不同设施对居民的效用不同，对设施要进行区分。第四，社会政治环境对公共产品效用的实现有影响，应将社会、政治因素纳入公共设施区位分析框架中。

（1）效用函数的引入

Austin、Smith、Wolpert(1970)将个人效用看作总体区位环境的函数，新公共产品的提供会引致就业水平、污染指数、交通状况等区位环境要素的变化：

$$u_j(E_i) = u_j\{e_{1i}, e_{2i}, \cdots, e_{ni}\}$$

其中，$u_j(E_i)$ 表示总的环境效用，e_{ni} 表示各环境要素。以此量化，求解实现社会福利最大化。

（2）人群特性的分析

Dear 和 Wolch(1986)则区分了失业人口与就业人口不同的偏好，采用了不同的效用处理方式。

(3) 设施特性的分析

Austin(2010)以外部性与距离的关系为依据,将公共设施分为三类:负外部性 a(site-noxious facility)、正外部性 c/d(site-preferred)、外部中性 b(site-neutral facility),进行差异化处理。Bigman 和 ReVelle(1978)发现一些公共设施具有集聚的特点。White(1979)通过研究精神病医院的分布,验证了由于存在空间相互作用,一些公共设施具有集聚的效应(agglomeration effects)。

(4) 环境因素的引入

具有负外部性的公共产品存在 NIMBY 效用,其建造会引致周边住民的反对,增加谈判成本。建造者往往在设施周围建设相关设施,采取相关措施来减少外部性。Austin、Smith、Wolpert(1970)对这种现象进行量化处理,提出用设施包(facility package)来表示设施及其附属措施:

$$F_L = \{F_{0L}, F_{1L}, \cdots, F_{jL}\}$$

其中,F_{0L} 为主要的公共设施,F_{jL} 为第 j 个附属的公共设施。

由此将因人群反对而引致的成本纳入传统的成本-收益的分析框架中。Cox(1973)的研究抛弃了新古典经济学、计量和模型的分析方法,从政治和社会角度描述和分析公共设施区位问题,认为现实的公共产品区位选择并不是基于总体福利最大化的,而是各种社会政治力量冲突的结果。Dear 和 Wolch(1986)沿用计量方法,采用嵌套式模型,考虑了社会和政治因素。

2.2.3 与现实情况的结合

在理论与实际结合的过程中,公共产品的区位理论考虑到现实生活中可能存在的多目标、多设施、多等级的情况,形成了一些相应的解决方法和模型。

(1) 多目标问题

Drezner(1995)探讨了多种目标在设施区位选择的应用。Doerner、Gutjahr、Nolz(2009)运用多目标区位选择方法,采用 NSGA-Ⅱ算法,来解决斯里兰卡南部海啸多发地区的学校选址问题。

(2) 多设施问题

Tong、Murray(2010)考虑了多重设施的情况。Drezner 和 Hamacher(2002)也将多设施复杂区位模型(连续覆盖区位模型、离散网络区位模型、竞争型区位模型、容量限制区位模型等)、各类模型的算法(模拟退火算法、遗传算法等)、区位模型与 GIS 的集成等研究的方法与理论进行综合,为解决多设施复杂区位问题提供借鉴。

(3) 多等级问题

对于多等级设施,Sahin 和 Süral(2007)对各等级间的服务可用性的差异进行了描述,主要用于研究教育、医疗卫生设施等方面。Yasenovskiy 和 Hodgson(2007)将多等级设施系统、空间互动模型(spatial choice interaction model)与区位-分配模型的概念和方法相结合,用于城市公共服务的分析。

2.2.4 GIS 中的相关技术模型

1. 国外应用

GIS 技术在数据处理和地图显示上的强大功能为理论结合实际提供了技术支持。20 世纪 70 年代以来,研究覆盖了教育、医疗卫生、文体设施、公共交通等各类公共产品。基于公共产品区位理论、GIS 技术和数据可获得性的限制,在可达性的理论基础之上,利用 GIS 解决实际问题。

20 世纪 70 年代,GIS 技术开始用于最优化选址研究,著名案例为美国马里兰电厂选址。Jong、Eck(1996)首次采用典型的 GIS 缓冲区和叠置方法,分析设施布局的可达性,考虑到交通网络特性与现实情况差距较大,采取了潜在值、相似系数法等求解方法对原始方法进行改进。Gabriel、Vaclav(1996)对欧洲城市公路可达性及其等级体系进行了研究。Taylor、Vasu 和 Causby(1999)利用 GIS 对北卡罗来纳州约翰斯顿县的学校和社区进行整体规划,获得成功。Slagle(2000)在 GIS 技术基础上对堪萨斯州 Overland Park 的 Blue Valley School District 进行规划调整,找到了建设的最优点。Luo 和 Wang(2003)利用 GIS 对某些地方的医疗设施的分布状况进行了评价。

2. 国内应用

在西方理论与实践发展的基础上,20 世纪 70 年代我国研究开始涉及公共设施的空间布局领域,主要的研究路径和方法包括利用 GIS 工具解决城市公共设施布局与优化问题,拓展可达性的理论基础,开展关于距离、成本等因素的城市比较分析。以下大致归为五类:

(1)缓冲叠置分析

陈旸(2010)研究湖南湘潭社区体育服务设施时,在确定设施服务半径、出行极限距离基础上,在 ArcGIS 中通过缓冲叠置分析,可求解设施最大覆盖(max cover)、需求最短距离(min distance)的公共设施区位布局。黄雄伟、詹骞、莫晓红(2008)利用 GIS 对具有负外部性的城市生活垃圾填埋场进行区位选择。

(2)简单距离模型

刘有军和晏克非(2003)主要研究停车换乘实施的区位选址问题,在出行距离测算的基础上,他们考虑了人群的数量、特性,出行的阻力。

$$U_i = \sum_{j=1}^{n} \left(\frac{P_j \times C_j}{D_{ij}} \right)$$

其中，P_j 表示人口数量；C_j 表示某类出行特征贡献率；D_{ij} 表示出行阻抗。黄正东等(2005)从出行距离角度出发，评价武汉地区新老客运站的布局情况，利用 GIS 系统的分配模型(allocation)和距离(distance)计算功能，计算平均出行距离，为出行点 j 到客运点 i 距离与客运点 i 到基准点 o 的距离加总：

$$\overline{D} = \frac{\sum_{i=1}^{n}\sum_{j=1}^{k_i}(d_{ij}+d_{ki})}{\sum_{i=1}^{n}k_i}$$

其中，k 表示出行点总数。

(3) 出行费用模型

郭鹏、陈晓玲(2007)，余双燕、钟业喜(2010)，肖华斌、袁奇峰、徐会军(2009)的研究都采用了费用加权(累计成本)法度量设施的可达性：利用栅格图确定每个栅格单位最小通行成本，再进行加权求解成本最小值。周亮等(2008)提出，每个栅格单位最小通行成本 $f(R_a)$ 是空间阻力 R 的函数：

$$R_a = g(W_a) + h(P_a)$$

其中，W 表示土地利用类型，P 表示人口密度。

(4) 引力与重力模型

王远飞、张超(2005)利用引力模型研究公共设施服务域。吴斐、郑新奇(2008)采用势能模型研究出行目的地的可达性，并对济南市进行分析。用势能指数 P_{ij} 作为可达性指标。与距离结合，构成新的可行性指标：

$$T_i = \sum_j \frac{P_{ij}}{P_i} \times d_{ij}$$

吴建军、孔云峰、李斌(2008)在农村医疗设施空间可达性研究的过程中，利用重力模型，并对其进行了改进：

$$A_i = \sum_j \frac{S_j}{v_j d_{ij}^B}, \quad v_j = \sum_k \frac{P_k}{d_{kj}^B}$$

其中，S_j 表示 j 个医院的服务能力(技术人员，床位)，B 表示阻抗系数，v_j 表示周围潜在的服务人口指标。宋正娜等(2010a)使用的潜能模型，不仅增加了人口规模因子、摩擦系数，还设定 D_j 表示 j 地的极限出行时间(距离)，超越这一限度，医疗设施对居民不具有吸引力，通过设定不同等级规模不同医疗设施的 D_j，实现了模型的多等级化考虑。

(5) 辅助衍生模型

顾鸣东、尹海伟(2010)指出，从空间可达性研究公共设施空间布局合理性时，要考虑公平性的问题，主要体现为人群不同需求不同，因此要进行相应的指

标设计。章程(2008)介绍了设施与人口分布的耦合度模型。供给与需求的耦合:

$$R_{xyi} = \left[1 - \frac{1}{2}\sum_{i=1}^{n}\left|\frac{Z_i}{\sum X_i} - \frac{Y_i}{\sum Y_i}\right|\right] \times 100\%$$

其中,n 表示服务区内居民点个数,X 表示每个居民点总人口数,Z 表示利用该服务设施的人口数,Y 表示居民区附加服务设施个数。R 表征了服务设施网点与人口在地域空间上分布的一致性。文章还介绍了韦伯型设施区位模型,适用于医院、学校等散点型设施:

$$J = \min_{\Omega}\sum_{s=1}^{m}\sum_{k=1}^{n}W_{sk}d(s,k)^a$$

其中,n 为服务对象的数量,m 为设施的数量,d 表示空间距离,Ω 表示所有可能布局设施的位置集。唐名华(2005)在简单的距离模型基础上,设计了一系列指标。可动性指标:

$$S_i = \sum_j s_{ij}\frac{m_{ij}}{\sum_{j=1}^{n}m_{ij}}, \quad T_i = \sum_j t_{ij}\frac{m_{ij}}{\sum_{j=1}^{n}m_{ij}}$$

易达性指标:

$$S'_i = \sum_j s_{ij}\frac{m_{ij}}{\sum_{i=1}^{n}m_{ij}}, \quad T'_i = \sum_j t_{ij}\frac{m_{ij}}{\sum_{i=1}^{n}m_{ij}}$$

通达性指标:

$$\overline{S} = \sum_{i=1}^{m}\sum_{j=1}^{n}s_{ij}\frac{m_{ij}}{\sum_{i=1}^{m}\sum_{j=1}^{n}m_{ij}}$$

其中,s 表示距离,t 表示时间,m 表示人口。

贺晓辉等(2008)研究城市公园绿地系统时,综合使用了缓冲区模型、费用阻力模型和引力势能模型。唐少军(2008)建立了简单的比例模型,$P = D_n/S_n$,D_n 表示需求点,S_n 表示供给点,若 $P \leq 1$,说明该区域内服务设施满足需求,若 $P > 1$,则表明供不应求。对于一个较大区域而言,如果总体小于1,而其中较小区域大于1,则说明区域布局不合理。文章介绍了区位-配置模型(location-allocation model,简称 LA 模型),基本原理是使设施位于可达性最佳的区位,需要满足1个或多个最优化指标:平均距离(或总距离)最小化原则;极大距离最小化原则;均衡(等量)配置原则;门槛约束原则;存量或能力约束原则。

我国公共设施区位选择与 GIS 技术的结合研究深度不足,数据获取难度较大,加之中国实际问题非常复杂,迄今尚未形成一套被普遍认可的理论与方法体系,众多变量未被纳入模型之中,也没有很好地区分人群之间与设施之间的差异,无法实现通过公共设施建设消减贫困的目的。

参考文献

[1] 陈旸. 基于GIS的社区体育服务设施布局优化研究[J]. 经济地理,2010,30(008):1254-1258.

[2] 高军波,周春山,江海燕,等. 广州城市公共服务设施供给空间分异研究[J]. 人文地理,2010,25(003):78-83.

[3] 高军波,周春山. 西方国家城市公共服务设施供给理论及研究进展[J]. 世界地理研究,2009,18(004):81-90.

[4] 顾鸣东,尹海伟. 公共设施空间可达性与公平性研究概述[J]. 城市问题,2010(05):27-31.

[5] 郭鹏,陈晓玲. 基于GIS的城市轨道交通站点客流辐射区域算法[J]. 中国铁道科学,2007,28(006):128-132.

[6] 贺晓辉,安慧君,于靖裔,等. 城市绿地景观可达性分析研究进展[J]. 现代农业科技,2008(1):39-41.

[7] 黄雄伟,詹骞,莫晓红. GIS在城市生活垃圾填埋场选址中的应用[J]. 软件导刊,2008(03):78-79.

[8] 黄正东,程建权,沈建武,等. 基于平均出行距离的城市长途汽车客运站布局的评价方法[J]. 武汉大学学报(工学版),2005,38(006):110-114.

[9] 李博,宋云,俞孔坚. 城市公园绿地规划中的可达性指标评价方法[J]. 北京大学学报(自然科学版),2008(4):618-624.

[10] 李纯斌,吴静. "空间失配"假设及对中国城市问题研究的启示[J]. 城市问题,2006(2):16-21.

[11] 凌莉. 从"空间失配"走向"空间适配"——上海市保障性住房规划选址影响要素评析[J]. 上海城市规划,2011(3):58-62.

[12] 刘有军,晏克非. 基于GIS的停车换乘设施优化选址方法的研究[J]. 交通科技,2003(04):85-87.

[13] 牟永福. 城市公共物品供给的"空间失配"现象及其优化策略分析[J]. 福建论坛(人文社会科学版),2008(006):126-130.

[14] 宋正娜,陈雯,车前进,等. 基于改进潜能模型的就医空间可达性度量和缺医地区判断——以江苏省如东县为例[J]. 地理科学,2010a,30(2):213-219.

[15] 宋正娜,陈雯,袁丰,等. 公共设施区位理论及其相关研究述评[J]. 地理科学进展,2010b,29(012):1499-1508.

[16] 唐名华. 基于地理信息系统(GIS)的多种出行目的的城市交通可达性分析评价方法与技术[D]. 重庆:重庆大学,2005.

[17] 唐少军. 基于 GIS 的公共服务设施空间布局选址研究[D]. 长沙:中南大学,2008.

[18] 王远飞,张超. GIS 和引力多边形方法在公共设施服务域研究中的应用——以上海浦东新区综合医院为例[J]. 经济地理,2005(06):800-803.

[19] 吴斐,郑新奇. 基于 GIS 技术的可达性分析在城市总体规划中的应用研究[J]. 资源开发与市场,2008,24(004):303-305.

[20] 吴建军,孔云峰,李斌. 基于 GIS 的农村医疗设施空间可达性分析——以河南省兰考县为例[J]. 人文地理,2008,23(005):37-42.

[21] 肖华斌,袁奇峰,徐会军. 基于可达性和服务面积的公园绿地空间分布研究[J]. 规划师,2009,25(002):83-88.

[22] 颜辉武,涂超,陈顺清. 基于 GIS 的城市公共设施规划分析模型的研究[J]. 苏州城建环保学院学报,2001(02):12-18.

[23] 杨梅,甄峰,杜文平. 城市社区医疗卫生资源优化配置——以深圳龙岗为例[J]. 南京医科大学学报(社会科学版),2009(12):25-28.

[24] 余双燕,钟业喜. 基于 GIS 的城市公园可达性分析[J]. 安徽农业科学,2010,38(28):15842-15844.

[25] 章程. 基于 GIS 的城市公共服务设施规划分析模型的计算机实现[D]. 重庆:重庆大学,2008.

[26] 周江评. "空间不匹配"假设与城市弱势群体就业问题:美国相关研究及其对中国的启示[J]. 现代城市研究,2004(09):8-14.

[27] 周亮,王挺,马娜,等. 基于 GIS 的城市公共绿地空间可达性研究——以武汉市汉口地区为例[J]. 云南地理环境研究,2008,20(4):11-15.

[28] 周林刚,朱昌华. 服务型政府建设中的城市公共产品供求问题分析——基于深圳市的问卷调查[J]. 深圳大学学报(人文社会科学版),2008(6):25.

[29] 周素红,程璐萍,吴志东. 广州市保障性住房社区居民的居住——就业选择与空间匹配性[J]. 地理研究,2010,29(010):1735-1745.

[30] AUSTIN C M. The Evaluation of urban public facility location:An alternative to benefit-cost analysis[J]. Geographical Analysis,2010,6(2):135-145.

[31] AUSTIN M,SMITH T E,WOLPERT J. The implementation of controversial facility-complex programs[J]. Geographical Analysis,1970,4(2):315-329.

[32] BIGMAN D,REVELLE C. The theory of welfare considerations in public facility location problems[J]. Geographical Analysis,1978,10:229-240.

[33] BLUMENBERG E,ONG P. Job accessibility and welfare usage:Evidence from Los Angeles[J]. Journal of Policy Analysis and Management,1998,17(4):639-657.

[34] CHURCH R,REVELLE C. The maximal covering location problem[J]. Papers of the Regional Science Association,1974(32):101-118.

[35] CHURCH R,REVELLE C. Theoretical and computational links between the p-

median, location set-covering, and the maximal covering location problem[J]. Geographical Analysis, 1976, 12: 406-415.

[36] COX K. Conflict, Power and Politics in the City: A Geographical View[M]. New York: McGraw-Hill,1973.

[37] COX K. Location and Public Problems: A Political Geography of the Contemporary World[M]. Oxford: Blackwell,1979.

[38] DEAR M J, WOLCH J. The service hub concept: Exchanging landscapes of despair for islands of hope[R]. Los Angeles: University of Southern California, 1986.

[39] DEVERTEUIL G. Reconsidering the legacy of urban public facility location theory in human geography[J]. Progress in Human Geography, 2000, 24(1): 47-69.

[40] DOERNER K F, GUTJAHR W J, NOLZ P C. Multi-criteria location planning for public facilities in tsunami-prone coastal areas[J]. Or Spectrum,2009,31(3): 651-678.

[41] DREZNER Z. Facility Location: A Survey of Applications and Methods[M]. New York: Springer, 1995.

[42] DREZNER Z, HAMACHER H. Facility Location: Applications and Theory[M]. New York: Springer,2002.

[43] ELLWOOD D T. The spatial mismatch hypothesis: Are there teenage jobs missing in the Ghetto? [J]. NBER Chapters, 1986: 147-190.

[44] FARLEY J. Disproportionate black and Hispanic unemployment in US metropolitan area[J]. American Journal of Economics and Sociology, 1987, 46: 129-150.

[45] GABRIEL D, VACLAV S. Cites and highway network in Europe[J]. Journal of Transport Geography,1996, 4(2): 107-121.

[46] GEURS K T , VANECK J R R. Accessibility measures: Review and applications [R]. Bilthoven: National Institute of Public Health and the Environment, 2001.

[47] GLAESER E L, KAHN M E, RAPPAPORT J. Why do the poor live in cities? The role of public transportation[J]. Journal of Urban Economics, 2008, 63(1): 1-24.

[48] HAKIMI S L. Optimum location of switching centers and the absolute center and medians of a graph[J]. Geographical Analysis,1964, 3(12): 450-459.

[49] HANSEN W. How accessiblility shapes land use? [J]. Journal of the American Institute of Planners, 1959,2(25): 73-76.

[50] HEYNEN N, PERKINS H A, ROY P. The political ecology of uneven urban green space: The impact of political economy on race and ethnicity in producing environmental inequality in Milwaukee[J]. Urban Affairs Review, 2006, 42: 3-25.

[51] HOLZER H J. The spatial mismatch hypothesis: What has the evidence shown? [J]. Urban Studies, 1991,28(1): 105-22.

[52] HOUSTON D S. Methods to test the spatial mismatch hypothesis[J]. Economic Geography, 2005,81(4): 407-434.

[53] HUTCHINSON P M. The Effect of Accessibility and Segregation on the Employment of the Urban Poor[M]. Lexington: Lexington Books, 1974.

[54] IHLANFELDT K, SJOQUIST D. The effect of job access on black youth employment: A cross-sectional analysis[J]. Urban Studies, 1991, 28(2): 255-265.

[55] JONG T D, ECK J. Location profile-based measures as an improvement on accessibility modeling in GIS[J]. Computers Environment & Urban Systems, 1996, 20(3): 181-190.

[56] KAIN J F. Housing segregation, Negro employment and metropolitan decentralization: Rejoinder[J]. Quarterly Journal of Economics, 1971, 85(1): 161-162.

[57] KAIN J F. The spatial mismatch hypothesis: Three decades later[J]. Housing Policy Debate,1992,3(2): 371-460.

[58] KHUMAWALA B M. An efficient algorithm for the p-median problem with maximum distance constraints[J]. Geographical Analysis, 1973,12: 309-321.

[59] LUO W, WANG F H. Measures of spatial accessibility to health care GIS environment: Synthesis and case study in the Chicago region[J]. Environment and Planning, 2003, 30: 865-884.

[60] MASSEY D S. American apartheid: Segregation and the making of the underclass[J]. The American Journal of Sociology, 1990(96): 329-357.

[61] MASTERS S H. A note on John Kain's "Housing segregation, Negro employment and decentralization"[J]. The Quarterly Journal of Economics,1974, 88: 592-626.

[62] NICHOLLS S, SHAFER C S. Measuring accessibility and equity in a local park system: The utility of geospatial technologies to park and recreation professionals[J]. Journal of Park and Recreation Administration, 2001, 19(4): 102-124.

[63] OFFNER P, SAKS D H. A note on John Kain's "Housing segregation. Negro employment and metropolitan decentralization"[J]. The Quarterly Journal of Economics, 1971,85: 147-160.

[64] PATACCHINI E, ZENOU Y. Spatial mismatch, transport mode and search decisions in England[J]. Journal of Urban Economics, 2005, 58(1): 62-90.

[65] SAHIN G, SURAL H. A review of hierarchical facility location models[J]. Computers and Operations Research,2007,34(8): 2310-2331.

[66] SLAGLE M. GIS in community-based school planning: A tool to enhance decision making,cooperation,and democratization in the planning process[D]. Ithaca: Cornell University, 2000.

[67] SQUIRES G D, KUBRIN C E. Privileged places: Race, uneven development and the geography of opportunity in urban America[J]. Urban Studies, 2005, 42(1): 47-68.

[68] TAYLOR B D, ONG P M. Spatial mismatch or automobile mismatch? An examination of race, residence and commuting in U. S. metropolitan areas[J]. Urban Studies,

1995(32): 1453-1473.

[69] TAYLOR R G, VASU M L, CAUSBY J F. Integrated planning for school and community: The case of Johnston county, North Carolina[J]. Interfaces, 1999, 29(1): 67-89.

[70] TONG D, MURRAY A T. Maximising coverage of spatial demand for service [J]. Papers in Regional Science, 2010, 88(1): 85-97.

[71] TOREGAS C, REVELLE C. Optimal location under time or distance constraints [J]. Papers of the Regional Science Association, 1972, 28(1): 131-143.

[72] WEINBERG B A. Testing the spatial mismatch hypothesis using inter-city variations in industrial composition[J]. Regional Science & Urban Economics, 2004, 34(5): 505-532.

[73] WHEELER L A. An Empirical Analysis of the Effect of Residential Location on Labor Force Participation Rates on Female-Headed Households: A Test of the Spatial Mismatch Hypothesis[M]. Syracuse: Syracuse University, 1993.

[74] WHITE A. Accessibility and public facility location[J]. Economic Geography 1979, 55: 18-35.

[75] WILSON W J. When work disappears: New implications for race and urban poverty in the global economy[J]. Ethnic & Racial Studies, 1999, 22(3): 479-499.

[76] WYLY E K. Race, gender and spatial segmentation in twin cities[J]. Professional Geographer, 1996(48): 431-444.

[77] YASENOVSKIY V, HODGSON J. Hierarchical location-allocation with spatial choice interaction modeling[J]. Annals of the Association of American Geographers, 2007, 97(3): 496-511.

第3章 北京市医疗机构空间布局及供给研究

2005年国务院发展研究中心发表《对中国医疗卫生体制改革的评价与建议》指出,中国医疗制度改革总体上不成功,每年有接近50%的人应该到门诊看病、30%的人应该住院,但都因各种原因得不到救治。2009年发布的《中共中央 国务院关于深化医药卫生体制改革的意见》中,医疗卫生公平成为核心内容。由此,医疗资源在群体分配、空间分布和需求层次上是否公平、合理与均衡更引人关注,成为我国深化医疗体制改革的主要方向。

北京市医疗资源相对丰富,近年来更高度重视医疗卫生公平、医疗资源分配的群体公平。由此,从空间供需匹配的角度探寻医疗资源的分配具有重要的现实意义。本章主要研究北京市医疗机构布局现状、供需空间匹配度、医院需求因素以及医疗卫生机构的空间布局优化方案。

3.1 医疗卫生资源布局理论与实践综述

3.1.1 医疗地理学研究

19世纪中叶,医学地理学首先将医疗卫生与地理区位联系起来。早期的实证研究开始关注空间距离的测度与影响。Bosanac、Parkinson、Hall(1976)

很早就提出了 30 min 出行时间的标准。Cromley 和 McLaffery(2001)指出健康服务设施的效用随距离衰减的规律性,效用随距离衰减的原因是距离增加了出行时间、成本和精力花费,以及人们对医疗服务机会的熟知程度也在衰减。在医疗卫生与地理的结合研究中,GIS 发挥了越来越重要的作用。Gobalet 和 Thomas(1996)借助 GIS 技术,分析加利福尼亚州某地中学青少年中性传播疾病和田纳西州早产儿的空间分布。分析结果受到重视并被纳入当地卫生教育计划及卫生服务规划中。Eason 和 Tim(1998)研究艾奥瓦州老年人口卫生保健机构的空间分布时,建立了空间分析模型,用 GIS 预测未来卫生保健需求及制定卫生管理项目。Higgs 和 Gould(2001)研究新诊所和医院布局时,通过 GIS 求得最佳布局位置。国内的卫生设施空间布局文献较少,大部分的地方医院布局实证研究均采取调查问卷分析法。刘兆文(2006)分析杭州医疗设施布局现状以及城区布局的相应影响因素,并设计调查问卷统计居民医疗服务需求。研究发现,杭州医疗设施总体分布不平衡,中心城区集中,区级医院分布较为平均,城区与郊区医院成环状分布。周小平(2005)研究天门市医疗设施空间分布,给出了与人口密度耦合的示意图,证明了医疗设施分布密度与人口密度的正相关关系。赵丹丹(2008)研究上海医疗资源整合指出,上海是国内医院最密集的城市,共有三级医院 33 所,其中 29 所三级甲等医院分布于中心城区,占比 87.9%,尤以徐汇、静安两区最多。另外 4 所三级医院中 2 所为三级乙等医院(上海第二医科大学附属宝钢医院、复旦大学附属金山医院),以服务本区居民为主,与三级甲等医院综合实力有明显差距。王勇等(2009)通过医疗网点配置模型分析重庆市医疗网点分布特点发现,总体上重庆市医疗网点布局过于密集、竞争过度,导致资源浪费现象;且大部分医疗网点分布在"一小时经济圈"和经济比较发达地区,在渝东、三峡库区则网点稀疏,布局存在严重的地理不公平现象。刘桂奇(2010)认为,广州的医疗设施形成中心型和外围型相结合的选址空间格局,整体上呈现以老城高优势度区域为中心、自中心向外围区域环状递减的等级分布格局。除实证研究外,我国学者也尝试在模型与技术上做出贡献。王小合、高建民、高振乾(2002)采用运筹学方法-线性规划布局数学方法,建立城市医疗服务网络布局模型,探讨医疗卫生资源在空间上的最优分配问题。陶海燕、陈晓翔、黎夏(2007)分析广州市珠海区内居民就医可达性,并应用重力模型分析设施分布的薄弱区域,提出该区域内医疗设施空间布局优化方案。

综合文献发现,目前医疗卫生服务的空间布局研究存在以下不足:第一,医疗卫生服务资源未依据公共产品的性质和设施水平进行等级划分,理论上只有社区医院提供基本公共产品性质的未评级医疗服务。第二,医疗卫生资源存在特质性,尤其评级医院和专科医院,并非是就近选择,跨区就医现象将普遍存在。第三,既有研究多是对现状描述或模型和技术探讨,缺少医疗卫生资源供给和需求空间匹配的相关研究。

3.1.2 医疗机构需求影响机制

对医疗机构的需求受到人口统计学因素、地理可达性等多方面影响。本章将医疗机构分为未评级医疗机构和评级医疗机构两类,两者的影响因素各有不同。

1. 未评级医疗机构的需求影响因素

本书从人口统计学、交通可达性和地理竞争三个方面,归纳未评级医疗机构的需求影响因素:

(1) 人口统计学方面的影响因素

影响因素包括:① 人口密度。人口密度较高的地区,人流量大,发病率高,对医院的服务需求更高;另外,受需求规模和服务半径的影响,大型医院更倾向布局在人口密度大的地区。② 年龄。年龄与医疗服务需求正相关,年龄增加相当于健康资本的折旧率提高。相比年轻人,老年人需要更多的医院设施、医疗服务和医护人员。③ 教育。教育能改善人们的健康能力,提高健康偏好,教育水平和死亡率之间反相关。通常低贴现率的人更关注投资教育,获取长期收益。④ 收入和工资率。工资率反映时间的机会成本。收入、工资率对健康的投资机制类似,收入和工资率对健康需求和医疗服务需求均有显著正影响。⑤ 交通工具的拥有量。Gerard(2005)认为,交通工具是医疗服务需求的重要支持因素(enabling factor),它决定了人们的通勤成本,且与公共设施可达性紧密相连。

(2) 交通可达性方面的影响因素

影响因素包括:① 影响可达性的重要因素包括空间距离、收入、文化和能力。② Joseph 和 Phillips(1984)、Gold(1998)认为,可达性分为经济可达性和地理可达性两个方面。经济可达性反映社会、经济、文化等因子的综合影响及对医疗服务的经济承担能力;地理可达性反映因医院布局产生的患者寻求医疗服务的便捷性。出行成本、空间距离和交通便捷性是主要测度因子。③ Bosanac、Parkinson、Hall(1976)提出 30 min 出行时间的控制标准。④ Cromley 和 McLaffery(2001)指出健康服务设施的效用随距离衰减的规律,空间距离是体现医院等公共设施区位配置与服务需求之间合理性的重要标志。

(3) 地理竞争方面的影响因素

影响因素包括:① 在市场经济条件下,不同类型的卫生服务机构相互间存在竞争关系,直接影响到居民消费者的最终选择决策。② 不同类型、不同等级的医疗机构,职能各异,差异性弱化了相互竞争。③ 由于存在竞争,医疗卫生服务机构应避免设置在其他同类医疗机构集聚的地方。

2. 评级医疗机构的需求影响因素

评级医院也受到人口社会统计因素影响。但由于评级医疗机构等级较高,因此存在一些特有的影响因素:

(1) 医院等级及知名度方面的影响因素

医院知名度有助于提高居民就诊意愿,吸引就医者主动了解其服务项目和地理位置。较高的医院知名度也意味着医院在医疗环境、医疗水平、医疗设施和医疗人员的综合素质等方面具有较高的综合实力,为就医者提供了潜在保障。例如,周小平(2005)基于天门市居民医疗需求的调查发现,在市民择医的因素中,首先是设备好、信任度高、医疗水平高,占 60.75%;其次才考虑出行距离短,占 17.64%;再次是价格便宜和医疗保险因素,分别占 11.65% 和 7.27%。

(2) 交通出行成本方面的影响因素

大城市面积大,交通成本较高,且因人口密集,交通拥堵情况严重,交通出行成本和便捷性是影响居民需求的重要因素。例如,赵丹丹(2008)对上海市的医疗居民需求情况进行了 3815 人的抽样调查,结果显示上海市居民在选择医疗机构时,首先考虑的因素就是距离近,占比为 68.89%;其次才是价格低,占比为 54.06%;其他的重要因素依次为有信赖的医生(32.15%)、医院等级(28.44%)、医院专科特色(26.35%)、服务好(24.19%)。

(3) 医疗保险状况方面的影响因素

医疗保险是重要的社会福利。在全部的医疗费用中,除去消费者个人负担的医疗费用比例,社会保障性质的医疗保险和市场属性的商业医疗保险是就医者费用的重要来源。

未评级医疗机构主要提供基本医疗服务,医疗价格差异很小。但在北京、上海等大城市,评级医疗机构的看病难易程度以及医疗服务价格是否昂贵一直是居民关注的问题。居民是否持有医疗保险是影响居民就医需求的重要因素,拥有医疗保险的人群更倾向于选择收费较高的大型评级医院。

3.1.3 医疗机构供给影响机制

医疗机构是提供与人类健康和生存紧密相关产品和服务的场所,国家对其布局有严格的规制和政策。根据国务院《医疗机构管理条例》及原国家卫生部《医疗机构设置规划指导原则》的要求,医疗机构设置应确保居民就近就医,确保居民步行或乘交通工具0.5 h内即可获得基本医疗和转诊服务,因此原国家卫生部还颁发了《城市社区卫生服务机构设置原则》。此外,不同等级医院的技术水平、治疗能力、服务半径和辐射范围都各有不同。通常,市级综合性医院的医疗服务半径对医院空间布局影响较大,高等级医院的服务半径也要比一般医院大很多。

3.2 北京市医疗卫生机构布局现状评价

3.2.1 北京市医疗资源数据库

1. 数据的收集和选择

基础数据与研究资料包括:① 北京市路网的矢量地图;② 北京市区县各街道的位置、面积、人口数据;③ 北京市综合医院的位置、等级、床位数、日均门诊量、科室数等。其中,医院的具体地址通过 Google Earth 查找确定;街道、乡、镇行政区划参考"行政区划"网站得到。各街道的人口、面积和区位等属性信息来源于北京市 2010 年第六次全国人口普查数据。其中,人口数据为常住人口数。截至 2019 年年底北京市辖 16 区、152 个街道、143 个镇、33 个乡、5 个民族乡。但由于第四次全国卫生服务调查(简称"卫调")数据的年份是 2008 年,因此本研究的空间范围是 2010 年区划调整前的北京市行政区划数据,即城市中心区还包括崇文区和宣武区。

2. 医疗卫生机构数据及处理

本章研究的医疗卫生机构包括北京市所有除专科和对内性质的机构之外的所有医疗卫生机构(共三级十等,分为未评级医疗机构和评级医疗机构两类)。专科和对内的医疗机构由于具有很强的偏好性和不可替代性,所以不列入研究范围。根据北京市人力资源社会保障信息中心公布的 2011 年医疗卫生机构数据,北京市共有医疗卫生机构 1386 个,将医疗机构的名称输入 Google Earth,得到相应的经纬度坐标,将经纬度坐标导入 GIS,得到北京市医疗机构空间分布图(图 3-1)。

第 3 章　北京市医疗机构空间布局及供给研究　31

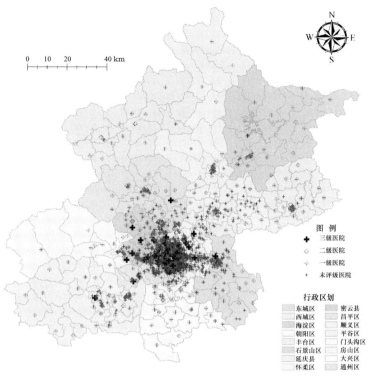

图 3-1　北京市医疗机构分布

注：包含所有等级。

医疗卫生机构空间数据由北京市人力资源和社会保障信息中心公布的 1386 个机构的详细地址在 ArcGIS 9.2 中生成，医疗机构的"床位数""科室数""日均门诊量"和"等级数"主要根据各医院网站、"健康百问网"、百度百科等网站整理而来。

根据服务能力和等级差异，本章对 1386 个医疗卫生机构进行了分类，分为评级医疗机构（三级医院和二级医院）和未评级医疗机构（一级医院和未评级医院）。两类医疗卫生机构的空间分布如图 3-2、图 3-3 所示。

3.2.2　北京市医疗资源空间布局现状

北京市医疗机构的空间布局符合地理集聚的特征。图 3-2 显示，北京市三级医院主要集中于八个内城区，尤以东城、西城两区最密集。远郊区县中，只有通州区、怀柔县、密云县、房山区、丰台区和昌平区等离市区较近的区县有零星的三级医院分布，其他区县均没有三级医院。但所有区县基本保证了至少有一个以上二级医院。

彩图 3-2

图 3-2 北京市三级医院、二级医院分布

彩图 3-3

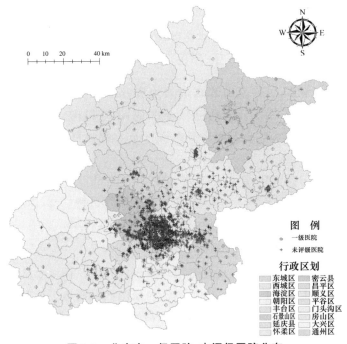

图 3-3 北京市一级医院、未评级医院分布

一级医院和三级、二级医院表现出类似的分布特征,虽覆盖范围比三级、二级医院略有扩展,但仍呈现出中心城区聚集、远郊区县部分地点聚集的态势(图3-3)。未评级医院基本上体现出遍在的特征,除怀柔县外,其他区县基本做到了平均分布。

1. 基于服务人口数的供需布局

利用GIS中的泰森多边形工具(create Thiessen polygons)将某服务设施转变为空间上的一个中心点,再对每个医院的位置生成Voronoi图,来反映不同医院设施的地理服务范围。根据就近就医原则,来为居民匹配距离最近的医院。要注意的是,北京市边界上的点会和河北省境内的医院形成共同的服务范围。由于之后还要进行叠加分析,这部分的异常值会通过行政区划的叠加截去,不会对结果造成影响。

本章依照医院的分类标准,单独分析不同等级的医疗机构,得到如下几类不同等级医院的服务范围图。

(1) 北京市医疗机构泰森多边形供给布局

图 3-4 显示,北京市医院的服务空间呈环状分布。北京市综合医院的服务范围平均为 11.91 km^2,标准差为 39.41 km^2,不同医院的服务范围相差较大。

彩图 3-4

图 3-4 北京市医院机构泰森多边形供给布局

注:包含所有等级。

在空间上,北京市二环内医院密集,服务范围较小;从二环到六环间,医院的数量逐渐变少,各医院的服务范围逐渐变大。此外,怀柔、密云、延庆、门头沟和房山的医院数量较少,服务范围相对较大。

(2) 三级和二级医院的泰森多边形供给布局

统计显示,北京市三级、二级医院的平均服务范围为 113.46 km^2,标准差为 302.60 km^2,三级、二级医院的综合服务范围相差很大。图 3-5 表明,北京市三级、二级医院的布局高度集中,密集地区与北京市五环高度重合。五环外的医院布局则分布极为稀松。其中,丰台区和昌平区医院分布略多于其他外围区县。通州区和大兴区在靠近内城边缘的地区分布有较多的医院。其他区县仅在地理中心位置分布有 2~3 个医疗机构。

彩图 3-5

图 3-5　北京市三级、二级医院泰森多边形供给布局

(3) 一级和未评级医院的泰森多边形供给分布图

统计显示,北京市一级和未评级医院的服务范围平均为 13.29 km^2,标准差为 42.75 km^2(图 3-6)。虽然一级、未评级医院服务范围比三级、二级医院略有缩小,但服务范围的差距仍然很大。同样,一级、未评级医院的分布呈由中心向外围递减的趋势,并在各个区县的中心地区形成小的聚集点。平谷区、顺义区、大兴区、通州区、丰台区虽然医疗机构数量较中心区域少,但基本做到了均

匀布局。而昌平区、房山区、密云县虽然布局不太均匀,但医疗机构服务面积不算太大。门头沟区、延庆县的医疗机构则很少,医疗资源较为匮乏。

图 3-6　北京市一级、未评级医院泰森多边形供给布局

前文已划分了北京市医疗机构的服务范围,根据每个街道内的人口数量、北京市人口密度,计算泰森多边形面积,得到各泰森多边形内的人口规模,结合医院的服务能力,来评价不同医院的医疗服务承载力,并得到一定空间范围内医疗资源的供需比例。

基于医疗资源数据库,建立北京市各街道的分布图层,通过给街道赋予人口属性数据,可以计算泰森多边形内的人口总量。假定城市人口在各街道范围内均匀分布,泰森多边形内的人口总量为各街道面积内人口数量的求和。即:

$$P_k = \sum \frac{A_i \times P_i}{S_i}$$

其中,P_k 代表第 k 个医院泰森多边形内的人口,A_i 为该泰森多边形面积,P_i 为 i 街道人口,S_i 为 i 街道面积。

2. 基于承载力系数的供需布局

要得到服务承载力的需求布局,还需要计算各医院的服务能力,以此反映各医院现阶段的医疗服务能力。根据医院的床位数和日均门诊量指标可以得到相应数据。各医院床位数应负担多少服务人口以及每天接待多少门诊人数，从另一个侧面反映了该医院医疗资源的紧缺程度，为此引入"服务人口数"，其中既包含了门诊看病人数又包含了住院人数，由于门诊的流动性较强，大部分人会选择门诊看病而非住院，因此门诊看病的权重应该比住院的权重要大。根据 2008 年卫调数据显示，北京市每年平均住院人数为 81 次，每年平均门诊量为 652 次，因此对门诊量的权重赋值为 0.8，床位数权重赋值为 0.2。根据卫调数据，2008 年北京市千人床位数为 2.6，通过千人床位数、各医院的现有床位数，可以得到各医院目前能承载的服务人口规模。公式如下：

$$C_k = \frac{B_k \times 1000}{2.6} \times 0.2 + M_k \times 0.8$$

其中，C_k 代表医院 k 可承载的服务人口数，B_k 代表该医院的床位数，M_k 代表日均门诊量。

在北京市各医院的服务范围内，将实际服务人口总数 P_k 与各医院可承载服务人口数 C_k 进行对比，计算得到各医院的承载力系数。承载力系数大于 1 意味着医疗资源短缺，无法满足正常的看病需求；承载力系数小于 1 意味着医疗资源存在闲置。承载力系数过小，应酌情对该区医院进行裁撤、合并或转制。

按照上述计算步骤，通过 Excel 计算得到北京市三级、二级医院服务范围内的人口规模、服务人口规模和承载力系数，因一级、未评级医院床位数和日均门诊量数据缺失，故暂不用此方法计算，而采用供需指数的方法讨论。按照承载力系数由高到低的顺序将三级、二级医院排序，见表 3-1。

表 3-1 北京市三级、二级医院承载力系数

医 院	行政区划	服务人口数	床位数	门诊量	承载力系数
首都医科大学附属友谊医院	宣武区	16 277.97	960	4000	45.76
通州区新华医院（通州区新华社区卫生服务中心）	通州区	4352.22	150	769	44.66
北京大学第一医院（北大医院）	西城区	28 993.26	1368	4000	36.52
首都医科大学附属同仁医院	东城区	20 290.65	860	4000	32.92
卫生部医院	东城区	27 862.38	1100	3000	30.54
积水潭医院（北京大学第四临床医学院）	西城区	45 469.32	1500	3000	25.48
首都医科大学附属天坛医院	崇文区	31 065.79	950	2000	23.63
中国医学科学院协和医院	东城区	61 934.79	1836	4000	22.91

续表

医　院	行政区划	服务人口数	床位数	门诊量	承载力系数
北京大学人民医院（北京大学第二临床医学院）	西城区	51 202.39	1448	4000	21.88
回民医院（宣武区牛街社区卫生服务中心）	宣武区	11 108.91	300	2300	21.10
首都医科大学宣武医院	宣武区	38 138.01	1000	5000	20.38
北京市第二医院（西城区老年医院）	西城区	15 454.18	286	1075	14.35
人民解放军空军总医院	海淀区	70 718.11	1059	3287	11.59
中日友好医院	朝阳区	106 079.2	1568	2300	11.41
公安医院	东城区	34 210.36	500	960	11.29
首都医科大学附属北京中医医院	东城区	39 074.93	565	4000	11.29
首都医科大学附属安贞医院	朝阳区	75 118.48	1062	1800	10.91
中医药大学附属护国寺中医医院（针灸医院）	西城区	21 375.22	300	1000	10.87
首都医科大学附属世纪坛医院（铁路总医院）	海淀区	62 516.18	850	3600	10.55
首都医科大学附属朝阳医院	朝阳区	77 672.11	1030	3000	10.26
通州区潞河医院	通州区	69 845.09	538	1500	9.93
中医科学院望京医院骨伤医疗中心	东城区	47 185.09	550	2400	9.05
中医药大学东直门医院	东城区	41 234.34	458	1600	8.61
普仁医院	崇文区	32 820.21	357	1095	8.42
首都医科大学附属复兴医院	西城区	63 627.65	650	2000	7.91
人民解放军海军总医院	海淀区	98 383.22	980	1500	7.69
北京市第六医院（东城区交道口社区卫生服务中心、北新桥社区卫生服务中心）	东城区	50 674.92	500	1118	7.63
宣武中医医院	宣武区	30 541.47	300	1200	7.62
中国中医科学院广安门医院	宣武区	68 601.07	649	4000	7.37
健宫医院	宣武区	50 467.58	457	358	6.98
隆福医院（东城区老年病医院、东城区景山社区卫生服务中心）	东城区	29 024.81	251	1000	6.71
海淀医院	海淀区	58 025.51	500	2000	6.68

续表

医院	行政区划	服务人口数	床位数	门诊量	承载力系数
京煤集团总医院	门头沟区	141 440.7	736	610	6.68
北京大学首钢医院	石景山区	117 955.6	1006	3500	6.61
监狱管理局中心医院	宣武区	33 509.32	260	190	5.98
朝阳区中医医院	朝阳区	33 464.12	252	419	5.81
清华大学玉泉医院	石景山区	44 007.32	300	967	5.28
航天总医院（丰台区东高地社区卫生服务中心）	丰台区	80 998.68	550	1047	5.24
航天中心医院	海淀区	104 408.9	660	1095	4.88
小汤山医院	昌平区	164 653.2	600	577	4.68
北京大学第三医院（北医三院）	海淀区	175 220.9	1050	5400	4.66
通州区中西医结合骨伤医院（通州区中西医结合骨伤医院康复中心）	通州区	57 488.88	200	730	4.49
国济中医医院	丰台区	65 878.84	357	153	4.17
博爱医院	丰台区	131 333.8	665	135	3.90
燕化凤凰医院	房山区	264 970.6	800	921	3.88
丰盛中医骨伤专科医院（西城区丰盛医院）	西城区	20 366.31	100	518	3.82
中国中医科学院西苑医院	海淀区	118 936.8	575	3700	3.77
北京中医药大学第三附属医院	朝阳区	62 902.43	300	500	3.68
中医药大学东方医院	丰台区	136 748.2	638	2000	3.61
工人疗养院（西山医院、康复中心）	石景山区	92 181.81	428	200	3.58
老年医院	海淀区	138 543.6	600	615	3.34
煤炭总医院	朝阳区	123 758	515	700	3.21
北京丰台医院	丰台区	266 149.9	1100	947	3.18
航天科工集团七三一医院（云岗社区卫生服务中心）	丰台区	101 131.2	400	547	3.05
华北电网有限公司电力医院	丰台区	134 452.4	518	1600	2.98
航空工业中心医院	朝阳区	193 878.7	720	163	2.86
鼓楼中医医院	东城区	56 567.69	201	600	2.75
西城区平安医院	西城区	12 562.79	40	417	2.50

续表

医　　院	行政区划	服务人口数	床位数	门诊量	承载力系数
垂杨柳医院	朝阳区	130 389.4	400	1300	2.38
石景山医院	石景山区	148 322.7	450	1400	2.35
和平里医院（东城区和平里社区卫生服务中心）	东城区	111 032.5	325	1030	2.27
平谷区医院	平谷区	278 088.1	480	1150	2.22
密云县医院	密云县	238 837.8	403	918	2.17
中西医结合医院（海淀区田村街道社区卫生服务中心）	海淀区	130 079.1	350	1400	2.09
怀柔第一医院	怀柔区	181 801.7	291	800	2.06
昌平区红十字会北郊医院	昌平区	479 007.5	750	1500	2.02
仁和医院	大兴区	262 794.5	400	1100	1.96
医院协会右安门医院（首都医科大学附属宣武医院分）	丰台区	78 753.22	200	26	1.95
羊坊店医院	海淀区	44 138.43	110	660	1.94
华信医院（清华大学第一附属医院）	朝阳区	207 091.3	500	1500	1.87
中国中医科学院望京医院	朝阳区	242 798.8	550	2400	1.76
延庆县医院	延庆县	231 577.4	300	732	1.67
北京大学医院（海淀区燕园社区卫生服务中心）	海淀区	70 165.58	150	980	1.67
中医科学院眼科医院	石景山区	48 678	100	1000	1.61
大兴区人民医院	大兴区	417 735.2	500	700	1.54
房山区第一医院	房山区	379 878.4	450	876	1.52
门头沟区医院	门头沟区	254 093.8	300	524	1.52
朝阳区第二医院	朝阳区	103 000.3	200	434	1.50
通州区中医医院	通州区	379 862.2	400	1500	1.36
昌平区医院	昌平区	443 152.1	425	709	1.23
藏学研究中心藏医院	朝阳区	97 501.69	150	320	1.19
顺义区医院	顺义区	428 264.9	372	688	1.12
昌平区南口铁路医院	昌平区	144 341.3	120	532	1.08

续表

医院	行政区划	服务人口数	床位数	门诊量	承载力系数
中关村医院（中关村、学院路社区卫生服务中心）	海淀区	156 815.2	200	675	0.99
武警总队第三医院	丰台区	166 462.8	200	753	0.93
崇文区第一人民医院	崇文区	92 426.69	105	320	0.88
丰台区南苑医院（丰台区南苑社区卫生服务中心）	丰台区	221 159.8	250	600	0.87
清华大学医院（海淀区清华园社区卫生服务中心）	海淀区	127 767.3	130	996	0.80
密云县太师屯镇社区卫生服务中心	密云县	132 953.1	80	215	0.78
北郊肿瘤医院（昌平区东小口医院）	昌平区	257 985.9	150	76	0.75
延庆县永宁镇社区卫生服务中心（延庆县第二医院）	延庆县	104 911.9	60	185	0.74
丰台区长辛店医院（长辛店社区卫生服务中心）	丰台区	144 734.6	135	521	0.72
宣武区广外医院（宣武区老年病医院，宣武区广外社区卫生服务中心）	宣武区	118 590.4	110	615	0.72
平谷区第二医院	平谷区	182 414	100	493	0.71
民航总医院	朝阳区	546 741.5	500	700	0.71
西城区展览路医院	西城区	142 932.2	130	456	0.70
首都国际机场医院	朝阳区	201 767.5	182	418	0.70
丰台区铁营医院	丰台区	185 877.9	158	609	0.66
上地医院	海淀区	565 744.3	424	1300	0.58
社会福利医院（海淀区清河街道社会福利社区卫生服务中心）	海淀区	230 845.1	150	490	0.50
昌平区沙河医院	昌平区	425 934.1	150	227	0.45
顺义区空港医院	顺义区	161 858.2	50	290	0.40
怀柔区妇幼保健院	怀柔区	164 890.5	50	190	0.39
石景山区中医医院	石景山区	166 332.7	60	998	0.29
大兴区红星医院	大兴区	522 409.8	50	196	0.12

数据来源：医疗机构名称和位置根据社会保障网站等级在册信息整理而成；医疗机构的"床位数""科室数""日均门诊量"和"等级数"主要根据各医院网站、"健康百问网"、百度百科等网站整理而成；街道人口数来源于第六次全国人口普查数据。作者根据 2010 年数据整理得到，下同。

将表 3-1 关联到 ArcGIS 进行属性集中,得到北京市各医院的服务人口总量和承载力系数(图 3-7)。

图 3-7 北京市医疗资源承载力系数分布

结果发现,北京市医院的平均服务人口为 14.2 万人,标准差为 12.5 万人。北京市医院的平均承载力系数为 1.66,标准差为 3.04。北京市医院的服务人口大多为 50 万人以下,只有上地医院、民航总医院和大兴区红星医院三家的服务人口超过 50 万人。其中,21.2%(22 个)的医院承载力系数在 1 以下,属于资源紧缺状态;38.5%(40 个)的医院承载力系数在 1~4 之间,略超负荷运行;29.8%(31 个)的医院承载力系数在 4~13,属于资源闲置状态;还有 10.5%(11 个)的医院承载力系数为 20~46,医疗资源被大量闲置。

在承载力系数的区域分布上,宣武区、东城区、西城区、海淀区、朝阳区的大部分医院的承载力系数大于 10,其中,较为特殊的是通州区新华医院,它虽然位于郊区,但承载力系数达到 44.6。这所医院之所以承载力系数比较大,是由于郊区医疗机构承载力系数大多较小,不能够满足当地需求,较多患者不得不去中心城区就医,这导致人们误认为中心城区需求量大,因此大量建造医院,导致中心城区医院的供给能力远超过了其所在街区的自身需求。

3. 基于供需指数的空间布局

(1) 基于供给指数的供需布局

供给指数拟合了床位数、医院等级数、日均门诊量、科室数等多个指标,其中将主观赋值法和客观计量法相结合,尽量全面准确地衡量医疗机构的供需布局。具体计算方法如下:

① 给离医院的距离进行赋值。如以三级医院为圆点,0~1 km为半径画圆,此圆所覆盖面积的重要性赋值为20,以此类推(表3-2)。

表3-2 医院距离重要性打分结果

圈 层/km	距离重要性			
	三级医院	二级医院	一级医院	未评级
0~1 km	20	20	20	20
1~4 km	20	18	18	15
4~6 km	19	15	15	5
6~8 km	17	12	9	4
8~10 km	15	7	5	3
10~15 km	10	5	3	2
15~20 km	8	3	1	1

② 对医院的等级进行赋值(表3-3)。

表3-3 医院等级赋值结果

等级	三级医院			二级医院			一级医院		
	三级甲等	三级乙等	三级丙等	二级甲等	二级乙等	二级丙等	一级甲等	一级乙等	一级丙等
赋值	30	15	7	6	5	4	3	2	1

③ 对床位数、科室数、日均门诊量进行标准化。

以床位数为例。计算公式如下:

$$B_s = \frac{B_i - B_{\min}}{B_{\max} - B_{\min}}$$

其中,$B_{\max}$为最大床位数,$B_{\min}$为最小床位数,其他以此类推。

④ 对床位数、科室数和日均门诊量的权重进行赋值。床位数为3,科室数为7,日均门诊量为10。

⑤ 计算综合实力指数:

$$I_t = 3 \times B_s + 7 \times K_s + 10 \times M_s$$

⑥ 对综合实力指数进行赋值(表3-4)。

表 3-4　综合实力赋值

综合实力指数	赋　值
13～16	30
10～13	20
7～10	15
5～7	10
＜5	5

其中,一级和未评级医院由于统归为未评级医疗机构,故其综合实力赋值统一为5,将综合实力赋值与相应的综合实力指数相乘,得到总实力指数。

⑦ 对代表性街道周围15 km以内所有医院的综合实力赋值和距离赋值按照以下公式进行乘积求和运算：

$$S_t = \sum_{j=1}^{m} \sum_{i=1}^{n} P_t L_t$$

其中,S_t为代表性街道周围所有医疗机构的重要性总和,为该街道可获得的总医疗服务的供给水平,也是该街道医疗服务消费可能性的大小。

以上赋值均采用了专家打分法,并选取加法评价型,对专家赋值求平均值并取整。对北京市范围内的各街道、乡、镇、地区(以下简称街道)都重复上述操作,得到每一个街道的数值。将其作为街道的空间属性特征值用GIS软件在地图上进行分级着色,制作DEM图谱,从而可对北京市医疗机构空间分布的整体情况进行观察(图3-8)。

图 3-8　北京市医疗机构供给指数分布

（2）基于需求指数的供需布局

① 分析思路。

为与供给指数相匹配，还需得出需求指数。具体步骤如下：

步骤一：根据前文所述需求影响机制和数据的可获得性，选取卫调数据中的女性比例、平均年龄、年人均住院次数、医疗机构离家距离 4 个数据，采用 tobit lninpatient 模型，利用 stata 软件进行回归分析，回归结果如图 3-9。

```
. tobit lninpatient gender age km , ll(0)

Tobit regression                                Number of obs   =       9751
                                                LR chi2(3)      =     183.40
                                                Prob > chi2     =     0.0000
Log likelihood = -5136.9788                     Pseudo R2       =     0.0175

  lninpatient |      Coef.   Std. Err.       t    P>|t|    [95% Conf. Interval]
       gender |  -.3112402   .0459929    -6.77   0.000   -.4013958   -.2210846
          age |   .0111918   .001045     10.71   0.000    .0091434    .0132401
           km |  -.0238006   .0165535    -1.44   0.151   -.056249    .0086478
        _cons |  -1.88147    .0803762   -23.41   0.000   -2.039024   -1.723916
       /sigma |   1.502602   .034837                      1.434314    1.570889

Obs. summary:       8311  left-censored observations at lninpatient<=0
                    1440  uncensored observations
                       0  right-censored observations
```

图 3-9　回归结果

将回归结果整理得出回归方程：

年人均住院次数＝exp(－1.881 47－0.311 240 2×女性比例＋0.011 191 8×平均年龄－0.023 800 6×医疗机构离家距离)

其中，年人均住院次数为预测值；女性比例、平均年龄为代入值；医疗机构离家距离为自变量，单位 km。

代入某街道数据后，模拟运算结果如图 3-10 所示。

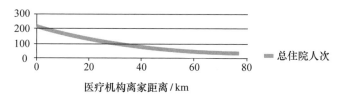

图 3-10　tobit lninpatient 模型回归曲线

步骤二：在 GIS 中分别建立两 Field 用于计算某街道 X、Y 边，选择 Calculate Geometry，并批量处理。通过此步骤找到北京市各街道的中心点。

步骤三：在 GIS 中计算中心点与每个医院的距离（三级、二级医院选取的距离范围为 0～20 km，一级、未评级医院选取的距离范围为 0～5 km）。

步骤四：将距离代入回归公式求得年人均就医次数。再将其乘以街道人口数，得到街道内年均就医次数，即街道内的需求值。

步骤五：将需求值与前面求出的供给指数无量纲化，得到需求指数标准化值和供给指数标准化值，并用供给指数标准化值除以需求指数标准化值，得到供需指数比（也称供需比）。比值若小于 1 表示供小于求，比值若大于 1 则代表供大于求。

② 分析结果。

按照上述步骤求出结果，按照从低到高的顺序排列供需比（表 3-5）。

表 3-5　北京市各街道医疗供需比值

街道代码	名　称	需求指数标准化值	供给指数标准化值	供需比
70	城北街道	0.154 779	0.000 589	0.003 803
72	昌平镇	0.031 775	0.000 620	0.019 516
145	海淀乡	0.267 565	0.013 446	0.050 254
292	城关街道	0.007 019	0.000 630	0.089 775
205	丰盛街道	0.168 809	0.020 040	0.118 717
89	兴谷街道	0.002 347	0.000 477	0.203 069
169	永顺镇	0.013 887	0.002 968	0.213 716
50	龙山街道	0.002 472	0.000 573	0.231 892
95	滨河街道	0.001 611	0.000 467	0.289 912
317	闫村镇	0.001 686	0.000 553	0.328 205
103	回龙观镇	0.015 348	0.005 090	0.331 636
96	胜利街道	0.001 872	0.000 767	0.409 778
283	黄村镇	0.002 632	0.001 092	0.414 711
101	光明街道	0.001 651	0.000 775	0.469 249
81	南彩镇	0.000 816	0.000 390	0.477 862
285	马驹桥镇	0.000 403	0.000 194	0.482 453
28	延庆镇	0.000 145	0.000 070 3	0.485 546
244	梨园镇	0.005 168	0.002 520	0.487 517
92	北七家镇	0.007 755	0.003 839	0.495 069
107	东小口镇	0.014 861	0.007 619	0.512 711
131	学院路街道	0.028 134	0.014 566	0.517 719
111	黄港乡	0.005 836	0.003 083	0.528 201
220	中仓街道	0.005 401	0.002 919	0.540 340
307	采育镇	0.000 125	0.000 068 2	0.543 565
227	玉桥街道	0.004 419	0.002 417	0.546 877

续表

街道代码	名称	需求指数标准化值	供给指数标准化值	供需比
180	八里庄街道	0.027 040	0.014 971	0.553 650
221	三间房地区	0.014 932	0.008 912	0.596 829
171	大峪街道	0.003 718	0.002 279	0.613 038
5	千家店镇	0.000 034 8	0.000 021 6	0.621 580
201	大安山乡	0.000 039 3	0.000 025 1	0.638 263
74	马池口镇	0.000 784	0.000 514	0.655 537
154	北太平庄街道	0.027 224	0.018 139	0.666 271
209	万寿路街道	0.020 497	0.013 806	0.673 575
311	庞各庄镇	0.000 219	0.000 154	0.702 328
194	八角街道	0.011 575	0.008 466	0.731 422
203	管庄街道	0.011 289	0.008 438	0.747 435
318	西三旗街道	0.013 202	0.009 876	0.748 108
192	三间房地区	0.005 571	0.004 303	0.772 546
275	长阳镇	0.000 683	0.000 530	0.776 254
256	东铁匠营街道	0.019 493	0.015 209	0.780 211
287	清源街道	0.003 299	0.002 630	0.797 240
298	青云店镇	0.000 230	0.000 186	0.807 376
225	南磨房地区	0.017 024	0.013 832	0.812 522
162	北下关街道	0.021 658	0.017 637	0.814 326
273	旧宫镇	0.009 729	0.007 941	0.816 199
216	北苑街道	0.004 793	0.003 916	0.817 065
261	丰台街道	0.014 423	0.012 044	0.835 045
258	王佐镇	0.000 548	0.000 460	0.837 909
241	劲松街道	0.019 379	0.016 243	0.838 172
266	大红门街道(南苑乡)	0.016 556	0.014 000	0.845 605
86	渔阳地区	0.000 534	0.000 455	0.853 260
2	长哨营满族乡	0.000 024	0.000 020 6	0.859 843
188	六里屯街道	0.017 874	0.015 419	0.862 667
250	潘家园街道	0.018 802	0.016 277	0.865 745
140	中关村街道	0.017 113	0.014 849	0.867 720
150	花园路街道	0.019 236	0.016 988	0.883 136

续表

街道代码	名　称	需求指数标准化值	供给指数标准化值	供需比
155	和平街街道	0.020 064	0.017 768	0.885 577
248	长辛店街道	0.002 214	0.001 970	0.889 872
197	八里庄街道	0.008 105	0.007 229	0.891 933
79	马坡地区	0.000 736	0.000 659	0.895 808
217	管庄地区	0.007 832	0.007 064	0.901 951
236	卢沟桥街道(卢沟桥乡)	0.013 021	0.011 840	0.909 255
135	望京街道	0.015 157	0.013 837	0.912 946
61	金海湖镇	0.000 123	0.000 113	0.916 327
297	迎风街道	0.000 628	0.000 577	0.919 785
234	广安门外街道	0.018 600	0.017 311	0.930 675
118	崔各庄乡	0.004 641	0.004 368	0.941 098
119	清河街道	0.011 180	0.010 598	0.947 876
52	南口镇	0.000 079 1	0.000 076	0.960 757
156	苹果园街道	0.007 320	0.007 058	0.964 216
213	月坛街道	0.019 245	0.018 891	0.981 594
158	和平里街道	0.018 935	0.018 851	0.995 539
170	展览路街道	0.019 118	0.019 141	1.001 196
251	张家湾镇	0.000 715	0.000 718	1.004 644
222	史家营乡	0.000 021 6	0.000 021 8	1.011 253
255	十八里店地区	0.011 058	0.011 297	1.021 675
146	海淀街道	0.014 067	0.014 468	1.028 556
27	穆家峪镇	0.000 153	0.000 158	1.030 434
164	紫竹院街道	0.015 295	0.015 882	1.038 365
305	魏善庄镇	0.000 255	0.000 265	1.042 580
210	羊坊店街道	0.016 076	0.016 812	1.045 780
29	溪翁庄镇	0.000 152	0.000 159	1.047 521
112	李桥镇	0.000 498	0.000 538	1.080 515
18	张山营镇	0.000 013 4	0.000 014 6	1.091 889
124	马连洼街道	0.008 817	0.009 708	1.101 064
267	新村街道(花乡)	0.009 162	0.010 098	1.102 221
281	西红门镇	0.005 966	0.006 584	1.103 564

续表

街道代码	名称	需求指数标准化值	供给指数标准化值	供需比
67	北小营镇	0.000 349	0.000 392	1.122 588
249	白纸坊街道	0.015 697	0.017 731	1.129 610
306	窦店镇	0.000 354	0.000 401	1.132 350
320	呼家楼街道	0.016 135	0.018 324	1.135 664
184	甘家口街道	0.015 232	0.017 303	1.135 941
226	双井街道	0.015 172	0.017 345	1.143 188
159	德外街道	0.016 493	0.018 880	1.144 718
268	西集镇	0.000 172	0.000 198	1.150 207
66	牛栏山地区	0.000 324	0.000 373	1.150 753
187	潞城镇	0.000 291	0.000 335	1.153 305
309	安定镇	0.000 147	0.000 174	1.180 142
161	左家庄街道	0.014 666	0.017 451	1.189 886
172	北新桥街道	0.016 235	0.019 403	1.195 096
104	东北旺乡	0.004 120	0.004 963	1.204 652
75	杨镇镇	0.000 219	0.000 268	1.227 384
127	青龙桥街道	0.008 600	0.010 700	1.244 277
253	永定门外街道	0.013 464	0.017 062	1.267 222
193	高碑店地区	0.009 473	0.012 120	1.279 431
167	平房地区	0.008 659	0.011 081	1.279 680
254	方庄地区	0.012 610	0.016 242	1.287 997
176	金顶街街道	0.004 165	0.005 398	1.296 164
302	北臧村镇	0.000 119	0.000 158	1.324 358
125	宋庄镇	0.001 094	0.001 455	1.329 830
271	青龙湖镇	0.000 391	0.000 527	1.348 619
242	王四营乡	0.003 995	0.005 449	1.363 982
186	田村路街道	0.008 631	0.011 796	1.366 788
152	双榆树街道	0.011 774	0.016 186	1.374 742
120	上地街道	0.007 152	0.009 838	1.375 525
300	长子营镇	0.000 137	0.000 191	1.390 697
231	广安门内街道	0.013 660	0.019 068	1.395 959
263	王四营乡	0.008 082	0.011 283	1.396 045

续表

街道代码	名称	需求指数标准化值	供给指数标准化值	供需比
76	小汤山镇	0.000 589	0.000 843	1.430 069
223	鲁谷街道	0.006 361	0.009 170	1.441 561
55	木林镇	0.000 190	0.000 275	1.448 853
262	西罗园街道	0.010 812	0.015 803	1.461 669
117	来广营地区	0.007 616	0.011 164	1.465 949
115	温泉镇	0.000 981	0.001 484	1.512 886
36	康庄镇	0.000 019	0.000 029	1.524 975
265	台湖镇	0.001 943	0.002 976	1.531 726
73	峪口地区	0.000 073 3	0.000 114	1.553 904
38	密云镇	0.000 237	0.000 369	1.557 016
173	新街口街道	0.012 524	0.019 616	1.566 189
157	安贞街道	0.011 666	0.018 304	1.569 048
269	马家堡街道	0.008 549	0.013 559	1.586 061
42	十里堡镇	0.000 212	0.000 342	1.615 757
97	大孙各庄镇	0.000 106	0.000 173	1.627 526
291	兴丰街道	0.002 237	0.003 676	1.643 353
286	瀛海镇	0.000 952	0.001 570	1.649 585
26	西田各庄镇	0.000 055 2	0.000 091 9	1.665 287
39	檀营满族蒙古族乡	0.000 189	0.000 317	1.675 231
148	小关街道	0.009 626	0.016 135	1.676 122
102	苏家坨镇	0.000 512	0.000 865	1.690 214
310	琉璃河地区	0.000 058	0.000 098 3	1.694 881
139	将台地区	0.007 195	0.012 379	1.720 559
219	二龙路街道	0.011 537	0.019 859	1.721 319
93	仁和地区	0.000 517	0.000 894	1.729 484
147	太阳宫地区	0.009 224	0.015 989	1.733 354
138	东坝乡	0.005 263	0.009 137	1.735 907
260	云岗街道	0.000 459	0.000 806	1.755 125
237	黑庄户乡	0.003 392	0.006 023	1.775 414
91	上庄镇	0.000 581	0.001 042	1.791 688
163	酒仙桥街道	0.003 698	0.006 637	1.794 727

续表

街道代码	名　称	需求指数标准化值	供给指数标准化值	供需比
64	流村镇	0.000 017 3	0.000 031 6	1.829 581
257	右安门街道	0.008 978	0.016 457	1.832 941
160	香河园街道	0.009 630	0.017 822	1.850 654
53	兴寿镇	0.000 064 4	0.000 121	1.882 966
80	高丽营镇	0.000 222	0.000 420	1.891 762
63	南独乐河镇	0.000 097 3	0.000 185	1.901 915
224	八宝山街道	0.005 647	0.010 904	1.930 705
142	亚运村街道	0.008 473	0.016 386	1.933 792
239	龙潭街道	0.009 257	0.017 966	1.940 857
143	酒仙桥街道	0.006 995	0.013 743	1.964 740
47	大华山镇	0.000 072 5	0.000 142	1.965 979
109	天竺地区	0.001 395	0.002 786	1.997 056
22	北庄镇	0.000 033 2	0.000 066 8	2.008 617
301	星城街道	0.000 294	0.000 592	2.012 250
264	长辛店镇	0.003 508	0.007 062	2.013 345
165	东风地区	0.006 795	0.013 761	2.025 333
182	常营地区	0.003 389	0.006 945	2.049 121
69	赵全营镇	0.000 096 2	0.000 201	2.087 546
200	北辛安街道	0.001 274	0.002 674	2.098 894
196	古城街道	0.003 343	0.007 020	2.099 828
246	牛街街道	0.008 728	0.018 435	2.112 241
153	城子街道	0.001 070	0.002 279	2.130 440
290	周口店镇	0.000 052 2	0.000 112	2.139 980
178	东辛房街道	0.000 448	0.000 964	2.151 626
136	龙泉镇	0.000 430	0.000 939	2.184 399
14	太师屯镇	0.000 017 8	0.000 039	2.185 789
68	南邵镇	0.000 256	0.000 563	2.197 493
299	林校路街道	0.000 944	0.002 093	2.217 108
303	韩村河镇	0.000 040	0.000 089 3	2.230 932
321	呼家楼街道	0.003 954	0.008 849	2.237 876
168	东直门街道	0.008 459	0.019 022	2.248 651

续表

街道代码	名　称	需求指数标准化值	供给指数标准化值	供需比
105	石园街道	0.000 479	0.001 085	2.265 305
17	旧县镇	0.000 022	0.000 050 4	2.292 216
228	东花市街道	0.008 184	0.018 853	2.303 630
128	金盏乡	0.002 917	0.006 766	2.319 168
19	穆家峪镇	0.000 032 8	0.000 076 3	2.331 075
16	四海镇	0.000 023 1	0.000 053 8	2.333 060
247	陶然亭街道	0.007 843	0.018 422	2.348 836
245	天桥街道	0.007 868	0.018 623	2.366 839
218	建国门街道	0.008 283	0.019 725	2.381 368
215	永定路街道	0.005 277	0.012 744	2.415 180
208	老山街道	0.004 516	0.011 005	2.436 900
274	亦庄镇	0.002 421	0.005 899	2.437 161
214	河北镇	0.000 124	0.000 304	2.444 965
206	西长安街街道	0.008 288	0.020 272	2.445 795
100	李遂镇	0.000 188	0.000 463	2.457 994
98	后沙峪地区	0.000 901	0.002 246	2.492 866
204	东华门街道	0.008 115	0.020 263	2.496 957
229	崇文门外街道	0.007 707	0.019 251	2.497 885
190	东四街道	0.007 726	0.019 980	2.586 089
30	井庄镇	0.000 016 2	0.000 042	2.587 297
243	天坛街道	0.007 095	0.018 519	2.610 012
32	渤海镇	0.000 013 7	0.000 035 9	2.623 615
90	夏各庄镇	0.000 099 6	0.000 263	2.637 586
60	龙湾屯镇	0.000 064 7	0.000 172	2.665 305
23	怀北镇	0.000 017 4	0.000 048 6	2.792 305
259	堡头街道	0.003 497	0.009 800	2.802 087
174	安定门街道	0.006 993	0.019 642	2.808 699
58	杨宋镇	0.000 139	0.000 391	2.809 740
232	大栅栏街道	0.006 991	0.019 648	2.810 414
65	山东庄镇	0.000 074 2	0.000 210	2.822 939
85	沙河地区	0.000 521	0.001 472	2.827 203

续表

街道代码	名称	需求指数标准化值	供给指数标准化值	供需比
84	阳坊镇	0.000 075 3	0.000 214	2.837 082
235	太平桥街道	0.005 474	0.015 613	2.851 943
308	石楼镇	0.000 130	0.000 375	2.883 173
185	永定镇	0.000 763	0.002 203	2.886 872
21	永宁镇	0.000 016 1	0.000 047	2.915 890
7	不老屯镇	0.000 083 7	0.000 024 5	2.932 233
233	椿树街道	0.006 624	0.019 458	2.937 430
279	东高地街道	0.003 188	0.009 451	2.964 287
195	朝外街道	0.006 477	0.019 268	2.974 892
293	向阳街道	0.000 132	0.000 395	2.982 608
189	团结湖街道	0.005 829	0.017 516	3.004 772
270	小红门地区	0.003 739	0.011 288	3.019 435
10	高岭镇	0.000 007 88	0.000 023 9	3.033 961
35	大榆树镇	0.000 023	0.000 069 8	3.035 320
181	交道口街道	0.006 570	0.020 008	3.045 214
177	三里屯街道	0.005 967	0.018 229	3.055 175
179	厂桥街道	0.006 589	0.020 139	3.056 206
314	礼贤镇	0.000 015 2	0.000 047 2	3.097 478
240	体育馆路街道	0.005 820	0.018 256	3.136 865
43	桥梓镇	0.000 035 6	0.000 113	3.179 645
272	南苑街道	0.002 891	0.009 213	3.186 259
280	漷县镇	0.000 026 8	0.000 086 3	3.217 915
56	崔村镇	0.000 054	0.000 175	3.244 424
45	北房镇	0.000 131	0.000 432	3.306 115
313	长沟镇	0.000 023 1	0.000 076 3	3.310 461
252	宛平城地区	0.002 342	0.007 797	3.329 723
175	广宁街道	0.000 967	0.003 251	3.360 832
141	万柳地区	0.001 469	0.004 962	3.376 978
144	五里坨街道	0.001 132	0.003 845	3.397 208
130	东升乡	0.003 805	0.012 963	3.406 641
62	北石槽镇	0.000 097 3	0.000 335	3.447 663

续表

街道代码	名 称	需求指数标准化值	供给指数标准化值	供需比
319	清华园街道	0.003 752	0.013 307	3.546 980
48	十三陵镇	0.000 042 4	0.000 151	3.554 169
46	河南寨镇	0.000 037 2	0.000 132	3.557 300
202	朝阳门街道	0.005 493	0.019 991	3.639 131
94	马昌营镇	0.000 078 1	0.000 285	3.651 977
110	北务镇	0.000 052 1	0.000 191	3.662 550
207	建外街道	0.004 891	0.018 281	3.737 648
71	王辛庄镇	0.000 035 8	0.000 135	3.759 820
191	景山街道	0.005 406	0.020 383	3.770 354
166	麦子店街道	0.004 140	0.016 072	3.882 451
41	长陵镇	0.000 015 9	0.000 061 9	3.895 935
88	南法信地区	0.000 257	0.001 007	3.923 700
276	和义街道	0.002 844	0.011 261	3.959 465
238	豆各庄乡	0.001 995	0.007 921	3.971 069
137	燕园街道	0.003 394	0.013 496	3.976 604
99	东高村镇	0.000 032 6	0.000 133	4.064 682
288	良乡镇	0.000 146	0.000 607	4.171 985
123	万柳地区	0.002 443	0.010 275	4.206 424
211	新华街道	0.000 758	0.003 239	4.275 353
34	大城子镇	0.000 005 8	0.000 025 7	4.421 095
108	马坊镇	0.000 019 1	0.000 085	4.442 637
82	大兴庄镇	0.000 082 6	0.000 370	4.477 366
78	百善镇	0.000 287	0.001 288	4.493 471
40	八达岭镇	0.000 008 07	0.000 037 1	4.591 176
37	巨各庄镇	0.000 012 7	0.000 060 3	4.757 054
59	刘家店镇	0.000 038 5	0.000 184	4.786 226
199	潭柘寺镇	0.000 048 7	0.000 236	4.847 119
316	怀柔地区	0.000 102	0.000 495	4.854 977
132	香山街道	0.001 328	0.006 659	5.014 350
25	沈家营镇	0.000 013 2	0.000 067 8	5.138 657
113	妙峰山镇	0.000 032 7	0.000 170	5.210 431

续表

街道代码	名称	需求指数标准化值	供给指数标准化值	供需比
8	古北口镇	0.000 003 89	0.000 020 4	5.230 722
77	张镇地区	0.000 024 5	0.000 129	5.271 783
121	洼里地区	0.002 425	0.012 984	5.353 292
134	楼梓庄乡	0.000 402	0.002 174	5.413 677
284	东风街道	0.000 028 9	0.000 159	5.511 480
106	首都机场街道	0.000 407	0.002 371	5.818 389
129	南皋乡	0.001 637	0.009 870	6.028 456
116	孙河乡	0.000 920	0.005 734	6.234 144
295	新镇街道	0.000 090 5	0.000 584	6.453 580
6	香营乡	0.000 004 27	0.000 028 1	6.578 466
24	雁栖地区	0.000 006 59	0.000 045 9	6.960 335
230	前门街道	0.001 367	0.010 184	7.449 247
278	南窖乡	0.000 017 5	0.000 132	7.518 440
122	军庄镇	0.000 221	0.001 663	7.536 226
54	熊儿寨乡	0.000 015 3	0.000 117	7.624 793
15	刘斌堡乡	0.000 003 47	0.000 027 6	7.950 206
212	佛子庄乡	0.000 008 25	0.000 067 7	8.203 269
51	黄松峪乡	0.000 005 06	0.000 041 9	8.280 283
126	王平地区	0.000 040 1	0.000 356	8.881 660
151	大台街道	0.000 005 02	0.000 044 8	8.914 756
57	庙城地区	0.000 005 4	0.000 467	9.267 355
33	大庄科乡	0.000 002 72	0.000 025 7	9.419 460
49	东邵渠镇	0.000 006 46	0.000 069	10.682 150
230	前门街道	0.000 883	0.009 511	10.769 990
198	阜外街道	0.001 569	0.019 276	12.285 100
133	大屯地区	0.001 101	0.014 370	13.047 090
183	福绥境街道	0.001 466	0.020 050	13.677 640
149	四季青乡	0.000 386	0.011 801	30.571 100

资料来源：街道名称和数据来源于第六次全国人口普查数据；医疗机构的"床位数""科室数""日均门诊量"和"等级数"主要根据各医院网站、"健康百问网"、百度百科等网站整理而来。

将表3-5关联到ArcGIS属性集，得到北京市各街道医疗机构供需指数比分布图(图 3-11),其中,白色表明街道中心距离医疗机构距离太远,距离三级、二级医院的距离大于 20 km,或者距离一级、未评级医院的距离大于 5 km。

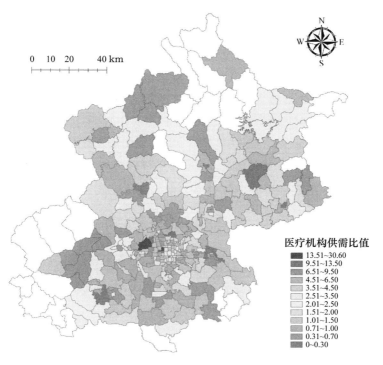

图 3-11 北京市医疗机构供需比值

图 3-11 显示,供需比值最大的区域是四季青乡和福绥境街道,均在 13.5 以上。其中,四季青乡达到了 30.6,供给严重大于需求。比值在 3.5～9.5 的街道主要零散分布于延庆县的中部和南部、怀柔区的南部、平谷区的西北部、门头沟区和房山区的东部,还有部分分布于西城区和朝阳区,这些街道的医疗机构也是供大于求。比值位于 2.01～3.50 的街道主要分布于密云县东北部、怀柔区南部、延庆县的中东部、昌平区的中南部、房山区的中部、平谷区的中部以及西城区、东城区的大部分地区。通州区的大部分地区、海淀区的西北部、昌平区的西南部和东南部、延庆县西南部和密云县南部的供需比值在 2.00～2.01。比值小于 1 的街道主要集中在大兴区绝大部分地区、昌平区中部、延庆县东北部、顺义区大部分地区。

结果中较令人疑惑的是中心城区的供需比值大多高于 2,有些地方甚至出现了大于 10 的比值。这种状况与现实生活中中心城区医院人满为患的情景大相径庭,究竟为什么会出现理论与现实的差异?事实上,这种倒挂恰恰反映了现行医疗资源配置的空间失配。由于本章根据年龄结构、女性比例和就医距离计算就医需求,因此这是理论上该街道应该存在的需求值。供给则考虑了医院等级、日均门诊量和科室数等医疗机构的综合供给实力,是理论上街道可以提供的供给。此外,计算方法假设在 20 km 内,患者会就近选择三级、二级的大中型医院或者在 5 km 内就近选择一级、未评级医院,且很多郊区的供需比值小于1。

综上可推断出,按照理论需求,中心城区的供给目前已远大于需求,但由于医疗资源分配不均匀导致人们舍弃了就近就医原则,选择在市中心的一些医院就诊。也就是说,中心城区医院不但承载了其本身服务范围内的需求,还承载了周边地区甚至更远一些地区的需求。因此,现实中出现的需求与就近就医原则相违背,是在现行医疗资源失配条件下的一种无奈的行为选择。这也反映了两个问题:第一,如果郊区和中心城区的医疗资源一样好时,人们会更倾向于就近就医的选择,现实情况反映出目前郊区医疗资源的质量较低,迫切需要提高。第二,目前广大郊区的确存在部分供不应求的情况,如大兴区、延庆县的东北部、昌平区的南部和顺义区。但在郊区还存在着一些供过于求的情况,如平谷区西南部、门头沟区东部、怀柔区南部、延庆县中南部等。在未来布局医疗机构时,应区分该地区的医疗资源究竟是供过于求还是供不应求,不要盲目建设,造成闲置浪费。

3.2.3 北京市医疗资源空间布局特征

研究表明,北京市医疗资源的空间特征包括:① 医疗机构资源在城市中心区域集聚。供需指数比和服务承载力分析发现,北京市的医疗资源呈现出"中心集聚,小范围聚居"的态势。西城区、东城区的医疗资源最丰富,区内拥有多家知名医院和众多的三级、二级医院。② 郊区并非处于医疗资源短缺状态。分析证明,北京市城八区以外的地区并非都处于医疗资源短缺状态,如平谷区西南部、门头沟区东部、怀柔区南部、延庆县中南部等部分郊区甚至出现供过于求、医疗资源闲置的情形。③ 医疗资源与区内人口结构特征不完全匹配。目前,北京市部分地区的人口平均年龄较高,但是区内医疗资源相对缺乏,供求不平衡,甚至出现倒挂(表 3-6)。

表 3-6 北京市各城区平均年龄

行政区划	平均年龄
宣武区	40.835 75
门头沟区	40.445 73
东城区	40.332 13

续表

行政区划	平均年龄
西城区	40.148 96
平谷区	39.419 33
密云县	39.316 61
延庆县	38.577 11
石景山区	38.520 73
房山区	38.155 30
丰台区	37.988 20
怀柔区	37.916 89
朝阳区	37.172 56
通州区	37.085 14
顺义区	37.041 14
海淀区	35.246 33
大兴区	34.963 11
昌平区	34.686 50
北京经济技术开发区	31.483 71

数据来源：北京市统计局网站 2010 年度统计数据。

3.3 北京市医疗资源空间布局优化方案

根据北京市医疗资源供给和需求的空间匹配分析，针对当前现状及选址布局问题，本书提出以下优化方案和建议：

1. 优化城八区医疗服务结构

承载力指数和供需指数比的分析表明，北京城八区中大部分地区医疗资源富裕，仅有朝阳区东部、丰台区中部与通州区西部的比值在 1 以下。但中心城区的医疗资源不仅要满足北京户籍人口、常住人口的就医需要，同时还要满足大量外地人口的进京求医需求；而且医疗机构搬迁将涉及大量人员安排和耗费巨额财力，这些地区的优化方案宜以改善医疗服务结构、提高医疗服务效率为主。

朝阳区东部与通州区西部临近，均面临供不应求的问题。该地区属 CBD 区域，一方面应增设高档次、外向型的国际医疗服务种类，完善本地区医疗服务的层次和多样性;另一方面结合年轻上班族高度集聚的情况,应加快完善社区医疗机构建设,满足便利、快捷的医疗服务需求。

2. 优化其他区域的资源布局

考察供需比发现,顺义区、大兴区是医疗资源紧缺的地区,比值均在1以下,甚至有些地区低于0.5,但它们并非郊区区县中人口最多的区域。再从医院等级统计看,大兴区、顺义区均没有三级医院,二级医院有5个,大兴区3个,顺义区2个;一级医院53个,大兴区28个,顺义区25个;未评级医院104个,大兴区52个,顺义区52个。可见,大兴区和顺义区的医疗分布层级并不算低,且医疗机构数量也不少,只是这两区的就医需求高于其他区域,导致供需不匹配。同时,顺义区是空港经济聚集地,发展排位和态势良好,未来应在顺义区、大兴区激活市场,灵活服务,增加医疗配套。

3. 增强设施建设,降低交通成本

由于医疗机构距离街道的中心点已经超出计算距离,因此门头沟区西部、房山区西部和怀柔区中北部大部分地区都是空白,未能得到有效的供需比值,反映出该地区医疗资源供给不合理。针对主要矛盾,这些地区的医疗服务空间布局优化方向是增加主要道路和公共交通的网络建设,方便居民出行,减少患者每次就医的时间成本和空间距离。同时这些地区需要在测算与街道中心距离的基础上,均匀增加社区医院,保证居民的医疗公平。

需要注意的是,密云县南部、延庆县中部和南部、怀柔区南部、平谷区北部、门头沟区东部和房山区中北部等一些片区出现供过于求的现象,这些地区的医疗资源布局要避免重复设置,以降低资源浪费。

3.4 北京市医疗资源管理改革政策建议

1. 加强对社区卫生服务工作的领导

充分认识社区卫生服务对城市居民健康的重要性。应将社区卫生服务体系纳入城市国民经济和社会发展、城乡发展、区域卫生等专项规划之中,成为政府年度工作任务的考核目标。同时,切实加强对社区卫生服务的服务和领导工作,努力协调解决具体问题和困难,在社区卫生、办公用房、人员编制、活动经费等几个方面,给予街道、社区等基层部门支持。

2. 建立区别对待的分诊制度

目前,现行就医制度设计存在缺陷。居民就医倾向三级、二级医院,一级、未评级医院无人问津。我国应参照西方国家设立相应的分诊制度,除急诊外,所有病人都先到社区医院挂号,社区医生根据病人的病情相应地分到专科医院或者高等级医院。这样不但能利用大量闲置的社区医疗机构,还能够有效缓解高等级医院的拥挤程度。

3. 推进大中型医院技术指导

加强大中型医院、预防保健机构对城市基层社区卫生服务机构及其医护人员的专业技术辅导。鼓励城市大中型公立医院与社区卫生服务机构签订帮扶协议,实行点对点的系列指导活动。例如,定期到社区出门诊、巡诊;带、教社区医护人员,交流查房和护理经验,讨论病例,等等。预防保健机构主要指导社区开展源头式的卫生服务,做好基层社区层面的诊断、干预、疾病预防控制和重点人群保健,并定期巡视、评估,解决有关技术难题。

4. 进一步加强信息化管理

借助计算机技术强化医院信息管理,优化管理流程,简化环节、简化处方和检查申请单信息输入计算机,优化管理流程,减少操作误差,提高医院服务质量。推行分诊制度,实现社区卫生服务机构完成基本检查,疑难病症再到大医院转诊、复查、诊治的流程,避免重复检查,降低患者负担。

5. 改善社区医院的医疗配备

无论是改善当前患者不愿意到社区医院就医的情况还是以后需要建立分诊制度,都需要加强社区医院的医疗配备,让患者更愿意到社区医院就医,对大医院的就医需求进行分流。甚至可以适当合并、改建某些规模小的医院或转变其发展方向,让其变为一级或未评级的社区医疗机构。进一步完善社区医院设施配套,做到小病检查完备化、大病检查基本化。

参考文献

[1] 陈共,王俊.论财政与公共卫生[M].北京:中国人民大学出版社,2007.

[2] 陈莹.基于GIS的基础医疗资源空间布局研究[D].北京:首都师范大学,2008.

[3] 程晋烽.中国公共卫生支出的绩效管理研究[M].北京:中国市场出版社,2008.

[4] 顾翠红.应急救灾视角下的上海市医疗设施空间布局[J].上海师范大学学报(自然科学版),2009,10:536-546.

[5] 国务院发展研究中心.对中国医疗卫生体制的评论与建议[J].中国发展评论,2005,增刊(01):4-5.

[6] 雷耀波.基于GIS的超市选址方法研究[D].桂林:桂林工学院,2007.

[7] 刘桂奇.近代城市医院的空间布局及演化——以广州市为例[J].热带地理,2010,3:331.

[8] 刘伟,刘卫东.GIS在公共卫生研究及管理中的应用[J].中国公共卫生管理,2006,22(1):30-31.

[9] 刘兆文.杭州医疗设施发展与医院布局研究[D].杭州：浙江大学,2006.

[10] 牛强,彭翀.基于路网的公共及市政公用设施优化布局模型初探[J].交通与计算机,2004,22(5)：49-53.

[11] 秦莉.基于GIS和环保多目标的北京市垃圾处理场布局与管理优化[D].北京：中国农业大学,2006.

[12] 萨瓦斯.民营化与公司部门的伙伴关系[M].周志忍,等,译.北京：中国人民大学出版社,2002.

[13] 宋小冬,廖雄赳.基于GIS的空间相互作用模型在城镇发展研究中的应用[J].城市规划汇刊,2003,10：46-51.

[14] 孙传波.GIS在威海建行城区离行式ATM机选址应用研究[D].青岛：中国海洋大学,2009.

[15] 唐少军,基于GIS的公共服务设施空间布局选址研究[D].长沙：中南大学,2008.

[16] 陶海燕,陈晓翔,黎夏.公共医疗卫生服务的空间可达性研究[J].测绘与空间地理信息,2007(1)：1-5.

[17] 王小合,高建民,高振乾.城市医疗服务网络布局发展研究[J].区域卫生规划,2002(7)：25.

[18] 王勇,吕庆云,苏素,等.欠发达地区医疗网点布局和资源的合理配置研究——以重庆市为例[J].软科学,2009,23：57-62.

[19] 王远飞.GIS与Voronoi多边形在医疗服务设施地理可达性分析中的应用[J].测绘与空间地理信息,2006(3)：77-80.

[20] 卫生部统计信息中心.2010年中国卫生事业发展情况统计公报[EB/OL].[2021-08-02].http://www.nhc.gov.cn/mohwsbwstjxxzx/s7967/201104/51512.shtml

[21] 卫生部统计信息中心.中国卫生服务调查研究：第四次国家卫生服务调查专题研究报告(三)[M].北京：中国协和医科大学出版社,2004.

[22] 卫生部统计信息中心.中国卫生管理与医院经营决策数据依据[M].北京：中国协和医科大学出版社,2004.

[23] 吴建军,孔云峰,李斌.基于GIS的农村医疗设施空间可达性分析——以河南省兰考县为例[J].人文地理,2008,5：37-42.

[24] 吴建军.基于GIS的农村医疗设施空间可达性分析——以河南省兰考县为例[D].开封：河南大学,2008.

[25] 吴伟斌.公共卫生产品的基本属性与供求均衡分析[J].中华医院管理杂志,2004,20(12)：705-708.

[26] 杨林生,李海蓉,李永华,等.医学地理和环境健康研究的主要领域与进展[J].地理科学进展,2010(01)：31-44.

[27] 赵丹丹.上海医疗资源纵向整合研究[D].上海：复旦大学,2008.

[28] 周小平.GIS支持下的城市医院空间局优化研究——以天门市为例[D].成都：西南交通大学,2005.

[29] BIGMAN D, REVELLE C. The theory of welfare considerations in public facility location problems[J]. Geographical Analysis, 1978, 10: 229-240.

[30] BOSANAC E M, PARKINSON R C, HALL D S. Geographic access to hospital care: A 30-minute travel time standard[J]. Medical Care, 1976, 14(7): 616-624.

[31] CROMLEY E K, MCLAFFERY S L. GIS and Public Health[M]. New York: The Guilford Press, 2001.

[32] EASON A, TIM S. Using GIS as a management tool for health care assessment and planning[C]. Geographic Information Systems in Public Health: Proceedings of the Third National Conference,1998,8: 299-310.

[33] FUJITA M. Optimal location of public facilities: Area dominance approach[J]. Regional Science & Urban Economics, 1986, 16(2): 241-268.

[34] GERARD F A. Assessing Need and Demand for Health Care[R]. Johns Hopkins Bloomberg School of Public Health, 2008.

[35] GOBALET J G, THOMAS R K. Demographic data and geographic information systems for decision making: The case of public health[J]. Population Research & Policy Review, 1996, 15(5-6): 537-548.

[36] GOLD M. Beyond coverage and supply: Measuring access to health care in today's market[J]. Health Services Research,1998,33 (3): 625-652.

[37] HANSEN P, THISSE J F. Outcomes of voting and planning: Condorcet, weber and rawls locations[J]. Journal of Public Economics, 1981, 16(1): 1-15.

[38] HIGGS G, GOULD M. Is there a role for GIS in the new NHS? [J]. Health Place,2001, 7(3): 247-259.

[39] JOSEPH A E, PHILLIP S D. Accessibility and Utilization: Geographical Perspectives on Health Care Delivery[M]. London: Harper and Row, 1984.

[40] KARASAKAL O, KARASAKAL E K. A maximal covering location model in the presence of partial coverage [J]. Computers & Operations Research, 2004, 31 (9): 1515-1526.

[41] LEA A C. Welfare theory, public goods, and public facility location[J]. Geographical Analysis, 1979, 11(4): 217-239.

[42] MORRILL R L, SYMONS J. Efficiency and equity aspects of optimum location [J]. Geographical Analysis, 2010, 9(3): 215-225.

[43] MUSGROVE P. Public and Private Roles in Health: Theory and Financing Patterns[M]. Washington DC: The World Bank,1996.

[44] SECONDINI P, CIANCARELLA L, MUZZARELLI A. GIS and public choice: The health systems case[C]// RUMOR M, MCMILLAN R, OTTENS H F L. Proceedings of the Second Joint European Conference & Exhibition on Geographical Information(Vol. 1): From Research to Application through Cooperation. Amsterdam: IOS Press,1996.

[45] TEITZ M B. Toward a theory of urban public facility location[J]. Papers in Regional Science, 1968, 21(1): 35-51.

[46] WHO, UNICEF. Primary Health Care: Report of International Conference at Alma-Ata[M]. Geneva: World Health Organization, 1978.

第4章 北京市公园空间布局及供给研究

公园是城市开放空间和基本公共服务的组成部分，是居民休闲、游憩、康乐的重要场所。《北京市绿地系统规划》对北京市的公园绿地系统提出了建设有生命韵律的城市景观，塑造特色风貌，注重园林绿地的文化内涵和品位，健全游憩绿地，创造环境优美、生态健全人居环境的发展要求。目前，在经济水平上，北京已进入休闲经济时代，2009年城市绿化覆盖率已达45%，发展迅速。然而，城市公园绿地供给不均衡，公园绿地供给与需求在空间分布上常出现失配，不同地区居民在日常游憩休闲的方便程度上存在很大差异，影响了不同群体的福利。因此，公园的供需平衡和空间匹配研究，对优化北京公园绿地系统和合理布局开放空间具有重要意义。

4.1 城市公园公共空间研究综述

4.1.1 城市公园的定义与分类

综合行业标准及国内外学者的定义，城市公园涵盖三个方面：第一，公园是城市公共绿地的重要类型之一。第二，公园是具有美化环境、改善生态、防灾避险功能的城市绿色基础设施。第三，公园是城市主要开放空间，是居民休闲、游憩、娱乐、健身的活动场所。原建设部颁布的《园林基本术语标准(CJJ/T 91—2002)》[①]中，将城

---

① 本研究完成于2009年。行业标准《风景园林基本术语标准》(CJJ/T 91—2017)自2017年7月1日起实施，原《园林基本术语标准》(CJJ/T 91—2002)同时废止。

市公园定义为"供公众休憩、游览、观赏、开展户外科普活动、文体健身运动,有较完善的服务设施和良好生态环境,向全社会开放的城市公共绿地"。

依照我国《城市绿地分类标准》(CJJ/T 85—2002)[①]对城市公园绿地的相关规定,如表4-1,本章的研究对象包括综合公园、社区公园、专类公园和带状公园4类。

表4-1 我国城市公园绿地分类标准

类别代号			类别名称	内容与范围	备注
大类	中类	小类			
G1	G11		G11-综合公园	内容丰富,有相应设施,适应于公众开展各类户外活动的大规模绿地	
		G111	全市性公园	为全市居民服务,活动内容丰富、设施完善的绿地	
		G112	区域性公园	为市区内一定区域的居民服务,具有较丰富的活动内容和设施完善的绿地	
	G12		G12-社区公园	为全市居民服务,活动内容丰富、设施完善的绿地	不包括居住组团绿地
	G13		G13-专类公园	具有特定内容及形式,有一定游憩设施的绿地	
		G131	儿童公园	单独设置,为少年儿童提供游戏及开展科普、文体活动,有安全、完善设施的绿地	
		G132	动物园	在人工饲养条件下,移地保护野生动物,供观赏、普及科技知识,进行科学研究和动物繁育,并具有良好设施的绿地	
		G133	植物园	进行植物科学研究和引种驯化,并供观赏游憩及开展生产资料活动的绿地	
		G134	历史名园	历史悠久,知名度高,体现传统造园艺术并被审定为文物保护单位的园林	
		G135	风景名胜公园	位于城市建设用地范围内,以文物古迹、风景名胜点(区)为主形成的具有城市公园功能的绿地	
		G136	游乐公园	具有大型游乐设施,单独设置,生态环境较好的绿地	绿化占地比例应≥65%
		G137	其他专类公园	除以上各种专类公园外具有特定主题内容的绿地。包括雕塑园、盆景园、体育公园、纪念性公国等	绿化占地比例应≥65%
	G14		G14-带状公园	沿城市道路、城墙、水滨等,有一定游憩设施的狭长形绿地	

资料来源:根据《城市绿地分类标准》(CJJ/T 85—2002)整理而成。

---

① 行业标准《城市绿地分类标准》(CJJ/T 85—2017)自2018年6月1日起实施,原《城市绿地分类标准》(CJJ/T 85—2002)同时废止。

4.1.2 城市公园空间研究进展

1. 城市开放空间研究视角

城市开放空间概念提出后,成为城市规划、景观生态、景观设计等学科的研究热点。我们以国内外城市公园来分析,透视城市开放空间布局的研究进展。

2. 城市公园空间研究的进展

(1) 城市公园的可达性研究

Bach(1980)利用可达性方法研究公园,提出了区位-配置模型,来确定到达公园需要的最少时间。总体上,用于城市公园绿地可达性研究的方法主要有统计指标法、累计机会法、简单缓冲区法、费用加权距离法、网络分析法、最小距离法和引力模型法 7 类。20 世纪 90 年代起,我国对单个城市的公园绿地可达性进行了案例分析。国内外关于公园绿地的可达性研究的方法原理、技术特点及代表性研究如表 4-2 所示。

表 4-2 城市公园绿地可达性研究方法

研究方法	原 理	特 点	代表性研究
统计指标法	通过统计特定区域内公园的数量、面积、人均公园面积等指标评价公园的可达性: $Z_i^C = \sum_j S_j, \forall j \in I$ 其中,指标 Z_i^C 越高,可达性越好	数据获取方便,计算方法简单;但不能准确衡量公园被市民使用的情况,因为位于区域边缘的公园不但为本区域提供服务,也为与之相邻的区域提供服务	Jim、Chen,2006;Corti、Broomhall、Knuiman et al.,2005
累计机会法	通过距某人口聚居区一定距离的缓冲区内的公园数量或面积来评价公园的可达性	未考虑道路情况和进入公园的阻力因素,不能真实反映公园的服务情况	Pirie,1979
简单缓冲区法	综合公园的服务半径和空间位置,将公园作为中心,以最大服务距离作为半径建立缓冲区,区内居民可享受公园提供的服务	划定公园服务范围,但以直线衡量服务半径,未考虑景观异质性,忽略了阻力因素,认为公园边界上任意点都可进入,夸大公园服务范围,高估其可达性	Li、Liu,2009;朱明、于兰君、李建龙,2005
费用加权距离法	对城市景观进行栅格化处理,对不同景观分类赋以不同穿越阻力;搜索最短路径,计算到达公园的阻力(距离、时间、费用),评价城市公园可达性	相对阻力难以准确反映实际情况,且其赋值具有主观性	尹海伟、孔繁花,2006;俞孔坚 等,1999

续表

研究方法	原理	特点	代表性研究
网络分析法	以道路网络为基础,计算城市公园按照某种交通方式(步行、自行车、公交车或自驾车)在某一阻力值下的覆盖范围	能识别到达公园的阻力,准确反映市民进入公园的过程,克服了主观性弊端;目前仍未涉及公园吸引力差异对城市公园可达性的影响	Oh、Jeong,2007;李小马、刘常富,2009
最小距离法	将居民出发地和城市公园抽象为点,计算居住地与最近公园的距离来表达城市公园的可达性	易于理解和计算;但采用何种人口聚居区及其代表点的抽象方式会影响计算结果	Smoyer-Tomic、Hewko、Hodgson,2004
引力模型法	建立可达性指数;公园的可达性随到达公园阻力的增加而减小,随城市公园服务能力和市民需求增加而增加	将公园吸引力纳入可达性计算,反映公园差异性对可达性的影响;但仅将面积作为公园差异性的衡量因素,有失全面性	周廷刚、郭达志,2003;黎世兵、况明生、李惠敏,2010

资料来源:作者根据相关文献自行整理。

(2) 基于城市公园空间公平性的研究

国外对城市公园空间公平性的研究主要有两种技术路线:第一种路线是结合社会学与统计学的方法,对城市公园的空间分布与人口统计学特征进行相关性分析。例如,Erkip(1997)抽样调查居民对公园的使用行为,结合统计学方法,研究土耳其安卡拉公园的空间布局成因及其公平性。文章选取公园数量和质量、人口家庭结构、年龄构成、每个家庭的工作人数、收入水平、汽车拥有量、出行方式、行进距离、行进时间等指标,运用 χ^2 检验来检验指标之间的相关性。研究发现:① 人们对社区公园(neighborhood parks)的使用主要取决于公园到居住地的距离与居民闲暇时间的多少;② 公园规模和建成年限对居民的选择没有明显影响;③ 高端公园及娱乐设施的分布则与收入水平呈现显著正相关,与距离呈现较弱正相关。Heynen、Perkins、Roy(2006)采用相关性检验的方法,结合人口统计变量对密尔沃基市(Milwaukee)公园的空间覆盖区域进行公平性研究,证明公园具有向高收入邻里、非西班牙裔白人居住区以及低空置率住宅区集聚的特征。

第二种路线是结合地理学与社会学、统计学研究方法,运用可达性方法获得公园服务半径,再结合人口社会经济统计变量,计算公园服务人口和服务效率,评价城市公园空间公平性。例如,Talen(1997)利用科罗拉多州普韦布洛市

(Pueblo)和佐治亚州梅肯市(Macon)的数据,将空间分布图与人口社会经济变量空间分布图(人种分布图、收入分布图、人口密度分布图、住房价格分布图)进行叠置分析,综合评价两市公园空间公平性的差异。Talen 和 Anselin(1998)对俄克拉何马州塔尔萨市的公共休闲场地(含公园)进行空间公平性评价。研究步骤包括:① 采用统计指标、引力模型、最小距离和旅行成本四种方法分别计算每个人口普查单元到公共休闲场地的可达性指标;② 采用局部 Moran's I (I_i)分别对公共休闲场地的可达性水平以及每个人口普查单元的少年儿童比重、非白人居民比重、住房价格中位数三个社会经济变量进行局部空间自相关分析。I_i 的计算如下:

$$I_i = \frac{z_i}{m_2} \sum_j w_{ij} z_j$$

其中,z_i 与 z_j 表示变量与平均值之差,w_{ij} 表示空间单元 i 与 j 之间的影响程度,$m_2 = \sum_i z_i^2$。

结果发现,采用不同方法计算出的公共休闲场地的可达性的空间集聚程度以及可达性与人口社会经济变量间的关系均差距明显,造成空间公平性评价结果失真,因此研究公共设施空间公平性必须结合公共设施的消费特点选取恰当的可达性分析方法。Nicholls 和 Shafer(2001)采取缓冲区和网络分析方法,划分了得克萨斯州 College Station 邻里公园的服务范围,分别计算服务区内、外各个社区的人口密度、非白人比重、少年儿童(18 岁以下)比重、老年人(64 岁以上)比重、租房者比重、平均住宅价格与平均租金 7 个社会经济变量的中位数,以此评价公园分布的空间公平性。研究发现,老年人和儿童比重高的邻里公园的可达性高,公园需求更强烈,邻里公园的空间分布相对公平,但低收入者和非白人居民居住区到邻里公园的可达性较差。

尹海伟和徐建刚(2009)采用最小邻近距离分析法,选取外来人口比重、少数民族人口比重、平房住户比重、无厨房住户比重等指标,评价上海市区公园的空间可达性。再基于上海市第五次全国人口普查数据,标准化后构建需求指数,分析各街道居民对城市公园的需求情况,采用定序变量和因子空间叠置两种分析方法,测度公园布局的空间公平性。李文、张林、李莹(2010)研究哈尔滨城市公园的服务效率,通过可达性分析得到哈尔滨城市公园 500 m 和 1000 m 两个门槛的服务面积分级与人口密度分布图叠加统计,得到公园的服务人口比来评价公园服务的空间公平性。梁颢严、肖荣波、廖远涛(2010)提出"建设用地见园比"(P_J)和"社区见园比"(P_R)两项指标,来分析城市公园服务能力和绿地布局合理性。

$$P_j = \frac{S_{j,2000} - S_G}{S_j - S_G} \times 100\%$$

$$P_R = \frac{S_{RG}}{S_R} \times 100\%$$

其中，$S_{j,2000}$ 为综合公园 2000 m 服务范围内建设用地面积；S_j 为区域内建设用地总面积；S_G 为区域内公园绿地面积；S_{RG} 为综合公园 800 m、社区公园 500 m 和街旁绿地 200 m 服务范围内居住用地面积总和减去重复覆盖的居住用地面积；S_R 为居住用地总面积。

结果发现，中心城区见园比较高，但人均公园绿地面积少；外围城区的见园比较低，但人均公园绿地面积高于中心城区，表明中心城区公园较多，分布均匀，但规模较小；外围城区公园较少，分布集中，但规模较大。江海燕、周春山、肖荣波(2010)采用 GIS 网络与缓冲分析方法，建立公园服务人口比和公园服务面积比两个指标：

公园服务人口比＝公园服务人口/总人口×100％

公园服务面积比＝公园服务面积/总面积×100％

在街道尺度上评价广州公园绿地服务水平的空间差异特征和社会公平性，并结合街道人口的社会经济地位(SES)利用 SPSS 13.0 进行 105 个街道的 SES 类型与公园服务覆盖区类型的关联分析，发现 SES 越高，公园服务水平越高。

(3) 基于景观生态学视角的研究

国内外学者开始运用 RS 与 GIS 技术，分析城市公园绿地景观的空间结构。Turner 等(1988)采用景观的多样化、优势度和邻接度等指数，从景观生态学视角，划分公园绿地的景观生态格局。景观多样化指数、景观优势度指数、景观邻接度指数分别为：

$$H = -\sum_{i=1}^{m} P_i \cdot \log_2 P_i$$

$$D = H_{max} + \sum_{i=1}^{m} P_i \cdot \log_2 P_i$$

$$C = K_{max} + \sum_{i=1}^{m}\sum_{j=1}^{m} Q_{ij} \cdot \log_2 Q_{ij}$$

其中，P_i 表示斑块 i 占斑块总面积的比例；m 为斑块个数；H_{max} 为各类绿地景观所占比例相等时，景观最大的多样性指数，$H_{max} = \log_2 M$，M 为绿地景观类型的总数；Q_{ij} 表示与 j 类公园绿地相邻的 i 类公园绿地的比例；$K_{max} = 2m\log(m)$。

车生泉和宋永昌(2002)采用破碎度、绿地景观构成、最小距离、多样性、连接度和分维数等景观生态学指标,分析上海建成区 77 个城市公园的景观格局。周廷刚和郭达志(2003)运用景观生态学原理,基于 GIS 工具,对宁波市城市绿地景观按行政单元进行综合评价。吴妍、赵志强、李文(2011)选取景观多样性、优势度、均匀度、破碎度等指数对哈尔滨市公园斑块景观格局进行异质性分析评价,发现公园斑块类型组成及空间分布不合理,景观异质性指数较低。

综合上述几类研究发现,现有研究存在两点明显不足:① 目前的城市公园研究以可达性分析为主,强调城市公园的交通便利度,较少考虑公园的自身特点及提供的开放空间面积;② 现有城市公园空间研究多以整个城市或市辖区为行政单位尺度,无法准确揭示公园在城市内部的空间分异,有失科学性。

4.2 北京市公园布局现状及成因分析

4.2.1 北京市公园数据库

1. 城市公园数据

北京城市公园数据来自北京市公园管理中心和首都园林绿化政务网。本章基于日常游憩的基本公共服务功能,对城市公园进行供求空间匹配度分析,因此这里的城市公园仅包含开放性城市公园。一般来说,开放性公园是指免收门票的公园,但由于北京市推出了公园年票办理制度(北京市 65 岁及以上老年人可办理 50 元优惠年票,北京市退休人员可办理 100 元优惠年票,本市及外地其他人员可办理 200 元年票),持年票进入收费性公园的成本非常低,基本忽略不计。此外,许多收费性公园可办理月票,并对老年人、儿童免费开放,其门票成本也可忽略不计,因此本章所界定的开放性城市公园也包含玉渊潭公园、北海公园、景山公园、中山公园、天坛公园、香山公园、陶然亭公园、北京植物园等可使用年票、月票的收费性公园。北京市首都功能核心区和城市功能拓展区共有各类开放性城市公园 159 个(共 243 个公园入口,如图 4-1 所示)。需要特别指出的是,城六区外缘的街区,实际上也受到邻近非中心城六区内的公园设施的影响,但由于数据的限制,在此不予考虑。

由于北京市的开放性城市公园存在差异性,本章对 159 个城市公园进行了两种分类:一是根据北京市公园管理中心的评级标准将公园分为国家级重点公园、北京市级重点公园和普通公园,以描述城六区各街道城市公园供求状况的结构性偏差;二是根据各公园的面积将其分为 7 级,用于显示不同面积的城市公园对居民提供的开放空间的差异性(表 4-3)。

彩图 4-1

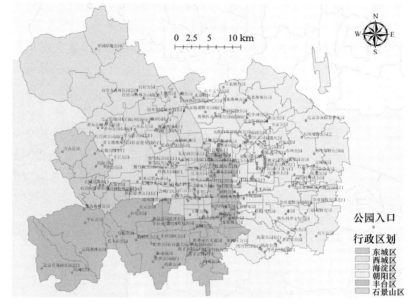

图 4-1　北京市中心城六区公园入口分布

表 4-3　按面积对城六区公园等级的虚拟划分

级别	面积范围/公顷
一级	>300
二级	200~300
三级	100~200
四级	50~100
五级	10~50
六级	1~10
七级	<1

注：作者自行研究分析设定。公园超过一定面积，对市民休憩地选择的影响并不大，因此高级别公园间的内部级差相对较大。

2. 行政区划数据

本章采用北京市 2010 年区划调整后的行政区划数据，北京市中心城六区包括首都功能核心区（东城区、西城区）和城市功能拓展区（海淀区、朝阳区、丰台区和石景山区），共辖 139 个街道、乡、镇、地区行政辖区（以下简称街道），其中有 5 个街道有两片辖区。因此用于 GIS 分析的空间单元（多边形）总共为 144 个（图 4-2）。

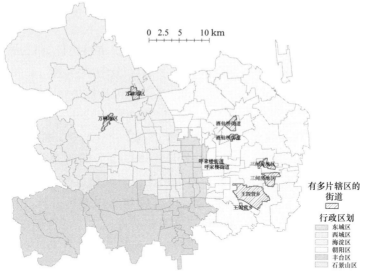

图 4-2　北京市中心城六区街区边界

3. GIS 地图投影坐标系

在选用地图投影时,我们充分考虑空间分析对方向、距离、面积的误差要求,最终采用 UTM 投影(WGS84 坐标系)。所有原始数据(公园入口和街区边界)都统一到上述地图投影。

4.2.2　北京市公园供给研究方法和技术路线

1. 研究方法

(1) 缓冲区分析法

缓冲区分析法旨在解决邻近度问题,是 GIS 空间数据处理的重要工具。本章基于 ArcGIS 9.2 的缓冲区分析法,来确定北京市城六区城市公园的服务范围,并对公园可达性程度进行分级显示,进而将公园缓冲区图层与行政区划图层、人口数据图层叠加,进行各街道公园的供给总量分析和供求匹配度分析。

(2) 分类研究法

分类是定性和定量研究的基本方法,也是社会科学中非常重要的研究方法。本章多次使用分类研究法,例如研究城市公园供给状况时,对公园按质量高低和面积大小分类;对缓冲区按照可达性水平分级;研究城市公园供求空间匹配度时,根据指标含义对供求比指数进行分类,等。

(3) 专家打分法

在对公园等级、缓冲区圈层按照供给指数的贡献率赋值时和对不同年龄段人口的需求差异赋值时,都将通过匿名方式征询有关专家的意见,即采用专家打分法。

（4）统计分析法

本章以定量研究为主、定性研究为辅，因此大量使用统计分析法，如采取指标评分法和综合指数法确定供给指数和需求指数、计算样本的均值和标准差等。为消除量纲的影响，本章还将运用极值化方法对供需指数进行无量纲化处理。

2. 技术路线

本章的研究步骤和技术路线如下：① 搜集、处理数据，建立空间数据库；② 从供给角度，对北京市城六区 159 个开放性城市公园的总体分布情况进行描述，并探讨北京首都功能核心区和城市功能拓展区开放性城市公园空间布局现状的成因；③ 根据距离衰减原则对城市公园建立缓冲区并计算各街道范围内的公园供给指数，然后分析城市公园供给在街道尺度上的空间差异；④ 基于城市公园供需的空间匹配度，制定优化公园布局的规划引导和政策保障措施。

4.2.3 北京市城六区公园的空间分布特征

北京市首都功能核心区和城市功能扩展区的 159 个城市公园主要分布于五环之内，呈现"整体分散，局部集中"的分布特征，位于城市中心的首都功能核心区和五环沿线是城市公园分布的主要集中区；以中轴线为界，城区东部和西部的公园数量大致相当；以长安街为界，北城的公园数量要多于南城，尤其是丰台区和石景山区南部，其公园密度明显低于北城（图 4-3）。

彩图 4-3

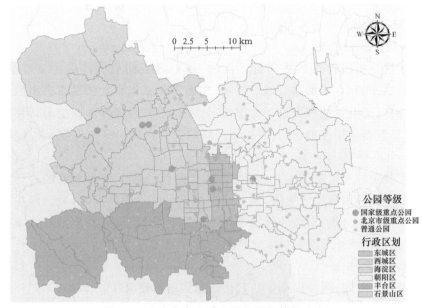

图 4-3 北京市中心城六区公园按等级分布

根据北京市公园管理中心的评级标准,根据公园的历史价值、艺术价值、文化价值、研究价值和重要保护价值等评价指标,将北京市的公园分为国家级重点公园、北京市级重点公园和普通公园。从不同等级的公园分布状况来看,国家级重点公园和北京市级重点公园主要分布在首都功能核心区,即东城区和西城区,这些公园主要是具有较高的历史文化价值和重要保护价值的遗址类公园,如天坛公园、陶然亭公园、景山公园、北海公园、皇城根遗址公园、明城墙遗址公园等。从空间分布差异看,以北京市中轴线为界,重点公园的数量西部城区明显多于东部城区,尤其是国家级重点公园更为明显,东部城区只有一个朝阳公园,其他全部集中在西部城区或中轴线附近;以长安街为界,北城重点公园数量明显多于南城,尤其是丰台区和朝阳区南部,不仅公园数量不如北城,公园等级与北城也存在明显差距。

从公园面积看,市中心区分布的公园面积较小,主要原因是中心城区地价高,一方面导致公园建设成本过高,另一方面高地价也促使其他用地类型蚕食公园用地。大型公园则主要分布在西五环和北五环沿线附近及南三环沿线地区,其中西北部五环沿线公园面积较大(图 4-4),主要受到自然因素的影响,所处地区部分多是山区,适合建造公园,如香山公园和北京植物园;同时也受到历史文化因素影响,明清时期这里是北京市郊区,帝王游园多在此,因此遗址类公园占有相当大的比例,如颐和园、圆明园遗址公园等。

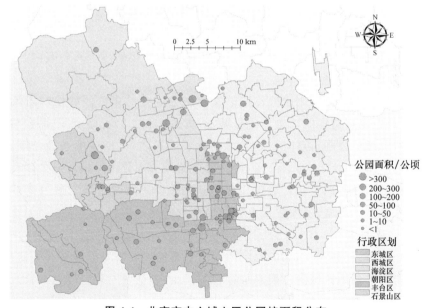

彩图 4-4

图 4-4　北京市中心城六区公园按面积分布

4.2.4 北京市城市公园空间布局成因

影响城市公园空间布局的因素主要包括自然因素和社会因素两大类。其中,自然因素包括地形、地质,植被、水系,景观生态安全,等;社会因素包括历史文化因素、经济因素、政治因素、人口因素以及可达性因素等,如图4-5所示。

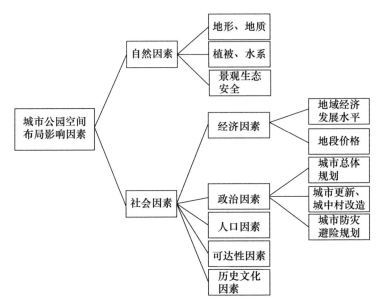

图 4-5　城市公园空间布局的影响因素

北京市城六区中城市公园空间布局的成因主要包括以下几个方面。

1. 历史文化因素

依托历史古迹和文化遗址建造的文化类公园是城市公园绿地的重要组成部分,尤其在北京这样的历史文化名城,历史遗址和文物古迹众多,保护和充分利用这些资源是公园布点时需要考虑的重要因素之一,皇城根遗址公园、元大都遗址公园、景山公园、天坛公园、什刹海公园等大部分国家级重点公园和北京市级重点公园的布局主要受历史文化因素的影响。北京市城六区公园的分布呈现出北城多于南城,很大程度上也是受历史文化因素影响。

2. 经济因素

影响城市公园空间布局的经济因素主要有地区经济发展水平和地段价格。由于城市内部各地区经济发展水平存在差异,各行政区对公园绿地的资金投入也不同。一方面,经济发达的行政区财政收入多,有充足的资金投入本地区的公园绿地建设,而经济实力较弱的行政区则倾向于把财政资金用于收益更高的公共产品或设施的提供,对公园绿地建设产生挤出效应。另一方面,经济发展水平高的地区地段价格高且人口密集,土地资源稀缺,资本追求利润最大化的特性使得土地置换总是倾向于选择收益高的用途进行置换,从而挤占绿地面积,如由于南城经济基础相对较差,地价相对较低,所以东城区、西城区与丰台区交界处的城市公园的面积要明显大于两区中心地带的公园面积。总之,经济因素对城市公园空间布局的影响是复杂的、不确定的,要视城市发展的具体情况而定。

通过对比北京市中心城六区的人均国内生产总值(GDP)空间分布和北京市中心城六区公园密度的空间分布可以看出,除海淀区公园密度等级相对较低,石景山区相对较高外,其他四个区的人均 GDP 等级和公园密度等级基本一致。通过对城六区的人均 GDP 和公园密度进行回归计算,进一步精确探索其中的关系发现,在经济发展水平和公园建设密度之间存在较弱的正相关关系,地区经济越发达,公园密度有可能越高(图 4-6)。

Source	SS	df	MS		
Model	.195216292	1	.195216292	Number of obs =	6
Residual	.070720881	4	.01768022	F(1, 4) =	11.04
				Prob > F =	0.0293
				R-squared =	0.7341
				Adj R-squared =	0.6676
Total	.265937174	5	.053187435	Root MSE =	.13297

var3	Coef.	Std. Err.	t	P>|t|	[95% Conf. Interval]
var6	5.05e-06	1.52e-06	3.32	0.029	8.30e-07 9.26e-06
_cons	-.162813	.1273068	-1.28	0.270	-.5162734 .1906475

图 4-6 北京市中心城六区公园密度和人均 GDP 回归结果

从图 4-7 中可以看出,东城区、西城区两区的人均 GDP 和公园密度都是最高的,人均 GDP 最低的丰台区的公园密度也非常低;但人均 GDP 排第三位的海淀区公园密度却排在最后一名,这主要是因为海淀区的公园基本集中于四环之内,而海淀区北部和西部在四环之外还有大面积地区,那里的经济发展相比离市中心较近的四环内地区要差一些,公园数量也很少,造成了海淀区整区范围内公园密度偏低;与海淀区相反,石景山区公园密度排名较其 GDP 排名要高很多,这主要是因为在石景山区内沿五环路有一个较为明显的南北向的公园分布带,良好的交通可达性使得区内公园分布集中。

需要指出的是,经济发展水平并不与公园布局存在单纯的正相关关系。由于经济发展水平高的地区地段价格高,且人口密集,土地资源稀缺,资本追求利润最大化的特性使得土地置换倾向于选择收益高的用途,从而挤占绿地面积,

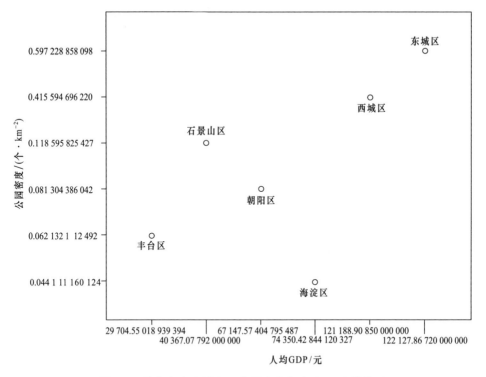

图 4-7　北京市中心城六区公园密度与人均 GDP 的关系

造成公园绿地面积狭小甚至供给严重不足。不过,考虑到公园绿地会改善周边的环境,带动周边商业用地或居住类用地价格上涨,当地政府和开发商也不会完全无视公园的建设。从北京市公园分布的现状看,中心城区较外城和城郊的经济发展程度高,区域性公园、街心公园以及社区公园中的游憩设施更完善。但由于土地供给数量和地价的影响,中心城区(东城区和西城区)的综合公园、社区公园、带状公园占地面积相对较小,占地面积较大的公园绿地一般都分布在市中心以外或者近郊。

3. 人口因素

(1) 人口密度

由于城市公园的空间分布要考虑到不同区域人均占有量的均衡性与公平性,所以人口数量或人口密度是影响城市公园——尤其是区域性公园、社区公园、街心公园与街旁绿地的重要因素。从理论上讲,各行政区的人口密度应该与公园布局密度呈现正相关关系,人口高密度聚集的区域也应是公园游憩绿地高密度布置的场所,但现实中由于地价等因素的影响可能会产生偏差。

回归分析发现,北京市中心城区的人口密度与公园分布密度呈现显著的正相关(图 4-8、图 4-9),即人口越密集,对城市公园等公共开敞空间的需求越大,所要求的公园面积越大,公园分布应该越集中。

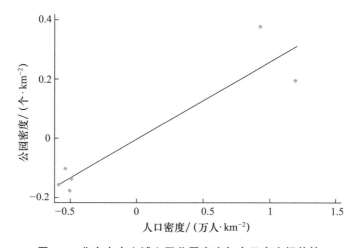

图 4-8　北京市中心城六区公园密度与人口密度回归结果

图 4-9　北京市中心城六区公园密度与人口密度相关性

(2) 人口年龄结构

年龄是影响居民对城市公园需求的最重要因素。通常,老年人对城市公园的需求最旺盛,对公园的使用频率最高,这是由老年人的生理和心理状况共同决定的:一方面,老年人的健康意识和健身需求很强,需要到公园绿地呼吸新鲜空气、锻炼身体、愉悦身心;另一方面,退休后的老年人闲暇时间多,且子女一般忙于工作,陪伴他们的时间较少,因此老年人会产生较强的孤独感,在公共空间进行的下棋、遛鸟、打牌、聊天等休闲娱乐和消遣活动对他们非常重要。

通过对比北京市中心各城区 65 岁以上人口比重等级和北京市中心城区公

园密度等级可以看出，二者基本一致，具有正相关性。通过回归分析进行验证，可以看出公园密度和人口年龄结构（65岁以上人口比重）基本呈现正相关关系，老年人口比重越高的地区其公园分布密度也越大（图4-10、图4-11）。

```
    Source |       SS       df       MS              Number of obs =       6
-----------+------------------------------           F(  1,     4) =   27.66
     Model |  .232338439     1  .232338439           Prob > F      =  0.0063
  Residual |  .033598735     4  .008399684           R-squared     =  0.8737
-----------+------------------------------           Adj R-squared =  0.8421
     Total |  .265937174     5  .053187435           Root MSE      =  .09165

------------------------------------------------------------------------------
       var3 |      Coef.   Std. Err.      t    P>|t|     [95% Conf. Interval]
-----------+------------------------------------------------------------------
       var9 |   11.42357   2.172064     5.26   0.006     5.39295    17.45418
      _cons |  -.9316677   .2221181    -4.19   0.014    -1.548367   -.314969
------------------------------------------------------------------------------
```

图4-10　北京各城区公园密度与65岁以上人口比重回归结果

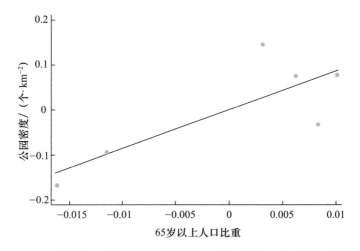

图4-11　北京市中心城六区公园密度与65岁以上人口比重的相关关系

4. 交通可达性

交通可达性是评价公园布局是否合理的重要指标，不同类型的城市公园对交通可达性的要求不同，与日常生活密切相关的街心公园、社区公园、街旁绿地等应布置在离居住区非常近、方便到达的地点；市级和区域性综合公园、专类公园等则应布局在交通便利、整个城市或区范围内景观可达性较好的地段。从北京市中心城六区公园的分布图来看，公园（尤其大型综合性公园）的布局呈现沿环路集中分布的特征。

5. 自然因素

地形、植被、水系等自然因素也是影响城市公园选址的重要因素,一般来说,街心公园、社区公园等主要满足人们日常生活休闲需要的城市公园应布局在地形平坦开阔的地方;景观园林和大型综合性公园则需要错落有致、多变的地形;此外,大型综合公园宜布置在具有水面及河湖沿岸景色优美的地段,或选择现有树木较多的地段,充分发挥水系和植物的作用,创造丰富的景观效果,增加公园的特色,满足人们的亲水情结。北京市城市公园的布局现状也受到了地形、植被、水系等自然因素的影响,如五环西北部地区的城市公园分布密集,除受交通可达性的影响外,还依托了香山、百望山等山地、森林来造景,菖蒲河公园、滨河公园、北海公园、翠湖湿地公园等公园的选址则主要是受水系的影响。

4.3 北京市中心城区各街道公园供给能力空间分异分析

4.3.1 各街道公园供给能力的分析方法

本章使用供给指数表示首都功能核心区和城市功能拓展区各街道城市公园供给状况的空间差异,供给指数的计算步骤为:

(1) 按照面积大小划分公园等级

日常游憩行为最大的特点就是就近性,公园的等级差异对市民日常游憩的选择影响并不大。因此,等级之间的内部级差相对较小。

(2) 按照游憩距离建立分级缓冲区

运用 ArcGIS 自带的缓冲区分析法,对各街道城市公园的可达性进行分析。为提高可达性分析的准确性,建立公园缓冲区时以公园各个入口(坐标)为源。若以公园的几何中心为源,会低估公园的服务半径;而若以公园的边界为源建立面缓冲区,则会默认公园边界上的每一个点都是可进入的,会高估公园的可达性。因此以公园实际可进入的点(入口)为源建立缓冲区相对来说最为准确。确定源之后,根据日常游憩场所选择的距离衰减原理,按步行时间来建立三个级别的缓冲区圈层。作者认为提供日常游憩服务的城市公园的可达性范围为步行 20 min 以内,其中最内圈层的可达性范围为步行 5 min 及以内;中间圈层的可达性范围为步行 5~10 min;最外圈层的可达性范围为步行 10~20 min,步行速度按 80 m·min^{-1} 计算,即一级圈层为<400 m;二级圈层为 400~800 m;三级圈层为 800~1600 m(图 4-12)。

彩图 4-12

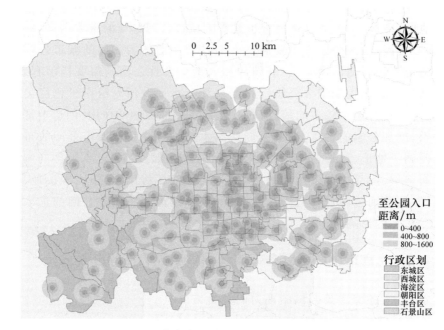

图 4-12　北京市中心城六区公园分级缓冲区分布

（3）对各级圈层的重要性赋值

鉴于公园主要为市民的日常游憩活动服务，而日常游憩活动对距离比较敏感，因此需要对不同缓冲区圈层的重要性进行赋值。为市民日常休憩活动服务的公园属于就近消费，因此同一级别的圈层之内各等级公园的重要性差异不明显，且圈层之间的距离相差也并不明显（5～10 min）。对同一级别的公园来说，各圈层之间距离的重要性差异也不太大，但考虑到日常游憩行为的频发性和对距离的敏感性，随着距离居住区渐远，公园的重要性权重应呈加速衰减趋势（极差由 1 变为 2，见表 4-4）。

表 4-4　城市公园缓冲区圈层距离衰减赋值

缓冲区圈层	公园等级（重要性赋值）						
	一级	二级	三级	四级	五级	六级	七级
一级圈层	10	9	8	7	6	5	4
二级圈层	9	8	7	6	5	4	3
三级圈层	7	6	5	4	3	2	1

资料来源：作者研究分析设定。

在 ArcGIS 中，三个属性表对应三幅缓冲区图层（图 4-13），每个属性表中，字段"DisMark"为公园缓冲区圈层距离衰减赋值。

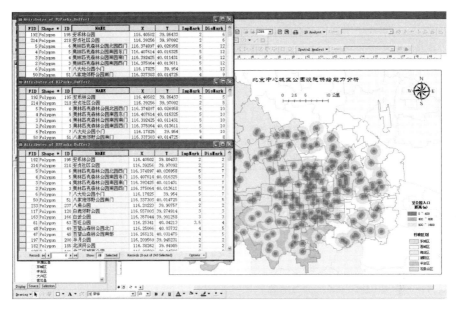

图 4-13　公园缓冲区属性表图示

（4）计算每个街道可达的城市公园的供给指数

第一步：将街道边界与公园缓冲区相叠加，通过交叉分析（intersect analysis）得到每个公园缓冲区与每个街道的重叠区（图 4-14、表 4-5）。

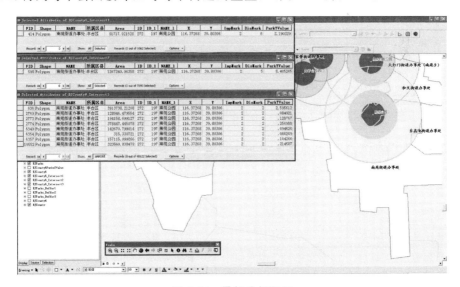

图 4-14　叠加分析图示

表 4-5 北京市各街道与缓冲区叠加后所得多边形属性(面积:m²)

名 称	行政区划	可达的公园或公园入口	公园缓冲区与街区相叠加多边形面积	街道面积	缓冲区距离衰减赋值
上庄镇	海淀区	翠湖湿地公园	3 899 422	37 455 991	4
苏家坨镇	海淀区	翠湖湿地公园	2 131 892	89 332 864	4
东北旺乡	海淀区	北京植物园西北门	5795.152	63 526 104	6
东北旺乡	海淀区	北京植物园东门	252 634	63 526 104	6
东北旺乡	海淀区	百望山森林公园南门	1 785 114	63 526 104	5
东北旺乡	海淀区	百望山森林公园北门	1 821 813	63 526 104	5
东北旺乡	海淀区	百旺公园	2 049 790	63 526 104	4
东北旺乡	海淀区	上地公园	850 613.5	63 526 104	2
东北旺乡	海淀区	二炮公园	68 051.37	63 526 104	1
黄港乡	朝阳区	朝来森林公园	46.967 88	19 308 038	4
黄港乡	朝阳区	朝来森林公园	252 316.3	19 308 038	4
孙河乡	朝阳区	北京金盏郁金香花园	312 509.2	16 750 981	3
来广营地区	朝阳区	奥林匹克森林公园南园南门	42 874.65	25 055 714	7
来广营地区	朝阳区	奥林匹克森林公园南园东门	1 764 430	25 055 714	7
来广营地区	朝阳区	朝来森林公园	1 313 285	25 055 714	4
来广营地区	朝阳区	朝来森林公园	410 457.4	25 055 714	4
来广营地区	朝阳区	太阳宫体育休闲公园	51 280.01	25 055 714	3
来广营地区	朝阳区	望京公园	350 095.7	25 055 714	3
来广营地区	朝阳区	望京公园	466 830.4	25 055 714	3
来广营地区	朝阳区	北小河公园	833 876.7	25 055 714	3
来广营地区	朝阳区	望湖植物公园	954 210.2	25 055 714	3
来广营地区	朝阳区	立水桥公园	2 288 545	25 055 714	3
来广营地区	朝阳区	望京体育公园	585 061.9	25 055 714	2
崔各庄乡	朝阳区	朝来森林公园	154 585	19 880 346	4
崔各庄乡	朝阳区	朝来森林公园	1 117 853	19 880 346	4
崔各庄乡	朝阳区	望京公园	62 751.03	19 880 346	3
崔各庄乡	朝阳区	望京公园	1 016 832	19 880 346	3
清河街道	海淀区	圆明园遗址公园东门	389 552	7 117 043	7
清河街道	海淀区	八家地郊野公园南门	5943.167	7 117 043	5

续表

名 称	行政区划	可达的公园或公园入口	公园缓冲区与街区相叠加多边形面积	街道面积	缓冲区距离衰减赋值
清河街道	海淀区	碧水风荷公园	307 657.4	7 117 043	2
清河街道	海淀区	清河燕清体育文化公园	237 973.8	7 117 043	2
清河街道	海淀区	上地公园	76 427.31	7 117 043	2
清河街道	海淀区	二炮公园	498 790.3	7 117 043	1
上地街道	海淀区	上地公园	1 090 393	2 866 933	2
上地街道	海淀区	二炮公园	673 033.3	2 866 933	1
洼里地区	朝阳区	奥林匹克森林公园北园西门	2 990 292	15 960 563	7
洼里地区	朝阳区	奥林匹克森林公园北园南门	1 364 256	15 960 563	7
洼里地区	朝阳区	奥林匹克森林公园北园东门	1 253 010	15 960 563	7
洼里地区	朝阳区	奥林匹克森林公园北园西门	979 860.5	15 960 563	7
洼里地区	朝阳区	八家地郊野公园南门	692 790.5	15 960 563	5
洼里地区	朝阳区	立水桥公园	722 383.5	15 960 563	3
洼里地区	朝阳区	永泰社区公园	236 385.4	15 960 563	1
洼里地区	朝阳区	东升文体公园	82 758.18	15 960 563	1
万柳地区	海淀区	圆明园遗址公园东门	405 031	2 696 040	7
万柳地区	海淀区	颐和园北宫门	65 564.65	2 696 040	7
万柳地区	海淀区	百望山森林公园南部	8673.346	2 696 040	5
万柳地区	海淀区	上地公园	1 123 404	2 696 040	2
马连洼街道	海淀区	颐和园西门	216 399.6	5 520 566	7
马连洼街道	海淀区	颐和园北宫门	823 726.3	5 520 566	7
马连洼街道	海淀区	百望山森林公园南部	1 980 335	5 520 566	5
马连洼街道	海淀区	百望山森林公园北门	184 970	5 520 566	5
东直门街道	东城区	地坛公园东门	3363.325	2 114 455	3
东直门街道	东城区	日坛公园北门	125 184.6	2 114 455	3
东直门街道	东城区	北二环城市公园	52 722.98	2 114 455	2
东直门街道	东城区	南馆公园南门	637 030.2	2 114 455	2

续表

名 称	行政区划	可达的公园或公园入口	公园缓冲区与街区相叠加多边形面积	街道面积	缓冲区距离衰减赋值
东直门街道	东城区	东四奥林匹克社区公园	141 496.3	2 114 455	2
展览路街道	西城区	玉渊潭公园东门	15 123.67	3 722 522	5
展览路街道	西城区	北京动物园西南门	313 752.4	3 722 522	4
展览路街道	西城区	北京动物园西门	62 548.5	3 722 522	4
展览路街道	西城区	北京动物园东北门	3029.022	3 722 522	4
展览路街道	西城区	紫竹院公园南门	18 979.13	3 722 522	3
展览路街道	西城区	月坛公园东门	295 382	3 722 522	2
展览路街道	西城区	官园公园	109 830.1	3 722 522	2
北新桥街道	东城区	北二环城市公园	11 775.83	2 774 709	2
北新桥街道	东城区	南馆公园南门	111 290.9	2 774 709	2
北新桥街道	东城区	东四奥林匹克社区公园	62 005.8	2 774 709	2
新街口街道	西城区	北海公园北门	11 712.65	2 804 195	4
新街口街道	西城区	人定湖公园南门	14 677.4	2 804 195	2
新街口街道	西城区	官园公园	225 339.8	2 804 195	2
广宁街道	石景山区	青山公园	182 529.8	5 520 406	2

资料来源：作者根据资料自行分析完成。表中为部分数据。

第二步：运用 ArcGIS 对交叉分析所得的属性表进行汇总，根据相应的计算公式，计算每个重叠区的公园供给指数。计算公式如下：

$$y = \sum_{j=1}^{7} \sum_{i=1}^{3} \alpha_{ij} A_{ij}$$

其中，y 为某个街道开放性城市公园的供给指数；α_{ij} 为 j 等级公园的第 i 缓冲区圈层辐射区的重要性赋值；$\alpha_{ij}A_{ij}$ 为 j 等级公园的第 i 缓冲区圈层对某街道的服务贡献率（该街道内公园的辐射面积与该街道面积的比值）。可以看出，供给指数不仅衡量了每个街道到城市公园的可达性水平，而且表示每个街道可以享受到的城市公园重要公共开放空间的数量，是城市公园供给数量和使用便利程度的综合体。

4.3.2 各街道公园供给能力空间分异

根据上述公园供给指数的构建方法，计算出北京首都功能核心区和城市功能拓展区各街道城市公园的供给指数，如表 4-6 所示。

表 4-6　北京市各街道城市公园供给指数（面积：m²）

名　称	行政区划	加权汇总后的公园缓冲区服务面积	街道面积	供给指数
麦子店街道	朝阳区	422 439 822	6 649 701.8	63.527 63
东风地区	朝阳区	349 978 387	7 273 779.9	48.115 06
酒仙桥街道	朝阳区	57 909 658	1 209 533.7	47.877 67
体育馆路街道	东城区	68 102 061	1 906 324.5	35.724 28
景山街道	东城区	62 393 524	1 764 259.8	35.365 27
和平里街道	东城区	167 202 941	4 735 858.2	35.305 73
龙潭街道	东城区	102 135 968	3 102 152.1	32.924 23
交道口街道	东城区	44 387 907	1 456 650.4	30.472 59
安定门街道	东城区	58 391 079	1 919 874.2	30.414 01
天坛街道	东城区	118 554 938	4 104 502.2	28.884 12
燕园街道	海淀区	42 947 905	1 538 156.6	27.921 67
安贞街道	朝阳区	76 592 629	2 765 162	27.699 15
东华门街道	东城区	147 321 353	5 405 472.8	27.254 11
厂桥街道	西城区	88 455 421	4 097 698.1	21.586 61
天桥街道	西城区	38 952 369	1 831 461	21.268 47
二龙路街道	西城区	51 646 791	2 468 434.8	20.922 89
陶然亭街道	西城区	48 144 725	2 431 584.7	19.799 73
清华园街道	海淀区	61 141 472	3 097 454	19.739 27
六里屯街道	朝阳区	66 260 450	3 516 244.6	18.844 10
团结湖街道	朝阳区	22 798 946	1 248 075.6	18.267 28
甘家口街道	海淀区	116 454 583	6 528 176.1	17.838 76
东花市街道	东城区	32 878 332	1 939 188.4	16.954 69
建外街道	朝阳区	87 478 486	5 468 053.9	15.998 10
广安门内街道	西城区	38 487 182	2 448 911.4	15.716 04
和平街道	朝阳区	57 220 422	3 668 262.2	15.598 78
建国门街道	东城区	40 705 178	2 687 484.4	15.146 20
永定门外街道	东城区	52 141 591	3 467 098.6	15.038 97
月坛街道	西城区	61 946 003	4 167 682.4	14.863 42
青龙桥街道	海淀区	291 905 023	20 231 453	14.428 28
呼家楼街道	朝阳区	12 597 609	880 979.42	14.299 55

续表

名　称	行政区划	加权汇总后的公园缓冲区服务面积	街道面积	供给指数
朝外街道	朝阳区	31 469 199	2 227 868.8	14.125 25
呼家楼街道	朝阳区	6 235 192.2	444 374.21	14.031 40
将台地区	朝阳区	168 381 665	12 053 073	13.970 02
香山街道	海淀区	468 763 623	34 116 281	13.740 17
北下关街道	海淀区	81 392 637	6 080 855.6	13.385 06
德外街道	西城区	53 375 630	4 051 466.4	13.174 40
方庄地区	丰台区	41 109 465	3 146 682.5	13.064 38
椿树街道	西城区	13 402 961	1 036 025	12.936 91
西长安街街道	西城区	53 250 437	4 231 115.7	12.585 44
展览路街道	西城区	44 183 470	3 722 521.6	11.869 23
朝阳门街道	东城区	13 669 332	1 188 388.9	11.502 41
崇文门外街道	东城区	11 919 471	1 049 552.8	11.356 71
北新桥街道	东城区	31 456 321	2 774 709.3	11.336 80
阜外街道	西城区	22 797 248	2 035 097.3	11.202 04
羊坊店街道	海淀区	72 061 907	6 512 942.5	11.064 42
永定路街道	海淀区	15 770 127	1 448 076	10.890 40
洼里地区	朝阳区	173 452 306	15 960 563	10.867 56
望京街道	朝阳区	107 612 572	10 174 627	10.576 56
丰盛街道	西城区	15 684 908	1 523 072.3	10.298 20
太阳宫地区	朝阳区	59 874 178	5 820 143	10.287 41
牛街街道	西城区	15 471 048	1 543 614.8	10.022 61
双井街道	朝阳区	48 600 201	4 963 196.9	9.792 116
西罗园街道	丰台区	36 008 412	3 747 351.1	9.609 031
潘家园街道	朝阳区	27 345 402	2 846 431.4	9.606 907
万柳地区	海淀区	20 798 092	2 172 069.7	9.575 242
平房地区	朝阳区	146 810 563	15 336 596	9.572 565
海淀乡	海淀区	61 782 852	6 524 727.3	9.469 032
新街口街道	西城区	26 532 874	2 804 195.3	9.461 849
东升乡	海淀区	25 654 744	2 730 580.3	9.395 345
海淀街道	海淀区	24 230 688	2 752 531	8.803 057

续表

名称	行政区划	加权汇总后的公园缓冲区服务面积	街道面积	供给指数
八角街道	石景山区	47 537 609	5 416 248	8.776 852
右安门街道	丰台区	33 803 687	3 957 538.8	8.541 593
老山街道	石景山区	34 463 175	4 086 566.5	8.433 284
紫竹院街道	海淀区	49 773 710	6 068 640.9	8.201 789
白纸坊街道	西城区	24 833 830	3 079 819.2	8.063 405
前门街道	东城区	8 228 474.8	1 047 016.5	7.858 974
清河街道	海淀区	54 580 206	7 117 042.8	7.668 944
太平桥街道	丰台区	76 084 312	9 965 274.6	7.634 944
大栅栏街道	西城区	9 813 552.9	1 291 810.5	7.596 743
马家堡街道	丰台区	31 814 119	4 254 876.6	7.477 096
三间房地区	朝阳区	17 527 114	2 436 061.9	7.194 856
酒仙桥街道	朝阳区	19 450 891	2 779 206.9	6.998 720
东四街道	东城区	10 675 047	1 533 799.8	6.959 870
小关街道	朝阳区	16 035 618	2 416 594.1	6.635 627
东坝乡	朝阳区	175 177 951	26 512 742	6.607 312
来广营地区	朝阳区	160 123 651	25 055 714	6.390 704
亚运村街道	朝阳区	37 548 751	5 881 070.5	6.384 680
中关村街道	海淀区	18 698 924	2 944 679.8	6.350 070
八宝山街道	石景山区	21 855 509	3 459 873.4	6.316 852
苹果园街道	石景山区	98 304 072	15 965 238	6.157 382
三里屯街道	朝阳区	19 173 144	3 147 217.9	6.092 093
三间房地区	朝阳区	25 425 524	4 200 302	6.053 261
十八里店地区	朝阳区	150 520 080	26 235 585	5.737 249
劲松街道	朝阳区	23 407 971	4 104 718.6	5.702 698
香河园街道	朝阳区	8 482 494.8	1 515 315	5.597 843
东直门街道	东城区	11 663 961	2 114 454.8	5.516 297
花园路街道	海淀区	34 355 569	6 365 035.6	5.397 545
马连洼街道	海淀区	28 763 907	5 520 565.8	5.210 319
广安门外街道	西城区	24 849 439	5 410 147.5	4.593 117
王四营乡	朝阳区	66 714 103	14 848 120	4.493 101

续表

名　称	行政区划	加权汇总后的公园缓冲区服务面积	街道面积	供给指数
豆各庄乡	朝阳区	62 688 839	14 277 346	4.390 791
高碑店地区	朝阳区	61 530 467	14 197 154	4.334 000
八里庄街道	朝阳区	17 194 170	4 155 340.3	4.137 849
西三旗街道	海淀区	61 568 070	14 956 678	4.116 427
常营地区	朝阳区	37 149 259	9 126 022.7	4.070 695
丰台街道	丰台区	32 840 480	8 098 899.4	4.054 931
双榆树街道	海淀区	8 299 342.1	2 060 872.3	4.027 102
长辛店镇	丰台区	16 137 930	4 042 512.9	3.992 054
垡头街道	朝阳区	11 304 632	3 115 999.6	3.627 931
田村路街道	海淀区	25 604 923	7 120 100.6	3.596 146
万寿路街道	海淀区	31 202 537	8 711 466.5	3.581 778
新村街道（花乡）	丰台区	190 709 452	53 862 364	3.540 681
福绥境街道	西城区	9 677 312.1	2 734 317.2	3.539 206
八里庄街道	海淀区	22 398 643	6 664 507.8	3.360 885
北太平庄街道	海淀区	17 610 515	5 366 007.4	3.281 865
上地街道	海淀区	9 353 771.8	2 866 933	3.262 640
卢沟桥街道（卢沟桥乡）	丰台区	93 970 809	28 848 667	3.257 371
大屯地区	朝阳区	38 121 125	11 851 035	3.216 691
小红门地区	朝阳区	38 647 731	12 376 362	3.122 705
南苑街道	丰台区	56 054 703	18 387 754	3.048 480
南皋乡	朝阳区	32 491 078	11 647 880	2.789 441
和义街道	丰台区	8 665 463.1	3 130 408.6	2.768 157
东铁匠营街道	丰台区	20 139 019	7 429 385.6	2.710 725
万柳地区	海淀区	6 986 870.4	2 696 039.8	2.591 531
左家庄街道	朝阳区	8 051 234.7	3 196 405.1	2.518 841
王四营乡	朝阳区	1 961 361.6	787 845.82	2.489 525
金盏乡	朝阳区	42 757 696	19 573 581	2.184 460
学院路街道	海淀区	18 754 946	9 374 414.4	2.000 653
管庄地区	朝阳区	15 012 951	7 641 769.4	1.964 591
鲁谷街道	石景山区	12 687 556	6 703 410.2	1.892 702

续表

名称	行政区划	加权汇总后的公园缓冲区服务面积	街道面积	供给指数
大红门街道(南苑乡)	丰台区	23 635 042	12 543 418	1.884 259
东北旺乡	海淀区	113 755 778	63 526 104	1.790 693
黑庄户乡	朝阳区	44 591 969	24 946 928	1.787 473
宛平城地区	丰台区	31 405 707	18 147 412	1.730 589
王佐镇	丰台区	75 831 043	45 428 303	1.669 247
管庄街道	朝阳区	8 147 666.1	5 229 307.4	1.558 077
古城街道	石景山区	11 616 375	7 472 284.9	1.554 595
四季青乡	海淀区	41 744 547	31 003 988	1.346 425
南磨房地区	朝阳区	10 941 381	9 617 522.5	1.137 651
长辛店街道	丰台区	68 122 408	60 560 117	1.124 872
五里坨街道	石景山区	21 180 176	24 041 425	0.880 987
崔各庄乡	朝阳区	15 843 347	19 880 346	0.796 935
上庄镇	海淀区	27 407 552	37 455 991	0.731 727
云岗街道	丰台区	10 294 179	14 457 429	0.712 034
北辛安街道	石景山区	2 495 526.2	8 571 618.9	0.291 138
楼梓庄乡	朝阳区	6 926 441.4	29 477 313	0.234 975
黄港乡	朝阳区	2 264 282.6	19 308 038	0.117 272
苏家坨镇	海淀区	9 281 232.7	89 332 864	0.103 895
广宁街道	石景山区	365 059.62	5 520 406.1	0.066 129
孙河乡	朝阳区	937 527.52	16 750 981	0.055 969
东高地街道	丰台区	81 445.049	3 734 321.2	0.021 810
温泉镇	海淀区	0	34 324 543	0
金顶街街道	石景山区	0	4 473 066.7	0
首都机场街道	朝阳区	0	9 145 595.7	0

资料来源：作者根据资料自行分析完成。

经过统计分析，各街道城市公园供给指数的均值为 9.882 5，中值为 7.096 788，最大值为 63.527 63，最小值为 0，标准差为 10.344。根据 ArcGIS 自带的 Natural breaks(Jenks) 分类标准将供给指数分为 7 级，分别为 0～2、2～5、5～9、9～14、14～22、22～36、36～64，在 144 个街道中，公园供给指数为 0～2 的街道有 26 个，2～5 的有 30 个，5～9 的有 29 个，9～14 的有 27 个，14～

22 的有 19 个,22~36 的有 10 个,36 以上的有 3 个。各街道公园供给能力的分级显示如图 4-15 所示。

彩图 4-15

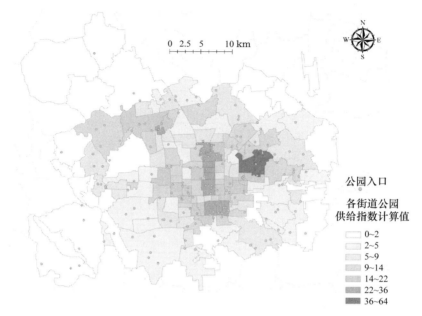

图 4-15　北京市中心城六区各街道公园供给指数分布

从图 4-15 中发现,北京市首都功能核心区和城市功能拓展区公园供给能力强的街道集中分布在"一核一带"。"一核"是指包含东城区和西城区的首都功能核心区,经济发达,人口密集,交通可达性好,历史遗留的景观园林众多,公园分布密集;加之市中心街道面积狭小,使得公园对街道的服务面积比很高,公园供给能力强。例如,东城区在中轴线附近的街道供给能力最高,该地带是古代北京的中心标志,也是现代北京的著名旅游风景区,分布有大面积的皇家园林,遗址公园众多。"一带"指北部城区(长安街以北)的五环沿线地区,交通便利,五环西北部靠近山脉,分布有大片的森林公园和植物公园,如香山公园、黄土坡森林公园、百望山森林公园、北京植物园等,这些公园面积巨大,为所在街道提供了广阔的开放空间。需要特别说明的是,由于朝阳公园入口很多,缓冲区圈层重叠分布,导致朝阳区的麦子店街道、东风地区和酒仙桥街道公园供给指数异常高,需要进行修正,使这些街道公园的供给指数与周边地区相近。

从南北分布来看,南城各街道的公园的供给能力要明显弱于北城各街道,属于公园供给能力比较差的地区。这是因为南部城区是历史上的老城区,明清时期人口密集,建筑密度大,历史上遗留下来的公园很少。而近现代之后,南城经济发展水平明显不如北城,地方财政收入也就偏少,公共设施供给水平低,新建公园数量少,主要分布在靠近长安街的地区。

从市中心和外围的公园供给情况看,五环以外各街道公园的供给指数最低,供给能力最差,其原因在于:一方面,这些地区远离市中心,尤其是海淀区西北部和朝阳区东北部包含大量农村地区,经济发展相对滞后,对公园的需求不旺,因此街道辖区内公园数量少,供给数量不足;另一方面,这些地区街道的面积庞大,即使有公园分布于此,也辐射不到所在街道和周边地区的全部范围,导致公园对街道的服务贡献率很低,计算出的供给指数低。例如,丰台区的新村街道公园服务面积高达 190 709 452 m^2,在所有街道中列第 5 位,但其街道面积约 5.386×10^6 m^2,相除后算出的公园供给指数仅为 3.540 681。东城区的体育馆街道的公园服务面积为 6 810 206 m^2,在所有街道中列第 30 位,远低于新村街道,但因其街道面积狭小,仅为 1.9×10^5 m^2,相除后计算出的公园供给指数高达 35.724 28。需要说明的是,位于城六区边缘的上述街区实际上也受到相邻的非城六区街道内公园设施的影响,其实际公园供给指数要略高于计算出的数值,但由于数据限制,在此不予考虑。

4.4 首都功能核心区与城市功能拓展区公园布局优化

4.4.1 分区优化建议

东城区和西城区公园数量多且平均等级高,各街道的供给能力在北京市中心城区处于最高水平。未来它们应将重点放在维护和改善服务设施,提高服务质量,挖掘特色,扩展服务半径上。在发展中还需要注意两点:一是东城区和西城区的老年人口比重较高,65 岁以上人口比重在各中心城区中处于最高水平,因此应遵循无障碍设计原则,创建适宜老年人的开放空间和增加老年人专用的服务设施;二是东城区和西城区的公园多为遗址公园、皇家园林,具有较高历史文化和艺术价值,应加强重点保护,适当挖掘特色,提升公园品质。

朝阳区和海淀区公园供给能力空间失衡较为明显:朝阳区长安街以北的西部地区各街道的供给能力处于较高水平,其他地区各街道供给能力却十分有限,尤其东部几个街道的供给能力处于较低水平。海淀区失衡更为严重,五环沿线的几个街道,得益于圆明园、颐和园等大型公园,供给水平较高,但其他街道则处于低供给能力状态,西北部地区等差距更明显。相应的,在公园设施优化过程中,对供给能力差的各街道应加强建设力度,并对已有公园进行扩展、维护和改善,提高服务质量;对于供给能力相对较高的地区,应控制公园密度,将资金投入到已有公园的服务质量和价值品质提升上,充分调动公园承载力,做好遗址类公园保护工作。

丰台区和石景山区的公园供给能力相对其他中心城区较差,且各街道之间差距不大。因此,应通过科学规划,引导新公园建设,提高公园密度,同时对已有公园提升品质,扩展面积,挖掘特色,提高服务质量。此外,两区位处中心城区的边缘地带,交通可达性是公园供给能力的重要因素,因此应适当考虑交通发展状况、区域人口密度、年龄结构等因素,以最大限度提高公园利用率。

4.4.2 总体优化建议

(1) 合理统筹,增加公园数量

未来的公园建设,首先要做好宏观统筹。对公园较为密集、供给能力高的街道,或地价较高的市中心区,应控制公园密度,以改善公园品质和扩展服务范围为主;对公园供给能力较差的地区,如丰台区、石景山区、海淀区西北部、朝阳区东部边远地区,应加快建设绿地开敞空间,短期内弥补供给能力不足,长期应升级绿地开敞空间,并投资建设一批新公园,综合提高公园设施的供给能力。

(2) 增加投入,提升公园品质

公园设施的供给能力不仅是街道内公园数量、公园面积,更应注重以品质提升服务能力。未来的公园基础设施建设中,应增加投入,提升公园品质,提高服务能力,扩展服务半径。例如,东城区、西城区、海淀区五环沿线地区、朝阳区西部地区等城市中心地区,地价高昂,公园面积无法扩展,需要更多地提升公园品质、提高地区公园设施供给能力。

(3) 科学规划,优化公园可达性

公园的供给能力主要体现在服务半径上,除了公园自身因素外,交通可达性也是重要因素,尤其影响老人、儿童以及残疾人等人群的使用频次。因此,应通过科学的城市规划,优化公园的交通可达性、供给能力和服务能力。丰台区、石景山区、海淀区西北部、朝阳区东部等边缘地区,人口分布密度较低,交通可达性是公园供给能力的首要因素,应加快建设轨道交通、快速路等城市市道体系。

(4) 创新驱动,挖掘公园特色

公园最吸引人的地方在于其特色,但作为基本公共服务设施的公园往往忽略特色建设。因此,对于新公园建设,应该明确公园定位,打好特色牌,充分提高公园的吸引力,扩展服务半径;对于已有的公园,要结合地区环境、历史文化价值,挖掘其自身特色,提升公园的品质;对于遗址类公园,应该注意保护历史特征,避免过度开发,切忌舍本逐末。

参考文献

[1] 车生泉,宋永昌.上海城市公园绿地景观格局分析[J].上海交通大学学报(农业科学版),2002(4):323-327.

[2] 高原荣重,等.城市绿地规划[M].杨增志,等,译.北京:中国建筑工业出版社,1983.

[3] 江海燕,周春山,肖荣波.广州公园绿地的空间差异及社会公平研究[J].城市规划,2010,34(4):43-48.

[4] 黎世兵,况明生,李惠敏.基于GIS与空间可达性的小城镇公园布局研究——以佛山市大沥镇为例[J].西南师范大学学报(自然科学版),2010,35(3):264-268.

[5] 李文,张林,李莹.哈尔滨城市公园可达性和服务效率分析[J].中国园林,2010(08):59-62.

[6] 李小马,刘常富.基于网络分析的沈阳城市公园可达性和服务[J].生态学报,2009,29(3):1554-1562.

[7] 梁颢严,肖荣波,廖远涛.基于服务能力的公园绿地空间分布合理性评价[J].中国园林,2010(09):15-19.

[8] 吕锐,范晓琳,苗琨,等.郑州市城市公园空间布局分析[J].江西农业学报,2011(01):49-52.

[9] 苏伟忠,王发曾,杨英宝.城市开放空间的空间结构与功能分析[J].地域研究与开发,2004(05):24-27.

[10] 苏伟忠.城市开放空间的理论分析与空间组织研究[D].开封:河南大学,2002.

[11] 王云.石家庄市城市公园空间布局优化研究[D].石家庄:河北师范大学,2010.

[12] 吴妍,赵志强,李文.基于GIS的哈尔滨市公园景观格局分析与评价[J].国土与自然资源研究,2011(02):88-90.

[13] 尹海伟,孔繁花.济南市城市绿地可达性分析[J].植物生态学报,2006,30(1):17-24.

[14] 尹海伟,徐建刚.上海公园空间可达性与公平性分析[J].城市发展研究,2009,16(6):71-76.

[15] 余琪.现代城市开放空间系统的建构[J].城市规划汇刊,1998(6):49-56.

[16] 俞孔坚,段铁武,李迪华,等.景观可达性作为衡量城市绿地系统功能指标的评价方法与案例[J].城市规划,1999,23(8):8-11.

[17] 中华人民共和国建设部.园林基本术语标准:CJJ/T 91—2002[S].北京:中国建筑工业出版社,2002.

[18] 中华人民共和国建设部.中华人民共和国行业标准城市绿地分类标准:CJJ/T 85—2002[S].北京:中国建筑工业出版社,2002.

[19] 周廷刚,郭达志.基于GIS的城市绿地景观空间结构研究——以宁波市为例[J].

生态学报,2003,23(5):901-907.

[20] 周廷刚,郭达志. 基于 GIS 的城市绿地景观引力场研究——以宁波市为例[J]. 生态学报,2004,24(6):1157-1159.

[21] 朱明,于兰军,李建龙. 基于 MapInfo 的城市房地产绿地可达性查询系统开发——以上海市浦东区(内线)为例[J]. 测绘信息与工程,2005,30(1):1.

[22] BACH L. Locational models for systems of private and public facilities based on concepts of accessibility and access opportunity[J]. Environment & Planning A,1980,12(3):301-320.

[23] CORTI B G, BROOMHALL M H, KNUIMAN M, et al. Increasing walking: How important is distance to attractiveness, and size of public open space?[J]. American Journal of Preventive Medicine,2005,28(2):169-176.

[24] ERKIP F B E. The distribution of urban public services: The case of parks and recreational services in Ankara[J]. Cities,1997,14(6):353-361.

[25] HANSEN W. How accessibility shapes land-use[J]. Journal of the American Institute of Planners,1959,2(25):73-76.

[26] HEYNEN N, PERKINS H A, ROY P. The political ecology of uneven urban green space: The impact of political economy on race and ethnicity in producing environmental inequality in Milwaukee[J]. Urban Affairs Review,2006,42:3-25.

[27] JIM C Y, CHEN W Y. Recreation-amenity use and contingent valuation of urban green spaces in Guangzhou, China[J]. Landscape and Urban Planning,2006,75(2):81-96.

[28] LI X M, LIU C F. Accessibility and service of Shenyang's urban parks by network analysis[J]. Acta Ecologica Sinica,2009,29(3):1554-1562.

[29] LYNCH K. The Openness of Open Space, in City Sense and City Design[M]. Cambridge, MA: MIT Press,1990.

[30] NICHOLLS S, SHAFER C S. Measuring accessibility and equity in a local park system: The utility of geospatial technologies to park and recreation professionals[J]. Journal of Park and Recreation Administration,2001,19(4):102-124.

[31] OH K, JEONG S. Assessing the spatial distribution of urban parks using GIS[J]. Landscape & Urban Planning,2007,82(1):25-32.

[32] PIRIE G H. Measuring accessibility: A review and proposal[J]. Environment and Planning A,1979,11(3):299-312.

[33] SMOYER-TOMIC K E, HEWKO J N, HODGSON M J. Spatial accessibility and equity of playgrounds in Edmonton, Canada[J]. Canadian Geographer,2004,48(3):287-302.

[34] TALEN E. The social equity of urban service distribution: An exploration of park access in Pueblo, Colorado, and Macon, Georgia[J]. Urban Geography,1997,18:521-541.

[35] TALEN E, ANSELIN L. Assessing spatial equity: An evaluation of measures of accessibility to public playground[J]. Environment and Planning, 1998, 64(1): 593-613.

[36] TURNER M G, GARDNER R H, DALE V H, et al. Landscape pattern and the spread of disturbance[C]. Proc Vlllth Intl Syrup Probs Landsc Ecol Res, 1988(1): 373-382.

[37] TURNER T. Open space planning in London: From standards per 1000 to green strategy[J]. Town Planning Review, 1992, 63(4): 365-386.

第 5 章　北京市博物馆空间布局及供给研究

博物馆是文化事业及文化产业的重要部分,是文化传承与传播过程中的重要环节。近年来,综观当今世界,主要发达国家均高度重视文化基础设施建设、文化创意产业以及高端文化艺术人才、大众文化参与率以及人口和文化多样性等,对社会建设和经济发展的积极作用。

5.1　城市博物馆理论与研究综述

5.1.1　博物馆的功能与类别

博物馆的定义主要源于博物馆的国际性学术组织——国际博物馆协会,该协会先后多次对博物馆的概念做出界定和补充。之后各国相继明确了本国定义,总体上,各国定义均强调了博物馆的公益性、非营利性、开放性。

博物馆具有如下主要功能:① 科学研究。博物馆拥有丰富馆藏以及极具科学价值的研究资料,可供高水平的科学研究使用,以满足社会发展和观众的各种需求。② 宣传教育。博物馆是社会教育机构,具备弘扬民族精神、传播文明的重要教育功能,有助于提升国民文化素质。③ 贮藏维护。收藏文物标本能够保存人类活动和自然发展的真实见证物并传于后世。④ 休闲娱乐。在现代市场经济中,博物馆借助历史文化特色和社会文明成果,成为城市观光游览、休闲娱乐的重要场所,市民可从中获得美的享受和艺术熏陶。

为便于分析和整理,本章采用《北京博物馆年鉴》(1999—2003)中依照内容和性质的分类方法,将截至2008年年末北京地区注册的156家博物馆划分为表5-1中的类别。本章倾向将"社会科学类"博物馆称为"历史文化类"。

表 5-1 本章使用的博物馆类别划分

综合类	历史文化类(社会科学类)	自然科学类
● 故宫博物院 ● 首都博物馆	● 文化艺术类 ● 历史类 ● 人物纪念类 ● 民族宗教类 ● 文物管理处、保管所	● 自然科学 ● 科学技术

资料来源:根据《北京博物馆年鉴》(1999—2003)整理而成。

5.1.2 国内外的博物馆研究进展

1. 国外博物馆研究的进展

作为公共文化机构,博物馆是公众交流与沟通、发表公共意见和言论的公开场所,具有促进社会平等与和谐发展的强大力量。国外的博物馆学术研究涉及博物馆商业化机理和形成原因,博物馆管理主体行为,博物馆供给需求结构、表现形式及影响因素,以及是否应当收取门票等,角度丰富,研究深入。

关于博物馆的商业属性,赫德森认为,博物馆商业化包括期望高水平社会文化设施,收入提高催生更高文化消费需求,博物馆工作人员的职业化发展需求,以及博物馆改变公共基金来源、依靠节约和经营收入的需求四个原因。Stephen(2001)指出,博物馆是一个公众教育、非正式教育的实施机构,应具有宽广的交互环境,发展休闲娱乐活动;博物馆要通过职能多样性来形成休闲环境框架,提升商业性价值,例如提供影院、剧场、宜人的餐厅、休息区、书店、宴会厅和园林等,让广大公众从中受益。

在博物馆的需求研究中,Davies 和 Prentice(1995)区分了旅游者的现实需求与潜在需求,构建了基于潜在需求的消费者决策模型——非访问者休闲行为的概念模型。瑞士苏黎世大学的 Frey 和 Meier(2003),采用新古典主义分析方法分析博物馆服务的供求,他们归纳了私人需求的影响因素,包括入场费、机会成本、其他替代性文化体育活动的花费、收入、艺术博物馆藏品品质和个人偏好等。他们认为,价格需求弹性随博物馆类型而变化,但博物馆的价格需求弹性相对较低,且由于机会成本高,低收入者比高收入者具有更高的参观意愿。此外,建筑物是否吸引人、博物馆的总体氛围、商店设施状况和营销努力等条件，也对博物馆需求具有决定作用。

2. 国内博物馆研究的进展

许顺湛（1992）在综述改革开放以来博物馆事业发展和存在问题的基础上，指出博物馆事业应把社会效益作为最高标准，重点发展社会教育资料、知识信息传播和科学研究三个方面。黄卫国（1993）根据类型花费标准和地理类型，将博物馆区分为市区类型、城郊类型、遗址类型、风景名胜类型、园林类型等，并对每类博物馆进行了具体分析。近年来，对博物馆的社会需求和观众需求特征研究逐步成为重点。项隆元和陈建江（2003）对博物馆观众的娱乐性需求及由此产生的博物馆娱乐功能展开研究。黄体茂（2007）研究了科技馆的观众特点。研究发现，当今观众对博物馆的需求发展趋势呈现社会化和市场化、多样化和个性化、需求品位不断提高、休闲娱乐性需求逐渐增强四个方面的特征。

在北京市博物馆时空分布特征的研究中，杨云鹏和张景秋（2009）利用实地调研和《北京统计年鉴》(1980、1995、2007)和《北京博物馆年鉴》(1993—2003)等的数据，对北京城区市级以上博物馆（专指具有博物馆专有名词的公共文化设施，不包括具备展览、展示功能的其他公共文化设施）的时空分布进行研究。他们选取城八区[①]博物馆作为研究对象，发现北京市博物馆时空分布经历了以天安门、故宫为中心集聚，沿主干道和环线向外扩展和沿东北—西南轴向集聚三个阶段，呈现向心集聚、北密南疏和主城区以外沿环线分布三个显著特征。于绍璐、张景秋（2010）在北京市城八区范围内，选取博物馆、体育馆、展览馆为研究对象，采取抽样调查形式研究北京市文化设施利用人群的属性特征及其空间分异情况。分析发现，北京市三类文化设施的分布具有明显的南北、内外和城区间差异。同时，他们从年龄、受教育程度、家庭结构、收入等属性特征，以及最常利用设施意向、使用目的、出行特征和利用特征，分析北京市居民的文化需求特征。综合供求发现，在不同地区居民享受文化设施过程中表现出明显的供求不匹配现象。张景秋、曹静怡、陈雪漪（2007）利用类似方法对北京中心城区（东城区、西城区、崇文区、宣武区）的公共开敞空间（公园、绿地、广场）的社会分异进行了研究。

在对国内其他城市文化设施空间分布特征的研究上，魏宗财等（2007）探究了深圳市公共文化场所的空间分布格局，发现区际差异大、集中程度高，总体呈现特区内为核心、特区外为边缘地带，外向型公共文化场所集中化分布的分布格局特征。他们进一步分析了居民生活品质、人口分布、交通区位、政府行为等因素对分布格局的影响。刘展展（2009）分析了深圳市文化产业的空间结构，发

---

① 2010年区划调整前的北京市行政区划数据，城市中心区还包括崇文区和宣武区。

现区际差异显著、向交通干道附近集聚、与文化服务设施分布密切相关并呈组团结构向商业中心集聚的特征。他们进一步解释了该空间布局的影响因素包括交通、市场需求、人才、多样性、集聚、文化设施布局和技术因素等。冯雨峰、黄扬飞(2006)通过对浙江省11个地级市及下属的1~2个县级市的总体规划、文化专项规划和文化设施建设与实际使用情况的实地走访调研和随机问卷调查,掌握了人民群众对城乡文化设施的认知程度、使用情况、便利程度、满意程度等翔实的需求数据。

5.2 北京市博物馆布局现状及成因分析

5.2.1 北京市博物馆数据库

本章的博物馆名录和机构数据源自《北京博物馆年鉴》(1999—2003)。156个博物馆的个体数据来自北京市文物局官方网站,以及首都城市综合信息服务平台——北京网的博物馆专栏。本章通过 Google Earth 对每一个博物馆地址进行坐标定位。数据方面,本章通过电话采访方式得到了馆藏数量、占地面积、展览面积等研究范围内博物馆的一手数据。

数据处理方面,本章按照行政区划所属、免费收费情况、《北京博物馆年鉴》(1999—2003)中的分类方式(三大类和七小类)对博物馆数据进行了划分,并直接体现在 GIS 结果图上。对于所收集的其他数据,将通过构建分级指标、重要性指数及供给指数等途径进行深入探究。

(1) 社会经济数据

本章中北京市的社会经济数据,如北京市各区县人口数量、面积及 GDP 等源自《北京区域统计年鉴》(2011),在此基础上计算得到本章需要使用的其他数据。

(2) 行政区划数据

本章采用北京市 2010 年区划调整后的行政区划数据,包括东城、西城、海淀、朝阳、丰台、石景山、通州、顺义、房山、大兴、昌平、怀柔、平谷、门头沟、密云、延庆共 16 个区县。共辖 317 个街道、乡、镇、地区行政辖区(以下简称街道),其中有 5 个街道有两片辖区,因此所有街区个数为 322 个。

(3) GIS 地图投影坐标系

在选用地图投影时,本章充分考虑空间分析对方向、距离、面积的误差要求,最终采用 UTM 投影(WGS84 坐标系)。所有原始数据(街区边界和博物馆地址)都统一到上述地图投影。

5.2.2 北京市博物馆供给研究方法和技术路线

本章运用分类研究、统计分析以及 GIS 空间分析等多种研究方法。研究路线包括：搜集、处理数据，建立空间数据库；从供给角度，对北京市城区 156 个博物馆的总体分布情况进行描述，探讨北京市博物馆空间布局现状成因及主要影响因素；分析各区县博物馆分布的空间差异性，根据北京市博物馆的空间失配现状，提出博物馆空间布局优化的规划引导和政策保障措施。

5.2.3 北京市博物馆的分布特征

从数量上看，北京市博物馆的空间分布在各区县极不平衡，图 5-1 是北京市各区县的博物馆数量占比，从中可以直观看到，东城区、西城区、海淀区、朝阳区四个区数量较多，数量总和接近北京市全部博物馆的 3/4，剩余的 12 个区县中，昌平区、丰台区、房山区、延庆县较多，密云县和顺义区极少，各只有 1 个。

彩图 5-1

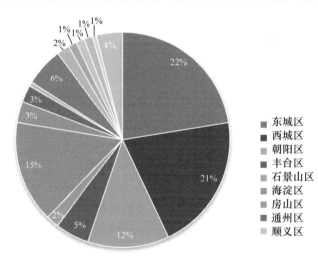

图 5-1　北京市各区县博物馆数量占比

分布形态上，北京市博物馆呈现出明显的"中心集聚"，以圈层状向外扩散，西北—东南走向分布相对集中，外围区县博物馆分布不均的现象较为显著（图 5-2、图 5-3）。城市中心的东城区、西城区、海淀区、朝阳区四个区博物馆密集分布，外围区县的博物馆则零星分布。由于老城区位于北京市南部，因此博物馆分布南多北少。不同类别的博物馆分布也有不同特点：在博物馆分布集中的区县，自然科学类博物馆的数量少于历史文化类博物馆，分布不集中；在博物馆分布稀少的区县中，自然科学类博物馆与历史文化类博物馆更为稀缺。在收费情况上，收费博物馆与免费博物馆的空间分布同样呈现中心多、外围少的特点（图 5-4）。

彩图 5-2

图 5-2　北京市三大类博物馆分布

彩图 5-3

图 5-3　北京市七小类博物馆分布

彩图 5-4

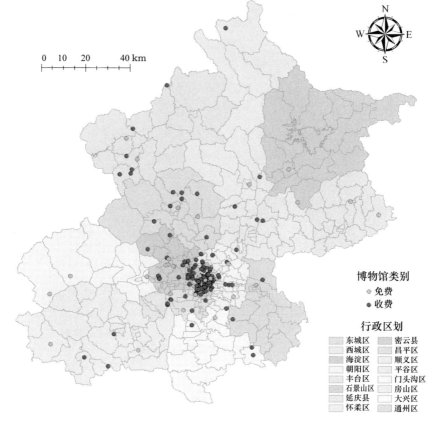

图 5-4 北京市免费博物馆与收费博物馆分布

5.2.4 北京市博物馆空间布局的成因

1. 博物馆建设的主要影响因素

对于博物馆的研究，根据其内容分类固然重要，但无法提供其地域分布形态的解释，因此考察其建设的原因及影响因素更具解释力。本章将北京市博物馆按形成原因分为历史遗留类、社会经济因素影响类以及区县直属三大类，再针对每一类具体分析其现实分布的影响因素。

（1）历史遗址因素

历史遗址是历史遗留类博物馆的主要成因。历史遗留类博物馆是指馆址在历史遗迹之上或附近，展览内容是遗迹或出土文物的博物馆，其最重要的特点是多数重要馆藏文物的不可移动性，历史遗址因素是其区位布局的唯一影响因素。按照本章的分类，北京市此类博物馆共有 61 个。

历史遗留类博物馆可细分为以下类型：第一，在历史遗留建筑原址地点修建的博物馆,如中国长城博物馆、天坛公园等;第二,在遗址、旧址或文物出土地点修建的博物馆,如圆明园展览馆、焦庄户地道战遗址纪念馆、北京王府井古人类文化遗址博物馆、明十三陵展览馆等;第三,在人物故居或对其有重要意义的地点修建的博物馆,如宋庆龄故居、毛主席纪念堂等。其中,第一类历史遗留类博物馆的代表是故宫博物院和中国长城博物馆。第二类历史遗留类博物馆的代表是明十三陵。因历史价值珍贵,1961年明十三陵被国务院公布为全国重点文物保护单位,2003年被列入世界文化遗产。第三类历史遗留类博物馆的代表是毛主席纪念堂和北京鲁迅博物馆。毛主席纪念堂坐落在天安门广场的南端,是党和国家的最高纪念堂。北京鲁迅博物馆是首批中国国家一级博物馆。

在空间分布上,历史遗址因素形成的博物馆在北京市各行政区的分布极不均衡。朝阳区、通州区、大兴区、怀柔区、密云县五个区县没有此类博物馆,其他区县的此类博物馆占比参见图5-5。其中,以东城区、西城区为主,两区占总数的一半左右。

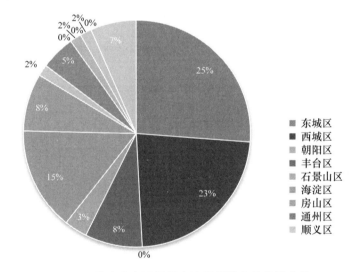

彩图 5-5

图 5-5　北京市各区县历史遗留类博物馆数量占比

（2）社会经济因素

除历史遗址因素之外,北京市博物馆的布局受到社会经济因素的深刻影响。北京市此类型的博物馆共计88个,可根据其成因细分为下述几类：① 依托大学校园建设的博物馆,既可利用大学资源提供展览,又能有效地为教学科研服务。例如,北京大学塞克勒考古与艺术博物馆、北京航空航天大学北京航空航天馆、中国人民大学博物馆、北京服装学院民族服饰博物馆等。② 因主题与周边环境或资源较为契合而在某地建设的博物馆。例如,大兴区庞各庄中国西瓜博物馆,与当地西瓜种植相契合;北京皇城艺术馆,极好地契合"皇城根"的周边环境。③ 依托文化、历史、艺术特色的建筑,或者在原有建筑基础上延伸建成的博物馆。例如,位于智化寺内的北京文博交流馆、五塔寺村的北京石刻艺术博物馆、明清宝刹万寿寺内的北京艺术博物馆。④ 无特定区位要求,且展出内容可以是专题性也可以是综合性的博物馆。例如,国家博物馆、首都博物馆、中国科学技术馆、中国美术馆、北京自然博物馆等。这类博物馆的布局不受历史或文化因素影响,其区位主要由社会经济因素决定,通常布局在城市中心等经济发达、配套设施丰富、交通便利、人口密集的地方。

在空间分布上,主要受社会经济因素而非历史因素影响的博物馆,在不同行政区的分布也是不均衡的。顺义区、房山区、门头沟区、密云县均没有分布,其他行政区的此类博物馆分布数量占比见图 5-6。

彩图 5-6

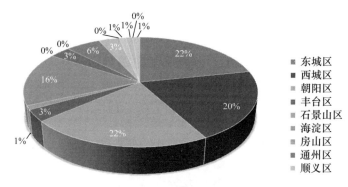

图 5-6　北京市各区县社会经济因素影响类博物馆数量占比

图 5-6 中显示,东城区、西城区、海淀区、朝阳区四个区的此类博物馆数量极大,总量超过全市此类博物馆总量的 3/4。与历史遗留类博物馆相比,东城区、西城区两个区,作为首都功能核心区,不仅历史遗留类博物馆数量具有压倒性优势,主要受社会经济因素影响建成的博物馆数量也很多。值得注意的是,海淀区、朝阳区两个区,此类博物馆数量较多,尤其是朝阳区,完全没有历史遗留类博物馆,但社会经济因素影响类的博物馆数量却达到 19 个,居北京市各区县之首。朝阳区、海淀区对文化发展的重视程度可见一斑,他们利用社会经济优势弥补了历史遗存和传统文化的不足。

(3) 行政区划因素

行政区划因素是指某行政区域出于各种原因建设区县直属博物馆。严格来说,区县直属博物馆属于主要受社会经济因素影响的博物馆,但为了突出强调其属性与特点,本章将其单列为一类。北京市现有的区县直属博物馆共 7 个,分别为昌平区、通州区、门头沟区、海淀区、怀柔区、延庆县、密云县的博物馆。上述区县中,除以文化教育著称的海淀区博物馆数量较多之外,其余 6 个区县的博物馆数量极少。可见,区县直属博物馆是博物馆文化事业发展较落后区县突破本地区文化事业困境和展示本地区文化建设成果的努力尝试。此类博物馆均都布局在该区县的经济或文化中心,人口较多,交通便捷。

2. 博物馆分布与人口密度的关联性分析

城市博物馆的空间布局需考虑不同区域人均占有量的平衡性和公平性,因此讨论北京市各区县博物馆分布与人口密度之间的关联,对分析北京市博物馆空间分布的现状成因、内在规律以及判断北京市博物馆空间布局的合理性具有重要意义。

在理论上,公园、医院、学校等一般生活服务性公共产品的布局密度应与区域人口密度高度正相关,即地区人口越密集,生活服务性公共产品也应高密度分布,以有效满足不同区域的差异化需求。但对于满足城市居民发展性需求的博物馆空间分布,人口密度仍然具有较强的解释力。只是二者之间的关系不能用简单的正相关或负相关来描述,必须探究其内部更复杂的关系或规律。图 5-7 为北京市各区县博物馆分布密度和常住人口密度的折线图。

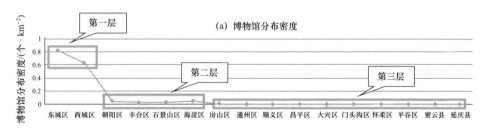

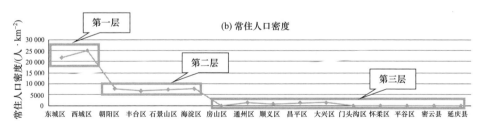

图 5-7　北京市各区县博物馆分布密度和常住人口密度

图 5-7 显示,从博物馆分布密度的角度,北京市 16 个区县可划分为三个层次,由第一层到第三层博物馆分布密度逐级降低。东城区、西城区处于第一层;

朝阳区、海淀区、丰台区、石景山区处于第二层;房山区、通州区、顺义区、昌平区、大兴区、门头沟区、怀柔区、平谷区、密云县、延庆县处于第三层。其中,第一层的位于北京市中心的东城区、西城区在博物馆分布密度上远高于其他14个区县,第二层4个城区的博物馆密度稍高于第三层,但二者间的差异并不明显。总体上,北京市博物馆分布密度较高的区域位于城市中心,城市外围与中心相比差距很大。

再从常住人口密度图中发现,北京市各区县常住人口密度的层次与博物馆分布密度完全相同。常住人口密度最高的第一层为东城区、西城区;第二层是朝阳区、丰台区、石景山区、海淀区;剩下的10个区县常住人口密度较低。

从分层情况看,北京市不同层次区县的博物馆分布密度和常住人口密度高度吻合。通过散点图(图5-8)来观察二者之间的具体相关关系。从散点图可以看到,北京市各区县三个层次之间的数据离散程度高,缺乏连贯数据,无法拟合为一条直线,因此并没有足够证据表明博物馆分布密度和常住人口密度之间是正相关关系。通过统计方法检验,也能验证这组数据不符合相关分析或一般线性回归的假设条件。但若将三个层次分开讨论,观察各个层次内部,可以发现一些新的规律。

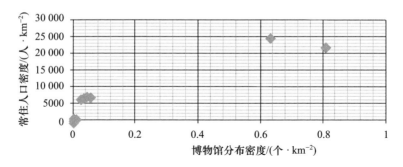

图 5-8 北京市各区县博物馆分布密度和常住人口密度的关系

通过观察三个层次区县内部的常住人口密度和博物馆分布密度之间的关系(图5-9),我们发现,尽管整体上北京市各区县之间分层明显,无法将16个区县作为一个整体,但对各个层次内部单独讨论可知,在博物馆分布密度处于0.02～0.05的区间内,常住人口密度和博物馆分布密度之间存在较为明显的正相关关系。而当博物馆分布密度离开这一区间范围时,无论过高还是过低时,常住人口密度和博物馆分布密度之间的相关关系则并不明显。因此,我们得到以下结论:① 博物馆分布集中于北京市中心,东城区和西城区的博物馆分布密度显著高于其他所有区县,此时人口密度因素不再是影响博物馆分布的相关因素。具体表现为,东城区常住人口密度低于西城区,但博物馆分布密度却高于西城区。② 博物馆分布密度在城市所有区县中处于中等位置时,特别是在 0.02~0.05 范围内时,即使没有历史因素或其他因素导致的高度集中,博物馆分布密度与常住人口密度也呈现显著的正相关关系。具体表现为常住人口密度越高,博物馆分布密度也越高。③ 第三层中 10 个区县的常住人口密度和博物馆分布密度均处于低水平,区县之间差异不大且分布散乱,无规律可循,此时常住人口密度与博物馆分布密度无相关关系。

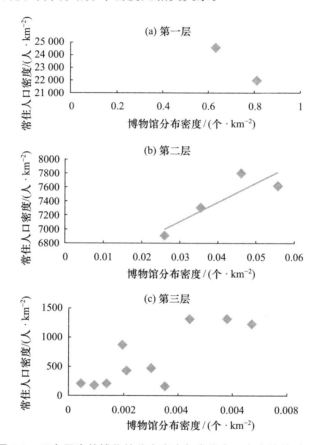

图 5-9 三个层次的博物馆分布密度与常住人口密度的关系

3. 博物馆分布与人均 GDP 的关联性分析

博物馆作为满足发展性需求的公共产品,与之关联的社会、经济、历史等因素均具有特殊性。我们以人均 GDP 为各区县经济发展水平的衡量指标,探讨北京市各区县博物馆分布密度与经济发展水平之间的关系。但根据马斯洛的层次需求理论,博物馆分布密度与人均 GDP 应呈正相关关系。因此假设,博物馆在各地区之间的分布应很大程度上与该地区经济发展水平指标

(人均 GDP)相关联。图 5-10 为北京市 16 个区县博物馆分布密度和人均 GDP 的折线图。

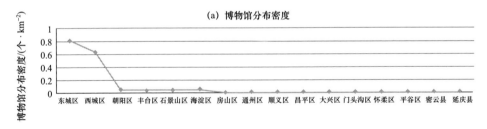

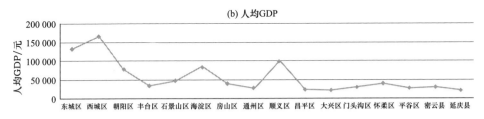

图 5-10　北京市各区县博物馆分布密度和人均 GDP

注：人均 GDP 使用常住人口计算，后同。

通过图 5-10 发现，北京市各区县的人均 GDP 并不存在与博物馆分布密度完全吻合的层级划分。东城区、西城区的人均 GDP 仍然显著高于其他区县，同时两区的博物馆分布密度也最高。但其他的区县在经济上的差异并不如博物馆分布密度的差异那样悬殊。图 5-11 为北京市各区县博物馆分布密度与人均 GDP 之间相关关系的散点图。

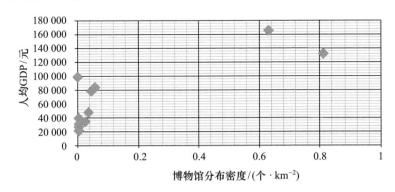

图 5-11　北京市各区县博物馆分布密度与人均 GDP 的关系

由于东城区、西城区较为特殊，博物馆分布密度显著高于其他地区（东城区、西城区博物馆分布密度均大于 0.6，其他 14 个区县则均小于 0.1，相差悬殊),本章排除两区,以探讨博物馆分布密度相近的其他 14 个区县的两变量之间的关系(图 5-12)。

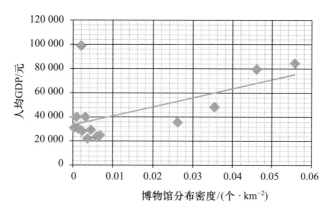

图 5-12　北京市 14 区县(除东城区、西城区)博物馆分布密度与人均 GDP 的关系

从图 5-12 发现,在博物馆分布密度低于 0.1 的 14 个区县中,博物馆分布密度与人均 GDP 之间有较为显著的正相关关系。随着人均 GDP 增加,博物馆分布密度也逐渐增加。特别是博物馆分布密度处于第二层的朝阳区、丰台区、石景山区和海淀区,二者之间线性关系非常显著,如图 5-13 所示。

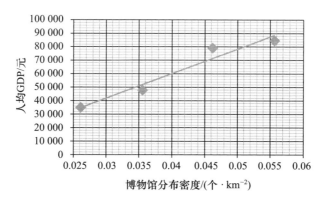

图 5-13　朝阳区、丰台区、石景山区和海淀区博物馆分布密度与人均 GDP 的关系

由上述分析发现,在排除了历史等特殊因素影响的条件下,博物馆分布密度与人均 GDP 代表的地区经济发展水平有显著正相关关系,经济发展水平越高,博物馆分布密度也越高。

结论与前文的理论假设是一致的。但也不能忽略一些特殊情况。例如,顺义区的人均 GDP 将近 10 万元,在北京市 16 个区县中名列第三,但顺义区的博物馆分布密度却仅有 0.001 96,与其人均 GDP 不相匹配(图 5-14)。作者认为,

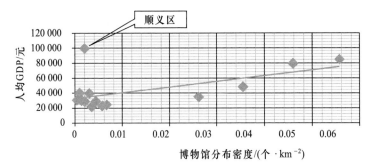

图 5-14　博物馆分布密度与人均 GDP 的关系

顺义区的经济近年在汽车工业、航空工业带动下取得了巨大发展,人们更高层次的、脱离了物质需求的发展性需求不断增加,但发展性需求的形成需要一定的培育时间,且满足发展性需求的博物馆建设也需要一定时间。因此,尽管目前博物馆供给仍然处于落后水平,但在将来经济发展因素与发展性公共产品之间的关联将越来越显著。北京市各区县的相关数据见表 5-2。

表 5-2　北京市各区县相关数据

行政区划	博物馆数量	常住人口总量/万人	土地面积/km²	常住人口密度/(人·km⁻²)	GDP/亿元	每万人博物馆数	每平方千米博物馆数
东城区	35	91.9	41.86	21 960	1223.6	0.380 849	0.836 120
西城区	32	124.3	50.53	24 605	2057.7	0.257 442	0.633 287
朝阳区	19	354.5	455.08	7790	2804.2	0.053 597	0.041 751
丰台区	8	211.2	305.80	6907	734.8	0.037 879	0.026 161
石景山区	3	61.6	84.32	7306	295.5	0.048 701	0.035 579
海淀区	24	328.1	430.73	7617	2771.6	0.073 148	0.055 719
房山区	5	94.5	1989.54	475	371.5	0.052 910	0.002 513
通州区	4	118.4	906.28	1307	344.8	0.033 784	0.004 414
顺义区	1	87.7	1019.89	860	867.9	0.011 403	0.000 980
昌平区	9	166.1	1343.54	1236	399.9	0.054 184	0.006 699
大兴区	3	136.5	1036.32	1317	311.9	0.021 978	0.002 895
门头沟区	2	29	1450.70	200	86.4	0.068 966	0.001 379
怀柔区	2	37.3	2122.62	176	148	0.053 619	0.000 942
平谷区	2	41.6	950.13	438	117.9	0.048 077	0.002 105
密云县	1	46.8	2229.45	210	141.5	0.021 368	0.004 358
延庆县	6	31.7	1993.75	159	67.7	0.189 274	0.003 009
总　　计	156	1961.2	14 410.54	1361	12 744.9	0.079 543	0.010 825

资料来源:作者根据数据自行计算得到。常住人口总量来自第六次全国人口普查数据,后同。

5.2.5 北京市博物馆空间分布现状的问题

分析发现,北京市博物馆的空间分布在区县之间极不平衡,不仅数量不均衡,而且排除历史因素影响、发掘利用本地资源建成的博物馆数量也不均衡。

从人口变量的角度来看,虽然各区县的博物馆数量排名与人口密度排名基本吻合,但每万人博物馆数差距悬殊,最高水平和最低水平相差近18倍,平均水平也被高水平的两个区域拉高,以至于多数区县的每万人博物馆数远低于平均水平。这与我国"基本服务均等化"政策明显不符。具体数据详见表5-3。

表 5-3　北京市各区县每万人博物馆享有量

行政区划	博物馆数量	常住人口总量/万人	每万人博物馆数
东城区	35	91.9	0.380 849
西城区	32	124.3	0.257 442
朝阳区	19	354.5	0.053 597
丰台区	8	211.2	0.037 879
石景山区	3	61.6	0.048 701
海淀区	24	328.1	0.073 148
房山区	5	94.5	0.052 910
通州区	4	118.4	0.033 784
顺义区	1	87.7	0.011 403
昌平区	9	166.1	0.054 184
大兴区	3	136.5	0.021 978
门头沟区	2	29.0	0.068 966
怀柔区	2	37.3	0.053 619
平谷区	2	41.6	0.048 077
密云县	1	46.8	0.021 368
延庆县	6	31.7	0.189 274
总　计	156	1961.2	0.079 543

资料来源:作者根据数据自行计算得到。

从经济因素的角度,社会普遍认为,经济发展水平在一定程度上决定了文化发展水平,因此经济发展水平高的区县的博物馆数量多、博物馆空间分布呈现中心集聚现象似乎合理。然而,经济与文化的关系究竟如何实则因时因地而异。国内外均不乏以文化产业作为经济发展支柱的城市和地区,博物馆作为文化事业及文化产业的重要组成部分,既是一个地区文化发展水平的表征,又能进一步促进地区文化发展。因此中心集聚分布不仅有失公平,还将造成边缘区县错失发展经济的一个机遇。

5.3 北京市与世界其他城市博物馆比较分析

5.3.1 世界其他城市博物馆情况

通过分析《世界城市文化报告:2012》(欧文斯 等,2013)中的数据,我们对世界其他城市的博物馆情况获得了深入了解,并将代表性城市数据与北京市进行对比分析,由此发现问题并获得更深入的认识。[①]

我们选取柏林、伦敦、纽约、巴黎、上海、新加坡、悉尼等城市的博物馆及相关数据与北京进行比较(表5-4)。

表5-4 世界八大城市博物馆及相关数据

城 市	人均GDP/美元	博物馆数量	每万人博物馆数	每平方千米博物馆数	博物馆年参观人次与城市人口之比/(%)
柏林	23 117	158	0.456 551 73	0.177 130 04	N/A
伦敦	72 203	173	0.221 080 61	0.110 050 89	53.6
纽约	171 985	131	0.160 242 04	0.107 872 20	N/A
巴黎	51 368	137	0.116 131 01	0.011 405 26	43.0
上海	12 349	114	0.048 563 13	0.017 979 65	47.5
新加坡	60 105	53	0.102 243 57	0.074 647 89	40.0
悉尼	46 552	60	0.131 132 29	0.004 940 51	25.9
东京	56 524	47	0.035 715 95	0.022 065 73	33.0
北京	11 218	156	0.079 543 14	0.010 825 41	17.9

资料来源:作者根据数据自行计算得到。

需要特别说明的是,《世界城市文化报告:2012》中将博物馆和美术馆(艺廊)的数量分别列出,但在参观率等较高级的统计指标中,又合二为一。在数据来源中,我们发现,博物馆和美术馆、艺廊经常被合并讨论。国外美术馆、艺廊数量较多,远超过博物馆数量,且报告中未给出名录,难以辨识。在本研究范围内的北京市博物馆中包含了美术馆,但数量较少,对结果不会产生显著影响。

[①] 受伦敦市长鲍里斯·约翰逊的委托,BOP咨询公司和伦敦国王学院(King's College London)联合调查了全球12座代表性城市的文化设施和文化活动情况。受调查城市均是本国的最大城市,同时是地区性或全球性的文化中心,具有相当高的代表性。这12座城市分别是上海、柏林、伊斯坦布尔、约翰内斯堡、伦敦、孟买、纽约、巴黎、圣保罗、新加坡、悉尼和东京,调查的内容共60多项。

因此在处理数据时,对于国外城市的博物馆采用净博物馆数量,而北京市博物馆数量则仍沿用前述的名录。

5.3.2 北京市博物馆发展与世界其他城市比较分析

我们以图形方式直观展示几个重要指标,如图 5-15 至图 5-17。

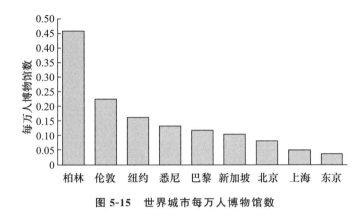

图 5-15 世界城市每万人博物馆数

由图 5-15 可见,柏林每万人博物馆数最多,达到 0.45 以上;伦敦次之,约为 0.22;纽约、悉尼、巴黎和新加坡四个城市处于 0.1~0.2 的水平;东京、上海和北京均低于 0.1。

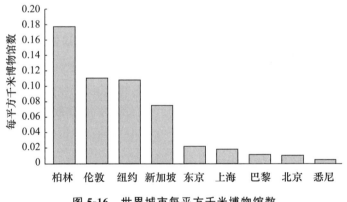

图 5-16 世界城市每平方千米博物馆数

图 5-16 显示,从地均的角度,柏林每平方千米博物馆数仍高于其他城市,超过 0.177,而伦敦、纽约和新加坡次之,在 0.1 左右。其他几个城市远低于这四个城市,平均只在 0.01 左右。北京位居倒数第二,每平方千米的博物馆数仅为 0.01,与排名前几位的城市相差 10 余倍。

由图 5-17 可见,伦敦的参观人次与城市人口之比的指标最高,高于 50%;

上海、巴黎、新加坡此项指标均处于 40%～50%；北京此项指标最低，不到 20%。由于数据不可获得性的限制，该指标中缺少柏林与纽约的数据。但值得注意的是，《世界城市文化报告：2012》的此项指标中，博物馆包括了全部美术馆、艺廊，而北京的博物馆中仅有少量美术馆，北京博物馆的数量远低于几个国际城市，作为分子的年参观人次自然少，指标的准确性有待提高。

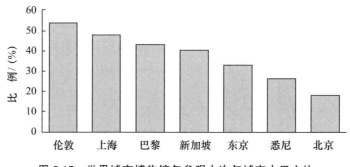

图 5-17　世界城市博物馆年参观人次与城市人口之比

综上，与世界代表性城市相比，北京市的博物馆发展水平处于较低的水平，虽然总量并不低，但从年参观人次及国际知名度上，其参观品质及游客吸引力均较低。在人均和地均的角度，北京市每万人博物馆数与每平方千米博物馆数与其他城市相比排名靠后，博物馆的供给能力较差。针对此种现状，有关部门应积极学习博物馆事业发展较好的国家和地区经验，增加规划博物馆建设数量，提升博物馆藏品及配套设施质量，增强博物馆对本地居民及游客的吸引力。

5.3.3　北京市博物馆空间分布特征与世界其他城市比较分析

借助 Google Earth 对北京、伦敦、纽约、巴黎和东京五座城市的博物馆空间分布进行搜索和详细描述。通过观察对比，对五个世界主要城市博物馆空间分布的基本规律总结如下：① 作为满足居民发展性需求的特殊公共产品，博物馆需要以一定的经济和物质条件为基础。② 在空间分布上，博物馆具有明显的中心集聚特征，往往分布在城市经济最为繁荣的中心区，以利于扩大服务辐射范围和城市居民。③ 总体上，城市外围的博物馆分布密度远远低于城市中心区。④ 在河流穿城而过的城市，如伦敦、巴黎和纽约，除了具有中心集聚的基本特征外，博物馆通常呈现在河岸附近集中布局的特征；尤其在中心聚集区外的城市外围区域，博物馆往往具有沿河分布的特点。⑤ 博物馆的建设和选址高度重视可达性条件，为便于参观者前往，博物馆往往建在交通便利的区域，具有沿主要道路分布的特点。⑥ 在外围相对稀疏分布的博物馆仍保持相对均衡的分布，城市外围区域没有明显的疏密差别。

通过 Google Earth 和 ArcGIS 对北京市博物馆空间分布的描述,我们得到结论:北京市博物馆呈现出明显的中心集聚特征;以圈层状向外扩散,西北—东南走向分布相对集中;外围区县的博物馆分布不均现象较为显著。城市中心的东城、西城、海淀、朝阳四个城区博物馆密集分布,外围区县的博物馆则零星分布,整体上北京博物馆分布南多北少。分析发现,中心集聚是博物馆公共产品空间分布的一般特征。与世界其他城市相比,北京市博物馆的分布具有两个鲜明特点:第一,沿道路分布特征不明显,特别是城市外围区县的博物馆往往分布在交通不便利的区域;第二,除中心集聚区以外的区域博物馆分布不均,西北—东南走向分布相对集中,城市正南、正北的怀柔、顺义、房山等区县虽然面积广大,但博物馆分布却极为稀疏。

对第一个特征可能的解释是,北京市博物馆中受历史遗址因素影响的固定区位的博物馆数量众多,在很大程度上受到了制约。例如,在历史遗留建筑原址地点修建的博物馆,在遗址、旧址或文物出土地点修建的博物馆,或者在人物故居修建的博物馆。这类博物馆的选址具有不可移动性和不可替代性,无法单纯考虑交通可达性问题。对第二个特征,我们发现,北京市的博物馆,特别是北京市外围区域的博物馆分布存在不均衡问题,与世界其他城市由中心到外围分散、均匀合理分布的情况具有一定差距,需要在今后的规划和建设中予以优化。

5.4 北京市博物馆空间布局政策建议

5.4.1 优化原则

北京市目前的博物馆数量较少,分布也不均衡,很多区县博物馆数量极少,因此,优化博物馆空间布局的首要原则是在资源匮乏区增建博物馆,以满足城市居民需求。然而,受复杂的历史、社会及经济因素的综合影响,短期内增加博物馆供给数量比较困难。在这种情况下,提升既有博物馆的品质、降低交通出行成本、改善服务供给方式等都是满足城市居民需求、优化空间布局结构的重要替代性方案。

5.4.2 优化措施

(1) 合理统筹,促进区县间相对均衡

未来北京市的博物馆建设,应致力于从数量和结构两个方面实现区县间相对均衡。对于东城区、西城区等博物馆资源丰富的城区,应注重结构性改善,使博物馆资源更加合理分布。例如,实现历史文化类和自然科学类博物馆的结构均衡、完善博物馆服务质量、提高博物馆与周边配套设施的匹配程度等。中心城区以外的其他区县博物馆数量少,且分布十分不均衡,如密云、怀柔、顺义以及延庆等北部地区区县分布的博物馆数量极少。对这些博物馆资源匮乏的区县,应设法增加博物馆数量,努力提升博物馆品质。另外,从北京市政府到社会各界都应给予必要的支持,发挥博物馆促进区县经济发展的作用。

(2) 增加投入,提升博物馆品质

除供给数量之外,博物馆品质的提升也是考察博物馆服务能力的重要内容,然而,这并不容易。因为博物馆的品质除了依靠其自身馆藏、展览以及服务质量等众多因素之外,还与博物馆周边的配套文化休闲设施或能否联合周边设施形成大规模的文化设施群有关,这对市政规划部门提出了更高的要求。因此,在未来博物馆事业发展的过程中,应该增加投入,努力提升博物馆品质,提高其服务能力,扩展服务半径。另外,无论是博物馆本身还是市政规划部门,应本着创新驱动的原则,挖掘本馆或本地区特色,努力建设有吸引力和竞争性的博物馆设施,以提升已有博物馆品质,优化博物馆的空间布局。

(3) 科学规划,实现博物馆与社会经济匹配发展

博物馆的空间规划与建设应有前瞻性而不是滞后性,其建设发展应与区域的社会经济发展相匹配,从而更好地为区域居民的文化生活以及社会的持续健康发展提供服务和支持。例如,近年来顺义区经济发展很快,居民的可支配收入和闲暇时间都大幅提升,但以博物馆为代表的文化事业仍很落后,导致居民发展性需求难以得到满足。因此,政府制订规划时应高瞻远瞩,针对这些变化提前做好准备,确保博物馆与社会经济匹配发展,以帮助社会良性发展。

(4) 鼓励民办,多元化筹集建设资金和政策支持

目前,北京市的博物馆基本上属于事业单位,由国家和政府出资设立,尚未采取西方国家的市场化道路,民办博物馆的数量非常少,只有 27 个。在这种情况下,政府有关部门应采取具体措施,比如提供资金补助和政策支持等,以实质性的行动鼓励民办机构、民营资本和民营企业参与博物馆的建设,使其为社会文化事业的发展做出贡献。另外,政府应通过有针对性的政策支持,引导民办博物馆建设在博物馆资源匮乏的区县,从而在更大程度上缓解与改善北京市的博物馆空间分布不均衡程度。

参考文献

[1] 艾进. 中国城市遗址类博物馆开发模式研究[D]. 成都:西南财经大学,2009.

[2] 戴昕,陆林,杨兴柱,等. 国外博物馆旅游研究进展及启示[J]. 旅游学刊,2007(03):85-90.

[3] 冯雨峰,黄扬飞. 省域城乡文化设施建设的调查与分析——以浙江省为例[J]. 城市规划,2006(012):40-44.

[4] 赫德森. 博物馆拒绝停止不前[J]. 王今,译. 中国博物馆,1998(02):33-37.

[5] 黄体茂. 关于科技馆观众需求的思考[J]. 中国博物馆,2007(01):78-83.

[6] 黄卫国.论博物馆地理类型[J]. 文博,1993(03):82-88.

[7] 黎先耀,张秋英. 世界博物馆类型综述[J]. 中国博物馆,1985(04):17-21.

[8] 刘展展. 深圳市文化产业空间布局及区位因素研究[J]. 特区经济,2009(03):39-41.

[9] 欧文斯,等.世界城市文化报告:2012[M].黄昌勇,候卉娟,章超,等,译.上海:同济大学出版社,2013.

[10] 宋向光. 世界各国和国际组织关于博物馆的定义[J]. 中国博物馆通讯,2003(8):18-21.

[11] 王鹤北. 博物馆定义的发展与演变[J]. 齐齐哈尔大学学报(哲学社会科学版),2010(3):165-166.

[12] 魏宗财,甄峰,马强,等. 深圳市公共文化场所空间分布格局研究[J]. 热带地理,2007,27(6):526-531.

[13] 项隆元,陈建江. 博物馆观众娱乐性需求的认识与博物馆娱乐功能的确立[J]. 中国博物馆,2003(01):75-79.

[14] 许顺湛. 对博物馆事业发展的几点思考[J]. 中原文物,1992(03):100-104.

[15] 杨云鹏,张景秋. 北京城区博物馆时空间分布特征分析[J]. 人文地理,2009(05):58-60.

[16] 于绍璐,张景秋. 北京城区文化设施利用的空间分异研究——以博物馆、体育馆、展览馆为例[J]. 北京社会科学,2010(03):73-77.

[17] 张景秋,曹静怡,陈雪漪. 北京中心城区公共开敞空间社会分异研究[J]. 规划师,2007,23(004):27-30.

[18] DAVIES A, PRENTICE R. Conceptualizing the latent visitor to heritage attractions[J]. Tourism Management,1995,16(7):491-500.

[19] FREY B S, MEIER S. The Economics of Museums[J]. IEW,2003,22(2/3):1017-1047.

[20] JOHNSON P,THOMAS B. Special issue on the economics of museums[J]. Journal of Cultural Economics,1998,22(2/3):75-85.

[21] STEPHEN A. The contemporary museum and leisure:Recreation as a museum function[J]. Museum Management and Curatorship,2001,19(3):297-308.

第 6 章 北京市教育资源空间布局及供给研究

《国家中长期教育改革和发展规划纲要(2010—2020 年)》提出,合理配置教育资源是促进教育公平的根本措施,实行优质普通高中和优质中等职业学校招生名额合理分配到区域内初中的办法。然而,基于历史基础以及一些体制性原因,近年来我国的教育公平问题备受考验,教育不公平现象已经引起了社会的广泛关注。例如,2009 年《中国青年报》社会调查中心对全国 30 个省份 2952 名公众进行了一项调查。[①] 调查中,56.5%的人认为我国的教育"越来越不公平";60.8%的人认为"校际差异巨大,就近入学被架空"严重损害教育公平;"校际差距过大导致高额择校费"成为公众心目中最严重的教育不公平现象(75.8%)。可见,教育资源分配不均,尤其是优质教育资源分配失衡已成为我国教育事业亟待解决的重大问题。

北京市的基础教育改革成果显著,实现教育资源优化配置、促进教育公平已成为北京市教育工作的重点。早在"十一五"期间,北京市在 11 个郊区县建设了 24 所名校分校,总投资 13.6 亿元;投入 20 亿元加强信息化建设,农村中学实现"班班通",学生平均 10 人 1 台计算机,教师每人 1 台计算机。在长远发

---

① 肖舒楠.公众感受 2009:仅 11.2%的人认为教育公平.[EB/OL].[2009-12-15]. http://zqb.cyol.com/content/2009-12/15/content_2982361.htm

展方面,《北京市中长期教育改革和发展规划纲要(2010—2020 年)》[①]提出,应结合首都人口迁移聚集分布趋势和学龄人口变化趋势,促进基础教育资源在区域内和区域间均衡配置;继续推进名校办分校,扩大优质高中资源的覆盖范围,在新城和城市发展新区新建、改建一批办学条件好、教育质量高的学校,充分满足人民群众对优质教育资源的需求。

学校是教育资源最主要的载体,学校的空间布局将决定教育资源的空间分配和学生公平享受教育资源的机会。为了实现北京市教育资源的优化配置和促进教育公平,本章采用 GIS 技术,以北京市高级中等学校为研究对象,对北京市学校资源空间布局现状及存在问题进行分析评价,并提出空间布局优化策略。

6.1 城市教育资源理论与研究综述

6.1.1 教育地理学

1. 国内外相关研究

1968 年,英国曼彻斯特大学教授 Ryba 发表了《教育地理学:一个被忽视的领域》一文[②],提出对教育地理现象进行研究。教育与地理结合的相关研究拉开序幕,逐渐兴起。[③] 1973、1979、1981 年,国际地理协会先后 3 次组织召开专题性的教育地理学工作会议,专家们集中从地理学方面探讨不同国家和不同地区各种教育机构存在巨大差异的原因所在,并进一步强调地理学在规划和管理方面的重要作用。20 世纪 80 年代以来,GIS 开始应用于教育地理学研究,1994 年 1 月"全国地理信息系统在教育中的应用会议"(National Conference on the Education Applications of Geographic Information Systems,简称 EA-GIS)在美国华盛顿召开,会议探讨了教育地理信息系统的开发前景和展望(罗明东,2002)。Taylor、Vasu、Causby(1999)利用 GIS 对北卡罗来纳州约翰斯顿县的学校和社区进行整体规划,获得成功。Parsons、Chalkley、Jones(2000)采用 GIS 工具,对某地区学生择校的性质和规模进行实证分析,研究表明城市中心区(inner-city)学校的服务范围较大,具有可渗透性(permeable),学生跨区入学较为普遍;相比之下,农村学生更倾向在当地入学。Wathne 和 Smith(2000)

---

① 北京市教育委员会. 北京市中长期教育改革和发展规划纲要(征求意见稿).[EB/OL].[2011-02-22]. http://bjedu.gov.cn/publish/main/34/2010/20101013101956401/20101013101956401_.html

② RYBA R H. The geography of education: A neglected field[J]. Manchester University School of Education Gazette, 1968,12. 转引自罗明东,2002。

③ 最早使用"教育地理学"这一名称的是美国学者威尔塞,见 Walther E C. An Introduction to Education Geography, 1932. 转引自罗明东,2002。

以美国亚特兰大为例,分析了受教育人口的地域分布差异,并探讨了性别和种族等因素的影响,研究表明该地区受教育人口存在区域分布不平衡和种族差异性。

国内早期的研究以定性描述分析为主,例如谢慧和李沁(2005)分析了武汉市普通中小学校布局存在的问题。随着 GIS 技术不断成熟,GIS 在教育资源空间布局优化领域的应用越来越丰富。吉云松(2006)认为 GIS 技术可以为学校布局调整提供科学的分析方法,并以南通市区小学为例进行了实证分析。王伟和吴志强(2007)计算了样本学校的办学规模影响总分值,利用 Voronoi 空间分析功能对研究样本的空间布局进行评估。

在分析方法和模型构建方面,国内研究已经取得较多成果,牛慧(2008)基于 SPSS 和 GIS 工具对长春市规划小学空间布局进行了合理性评价,研究表明小学学生密度与学校数量的相关程度并不密切,城市中心区学校分布过于密集而外围区过于松散。张雪峰(2008)以河南省巩义市中小学为例,在 GIS 技术的支持下,通过空间可达性和 Huff 模型评估了中小学的空间布局特征。胡明星和孙世界(2009)应用空间自相关分析方法,分析了杭州市中小学的空间分布模式,认为中小学在空间分布上具有正相关性,存在空间集聚的特征。

在软件信息技术的推动下,部分学者开发了教育资源空间评估系统。陈莹(2008)依托基础教育资源空间布局评价系统,构建了一系列评估模型,在学校教育服务区划分、学校资源评价、基础教育资源可达性评价等方面做了较深入的研究。侯明辉(2008)则依托首都基础教育协调发展决策支持系统,对原宣武区小学资源配置状况进行了研究。

虽然近年来关于学校空间布局的研究越来越多,GIS 技术在该领域的应用也日益成熟,但国内研究仍存在不足之处。第一,没有对研究对象进行等级划分,虽然国家严禁在义务教育阶段划分重点学校,但事实上优质教育资源与普通教育资源的区分是存在的,不同质量和不同规模的学校,其覆盖辐射的范围不同,因此简单地采取同种方法划分学校的服务半径是不合理的。第二,以就近入学原则为前提,忽视了跨区入学的实际情况。尤其是高中教育阶段,由于优质教育资源的稀缺性和空间非均质性,跨区入学现象较为普遍。以北京市为例,为了增加远郊区县(如顺义、延庆等)学生公平使用优质教育资源的机会,人大附中、北京四中等示范性高中均为本区以外的区县提供招生名额、择校现象的客观存在对就近入学原则产生了较大冲击。第三,之前的研究大多以描述学校空间布局特征为主,对现状格局的形成原因缺少足够深入的分析和探讨。

2. 学校布局的依据和原则

从宏观层面,房淑云和窦文章(1997)认为区域理论与区域研究方法在学校布局中的运用要把握三个问题：一是要选择学校布点的最佳区位；二是追求教育投资的最佳效益；三是获得最大的教育成果。罗明东(2002)认为学校的选址除了要考虑自然地理环境条件外，还要考虑交通、信息流通、人口密度、地域文化传统和社区环境等人文地理环境因素，是自然地理环境与人文地理环境根据教育要求的综合体现。此外，在调整和确定学校分布时应遵循的原则包括：

① 效益原则。应根据不同地区和不同性质学校的特点，灵活确定学校规模，保证学校充分发挥功能，实现教育投资效益最大化。

② 统筹规划原则。根据行政区划分，学校分布应该形成一个有机联系的网络。

③ 整体性原则。要求将纵向结构(包括学期教育、初等教育、中等教育、高等教育和继续教育等)与横向结构(包括同类学校分布的格局，以及同一区域内不同性质学校的组合)有机联系，形成网络化的教育空间布局体系。

④ 环境与生态原则。尽可能地选择环境幽雅、安静的地方建立学校。

⑤ 就近与安全原则。根据《中小学校建筑设计规范》(GBJ 99—86)[①]的规定，中学服务半径不宜大于 1000 m，小学服务半径不宜大于 500 m，走读学生不应跨过城镇街道、公路及铁路。

6.1.2 GIS 技术的相关应用

1. 在公共产品空间分析中的应用

GIS 技术在数据处理和地图显示上的强大功能为公共产品空间分析提供了技术支持，研究领域覆盖了教育、医疗卫生、文体设施、公共交通等各类公共产品。公共产品空间分析与 GIS 技术的结合始于 20 世纪 70 年代，最初应用于最优化选址的实践，著名案例为美国马里兰电厂选址。Jong、VanEck(1996)首次采用典型的 GIS 的缓冲区和叠置(overlay)方法，对设施布局的可达性和服务范围进行分析。但是该研究没有考虑实际交通网络特性，与现实情况差距较大，因此采取了潜在值、相似系数法等求解方法对原始方法进行改进。Slagle(2000)在 GIS 技术的基础上对堪萨斯州 Overland Park 的 Blue Valley School District 进行规划调整，找到了最优区位。当前，国内关于 GIS 技术在公共产品空间分析中的应用主要集中在两大方面，一方面是公共产品空间布局的评价，另一方面是公共产品空间布局的优化。

2. 在空间布局评价中的应用

公共产品空间布局评价包括空间差异性评价、空间布局公平性评价和空间

---

① 本研究完成于 2011 年。国家标准《中小学校设计规范》(GB 50099—2011)自 2012 年 1 月 1 日起实施，原《中小学校建筑设计规范》(GBJ 99—86)同时废止。

关联性与集聚模式评价等。空间差异性评价的主要目的是识别公共服务在区域内不同空间单元的差异特征。首先，采用 GIS 的缓冲区、网络分析等方法划分公共产品的服务区；其次，构建公共产品服务水平评价指标，运用 GIS 工具计算公共产品服务水平评价结果；最后，进而通过聚类分析识别公共服务覆盖密度和服务盲区(江海燕、周春山、肖荣波，2010)。

空间布局公平性评价一般将公共产品供给量、供给空间结构与需求量和需求空间结构进行相关分析或叠置分析。其中一种方法是：首先，根据最小邻近距离来定量表征各空间区域的可达性水平；其次，综合对公共产品需求的影响因素构建需求指数；最后，通过定序变量相关分析和因子空间叠置分析判断公共产品空间布局的公平程度。

空间关联性与集聚模式评价一般基于 ArcGIS 的地理空间统计分析功能，其中探索性数据分析(exploratory data analysis)在确定统计数据属性、探测数据分布、全局和布局异常值、寻求全局变化趋势、研究空间自相关、理解多种数据集之间的相关性等领域应用较为广泛。空间自相关分析是探索性数据分析的重要方法，分为全局假设检验和局部假设检验。在给定的显著性水平下，全局空间自相关值反映在研究区内相似属性的平均积聚程度，即探索集聚是否在区域内存在，常用的全局指数是 Moran's I。局部空间自相关值反映了这些集聚区的具体地理分布，常用指数是 Local Moran's I。在评价公共产品空间关联和集聚模式时，常用的指标包括包含数(空间单元中所包含的公共设施数量)、最小距离(空间单元到最近公共设施的距离)和平均距离(空间单元到所有设施的平均距离)，其中最小距离和平均距离表征可达性评价(胡明星、孙世界，2009)。但最小距离和平均距离指标都没有以路网为基础，也没有区别不同等级公共产品的差异，因此对空间分布格局的反映不精确。因此，可以采用修正重力模型所计算的可达性数据作为指标计算空间自相关系数(胡明星，2010)。

在以上三种空间布局评价中，可达性都是重要的衡量指标。可达性的测量方法包括缓冲区分析法、网络分析法、最小邻近距离法等(表 6-1)。国内学者基于 GIS 工具，积极探索了可达性的测量方法。例如，基于最小邻近距离法，利用 GIS 系统的分配模型(allocation)和距离(distance)计算功能可以得到平均出行距离(黄正东 等，2005)。除了平均距离指标外，还设计了可动性指标、易达性指标、通达性指标等(唐名华，2005)。可动性指标：

$$S_i = \sum_j s_{ij} \frac{m_{ij}}{\sum_{i=1}^n m_{ij}}, \quad T_i = \sum_j t_{ij} \frac{m_{ij}}{\sum_{i=1}^n m_{ij}}$$

易达性指标：

$$S'_i = \sum_j s_{ij} \frac{m_{ij}}{\sum_{i=1}^n m_{ij}}, \quad T'_i = \sum_j t_{ij} \frac{m_{ij}}{\sum_{i=1}^n m_{ij}}$$

通达性指标：

$$\overline{S} = \sum_{i=1}^m \sum_{j=1}^n s_{ij} \frac{m_{ij}}{\sum_{i=1}^m \sum_{j=1}^n m_{ij}}$$

其中，s 表示距离，t 表示时间，m 表示人口。费用阻力模型在选址问题上应用较多（刘有军、晏克非，2003）：

$$\overline{D} = \frac{\sum_{i=1}^n \sum_{j=1}^{k_i} (d_{ij} + d_{ki})}{\sum_{i=1}^n k_i}$$

例如在出行距离测算的基础上，综合考虑人群的数量、特性，出行的阻力可以表示为：

$$U_i = \sum_{j=1}^n \left(\frac{P_j \times C_j}{D_{ij}} \right)$$

其中，P_j 表示人口数量，C_j 表示某类出行特征贡献率，D_{ij} 表示出行阻抗。学者提出了修正的重力模型（吴建军、孔云峰、李斌，2008）：

$$A_i = \sum_j \frac{S_j}{v_j d_{ij}^B}, \quad v_j = \sum_k \frac{P_k}{d_{kj}^B}$$

其中，S_j 表示第 j 个公共产品的服务能力，B 表示阻抗系数，v_j 表示周围潜在的服务人口指标。

表 6-1 可达性计算方法及评价

方　法	简要描述	评　价
最小邻近距离法 （minimum distance）	计算某一点到最邻近公共产品的直线距离（欧式距离）	忽略交通路网的影响，没有考虑各公共产品的属性差异（规模、质量、等级）
重力模型 （gravity model）	以空间相互作用理论为基础，考虑了规模、距离等因素	得出的结果是相对值，容易受吸引点总数变化的影响
缓冲区分析法 （buffer zone）	建立目标对象周围一定宽度范围内的缓冲区多边形图层，然后建立该图层与目标图层的叠加，通过分析进而得到所需结果	忽略路网交通的影响

续表

方　法	简要描述	评　价
网络分析法 (network analyst)	通过研究网络的状态以及模拟和分析资源在网络上的流动和分配情况,实现网络和资源的优化	适用于等级较高、覆盖区域较大的公共产品,但需要丰富的网络数据
行进成本法 (travel cost)	计算从某一点或区域到公共设施所需的时间或者所消耗的物质(一般指时间和金钱)	需要对居民的行为进行分析,通过调查问卷的方式搜集信息
费用阻力模型	对用地性质中不同用地依据类型差异定义相对值,计算阻力值	对不同用地类型赋值的主观性偏大,忽略路网结构和公共产品的差异性

资料来源:作者根据相关文献整理。

GIS 技术在公共产品空间布局评价中的应用十分广泛,GIS 的空间分析工具(缓冲区分析法、网络分析法、叠置分析法等)是划分公共产品服务范围、计算可达性的重要手段;空间统计分析功能是判断公共产品空间关联和空间集聚模式的主要方法。此外,GIS 强大的图表输出功能能够实现分析结果的可视化,有利于进行空间布局特征的总结和分析(图 6-1)。

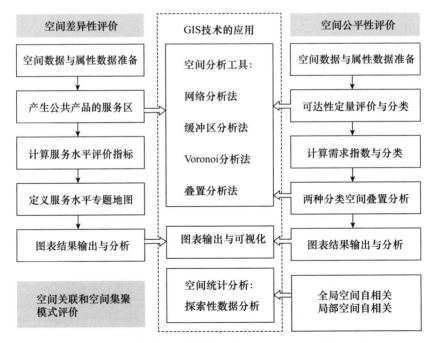

图 6-1　GIS 技术在公共产品空间布局评价中的应用举例

3. 在空间布局优化中的应用

区位-配置模型在解决选址优化问题方面的应用较多,其基本原理是要使设施位于可达性最佳的区位,需满足一个或多个最优化目标:平均距离(或总距离)最小化、极大距离最小化、均衡(等量)配置、门槛约束、存量或能力约束等。基于LA模型,公共产品空间布局优化的一般操作流程包括:首先,依据一定指标(如规模)定义服务半径,得到现实的空间布局图;其次,根据可达性、最小距离或最大覆盖等指标得到理论上标准的服务半径;最后,将现实布局与理想布局进行对比分析,探讨差异的机制与成因并提出优化策略。在这一过程中,GIS是分析现实布局和理想布局之间差异的有效工具,例如,现实服务半径可以通过缓冲区分析、网络分析和Voronoi图分析来定义,而最小距离(min distance)和最大覆盖范围(max cover)都可以在ArcInfo的软件环境里执行(图6-2)。

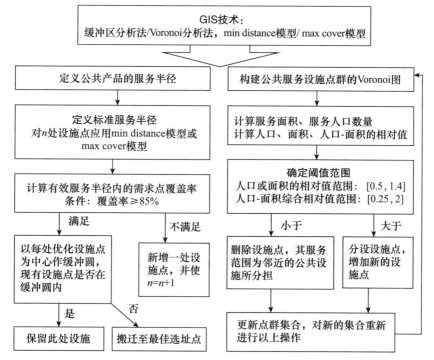

图6-2 GIS技术在公共产品空间布局优化中的应用举例

资料来源:根据陈旸(2010)和朱华华、闫浩文、李玉龙(2008)整理。

除了LA模型外,学者还设计了其他优化模型。唐少军(2008)建立了简单的比例模型:

$$P = D_n / S_n$$

其中，D_n 表示需求点，S_n 表示供给点。若 $P \leqslant 1$，说明该区域内服务设施的供给满足需求，若 $P > 1$，则表明供不应求，对于一个较大区域而言，如果总体小于1，而其中较小区域大于1，则说明区域布局不合理。章程(2008)引进了设施与人口分布的耦合度模型：

$$R_{xyi} = \left[1 - \frac{1}{2}\sum_{i=1}^{n}\left|\frac{Z_i}{\sum X_i} - \frac{Y_i}{\sum Y_i}\right|\right] \times 100\%$$

其中，n 为服务区居民点数量，X 为居民点总人口，Z 为使用该服务设施的人口，Y 表示居民区附加服务设施个数，R 表示服务设施与服务网点在地理空间上与人口分布的匹配度。医院、学校等散点型设施的区位优化模型表达为：

$$J = \min_{\Omega}\sum_{s=1}^{m}\sum_{k=1}^{n}W_{sk}d(s,k)^a$$

其中，n 为服务对象的数量，m 为设施的数量，d 表示空间距离，Ω 表示所有可能布局设施的位置集。

6.2 北京市普通高中教育资源空间布局的现状特征

6.2.1 北京市普通高中数据库

数据的空间范围是北京市，采用 2010 年区划调整后的行政区划数据。北京市区划共辖 14 区、2 县，共有 140 个街道、142 个建制镇、35 个建制乡(以下简称街道)。其中，东城区、西城区为首都功能核心区，海淀区、朝阳区、丰台区和石景山区为城市功能拓展区，通州区、顺义区、房山区、大兴区和昌平区为城市发展新区，怀柔区、平谷区、门头沟区、密云县和延庆县为生态涵养发展区(图 6-3)。

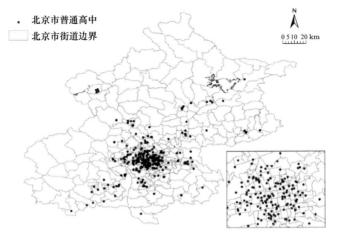

图 6-3　研究范围与北京市 267 所普通高中

普通高中学校包括北京市教育委员会确认的一般性高中和示范性高中。职业高中、技工学校、中等专业学校、师范学校等其他高中,由于数量较少,且空间覆盖范围较小,因而不列入本章节研究范围。根据北京市教育考试院官方网站公布的 2010 年招生数据,北京市普通高中学校(一般性高中和示范性高中)共有 268 所,其中首钢矿山一中位于河北省迁安市,而且只对首钢职工子女招生,因此本章节将之剔除,保留 267 所学校,空间分布如图 6-3 所示。

学校的空间数据由北京市教育委员会公布的 267 所学校详细地址在 ArcGIS 9.2 中生成;学校的招生数据由北京市教育考试院官方网站公布的 2010 年招生数据整理而来。

学校的建校时间主要来源于各学校官方网站的介绍,建校时间主要用来表征学校确定当前校址的时间,原址基础上的扩建、改建等行为不影响建校时间,对于校址发生重大变更的学校,其建校时间以变更后的时间为准。

基于北京市普通高中学校差异性的存在,本章对 267 所学校进行了分类(表 6-2)。首先,按照建校时间将学校分为四类(图 6-4),从而可以分析学校选址的历史成因,实现时间分析与空间分析的结合。其次,根据学校资源的优劣划分一般性高中和示范性高中(图 6-5),该分类以北京市教育委员会对学校的考核结果为准。最后,根据高中在本区招生的比重分为五类(图 6-6),其中,完全开放型高中是指招生名额面向全市开放,对学生无生源地(北京市范围内)限制,因此本区招生数记为 0,本区招生比重也为 0;相反,完全封闭型学校是指招生名额仅向所在区学生开放,因此本区招生比重为 100%。

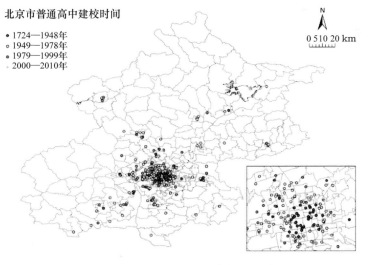

彩图 6-4

图 6-4　北京市 267 所普通高中建校时间

彩图 6-5

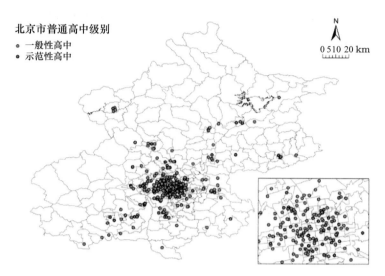

图 6-5　北京市 74 所示范性高中和 193 所一般性高中分布

彩图 6-6

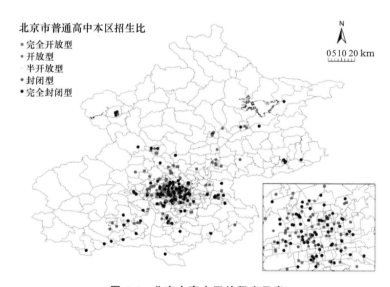

图 6-6　北京市高中开放程度示意

由于研究开展时第六次全国人口普查街道尺度上的数据尚未公布,因此,本章采用了北京市 2000 年第五次全国人口普查的街道人口数据(总量与 0～19 岁人口规模)。由此产生了两个问题:一是由于学校招生规模采用 2010 年的数据,两者结合分析时会产生误差,因此,本章将采用"招生人口指数"(招生人数与人口数的比值)进行分析以减小误差。二是 2000 年以来北京市进行了局部的区划调整,调整后的北京市街道范围与 2000 年第五次全国人口普查时的街道空间范围存在一些差异，因此，本章按照区划调整的内容对第五次全国人口普查的街道人口数据进行了修正，并结合街道的历史数据进行了估测。修正后的北京市各街道0~19岁人口分布见图6-7。

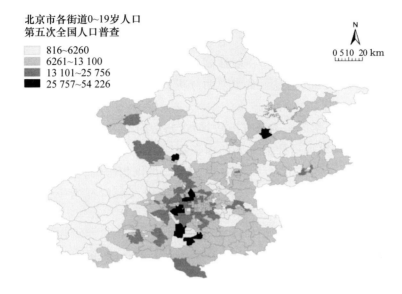

图 6-7　北京市街道 0~19 岁人口数

表 6-2　北京市普通高中分类

分类依据与意义	类　型	学校数量
建校时间 （解释学校选址的原因）	1949 年前	54
	1949—1978 年	121
	1979—1999 年	51
	2000 年及以后	41
资源等级 （区分教育资源的差异性）	一般性高中	193
	示范性高中	74
本区招生数的比重 （考虑跨区入学的影响）	完全开放型（比重＝0）	39
	开放型（0＜比重≤50%）	16
	半开放型（50%＜比重≤75%）	31
	半封闭型（75%＜比重＜100%）	70
	完全封闭型（比重＝100%）	111

资料来源：作者根据资料自行分析完成。

6.2.2 北京市普通高中供给研究方法和技术路线

1. 研究方法

(1) Voronoi 图分析法

Voronoi 图按照最邻近原则划分平面,在公共产品的空间布局规划中应用较为广泛,经常用来确定公共产品的服务范围。本章基于 ArcGIS 9.2 的 Voronoi 图分析法确定北京市一般性高中的服务范围,进行服务区的面积分析和人口分析。Voronoi 图是本章主要的分析方法和研究工具。

(2) 分类研究

分类是社会科学的基本研究方法,通过归纳同类对象的共同特征及不同类别的特征差异,可以揭示社会发展的内在规律。本章进行了大量的分类研究,一是遵从国家制定的规范对服务面积分类;二是以指标的内在含义为依据,对服务人口和供给指数进行分类;三是以社会历史发展特征为依据对建校时间分类。

(3) 统计分析与空间自相关分析

本章将定量研究与定性研究相结合,利用统计方法进行统计分析,例如对样本数据的标准差和方差的分析。全局空间自相关是空间计量的重要内容,可以反映分析对象的空间布局特征,本章计算了 Moran's I,以此分析一般教育资源与优质教育资源的空间集聚程度。

2. 技术路线

本章的技术路线如下:① 数据准备,包括数据搜集、数据处理、建立空间数据库;② 从学校角度出发,基于就近入学原则,运用 Voronoi 图划分学校的服务范围,分析服务面积和服务人口;③ 从区县角度考虑跨区入学现象,对供给指数进行统计分析、分类研究和全局空间自相关分析,由此得到教育资源的空间布局现状特征;④ 按建校时间对学校进行分类研究,探讨空间布局现状的成因;⑤ 提出空间布局优化的规划引导措施和政策保障措施。如图 6-8 所示。

6.2.3 基于 Voronoi 图的空间布局分析

1. 方法简介与适用性

Voronoi 多边形,也称为泰森多边形或 Dirichlet 图,该方法的实质是按照最邻近原则划分平面。Voronoi 图在学校等公共产品的空间布局规划中应用较为广泛,经常用来确定公共产品的服务范围。采用 Voronoi 图划分学校服务范围时存在两个假设条件:一是假设所有学校是均值的,即不考虑学校教育资源优劣程度对服务范围的影响;二是就近入学原则,Voronoi 图在产生多边形

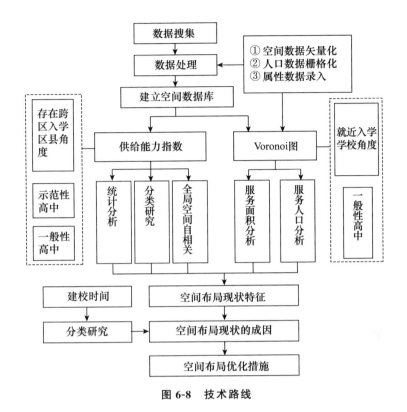

图 6-8 技术路线

时是基于最邻近原则,因此无法考虑跨区入学问题。对于第一个问题,本章将北京市普通高中划分为一般性高中和示范性高中,分别进行 Voronoi 图分析,部分修正了该方法无法反映高中资源差异的问题。

本章根据"本区招生数的比重"衡量学校的开放程度(划分标准见表 6-3),2010 年,北京市一般性高中的平均本区招生比重高达 87.2%,其中半封闭型一般性高中的本区招生比重超过了 92%;完全封闭型与半封闭型高中的数量高达 139 所,且这两类高中的招生人数占一般性高中招生总数的比重达到 85.7%。因此作者认为就近入学原则是北京市一般性高中教育资源分配的重要依据,可以采用基于最邻近原则的 Voronoi 图分析方法。

但是,北京市示范性高中的开放程度相对较高,平均本区招生比重为76.5%,仅 42 所学校属于完全封闭型和半封闭型,且这两类学校招生人数的比重仅 62.2%。特别是北京四中、人大附中、清华附中等公认的北京市顶级优质教育资源都属于开放型。因此,作者认为就近入学原则对北京市优质教育资源分配的影响具有局限性,不适宜采用 Voronoi 图分析方法。

表 6-3　北京市普通高中开放程度

学校级别	开放程度	学校数量	招生总数	本区招生人数	外区招生人数	不限区招生人数	定向招生[①]人数	本区招生比重/(%)
	合计	267	59 212	48 600	3192	6234	1186	82.1
一般性高中	完全开放型	39	2385	0	0	2385	0	0
	开放型	6	620	138	422	60	0	22.3
	半开放型	9	1440	930	170	260	80	64.6
	半封闭型	32	7978	7359	212	385	22	92.2
	完全封闭型	107	18 692	18 692	0	0	0	1
	合计	193	31 115	27 119	804	3090	102	87.2
示范性高中	完全开放型	0	0	0	0	0	0	0
	开放型	10	3808	1409	773	1003	623	37.0
	半开放型	22	6801	4389	1086	963	363	64.5
	半封闭型	38	14 755	12 950	529	1178	98	87.8
	完全封闭型	4	2733	2733	0	0	0	1
	合计	74	28 097	21 481	2388	3144	1084	76.5

注：① 定向招生是指针对特定生源的招生计划，例如人大附中针对中国人民大学教师子女的特定招生指标、某些学校针对特定部委机关的招生指标等。

2. Voronoi 图分析的实现

首先，根据 ArcGIS 9.2 自带的 Voronoi 空间分析功能，生成一般性高中的多边形空间影响范围，每所学校将对应唯一的多边形空间（图 6-9）。由于

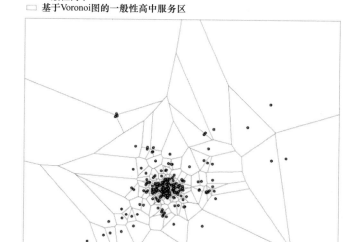

图 6-9　一般性高中 Voronoi 分析结果示意

Voronoi 图是在北京市外 10 km 左右的矩形空间内完成,外围的多边形空间覆盖了北京市以外的空间,因此需要用北京市的边界图与 Voronoi 图进行叠置,得到每所学校在北京市范围内的多边形空间(图 6-10),然后通过 ArcCatalog 得到每个多边形的面积,即每所学校的服务面积。

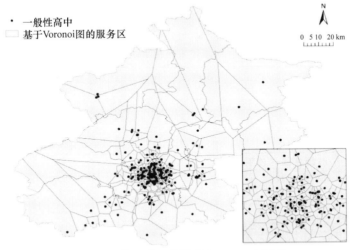

图 6-10　修正后一般性高中 Voronoi 示意

其次,依据第五次全国人口普查的街道人口数据(0~19 岁),采用 700 m× 700 m 的网格实现北京市人口数据的栅格化(图 6-11),统计结果显示栅格化的误差为 0.8%,因此栅格结果可以接受。将栅格数据与修正后的一般性高中 Voronoi 图进行匹配,得到每所学校对应多边形空间内的 0~19 岁的人口数量。

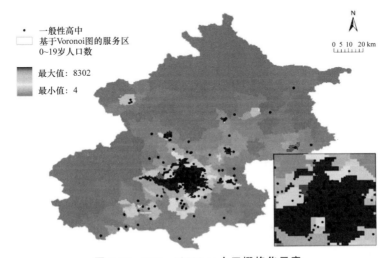

彩图 6-11

图 6-11　700 m×700 m 人口栅格化示意

最后，假设北京市具有相同的人口结构，根据北京市 0～19 岁人口总数（3 077 941 人）和一般性高中招生总数（31 115 人），得到招生规模占 0～19 岁人口的系数为 0.0101；利用该系数计算出每个多边形内的潜在招生数，即 Voronoi 图中每个多边形区域对每所高中的招生需求；实际招生数与潜在招生数的比值即为供需比值。利用可以判断多边形空间内的教育资源是否满足居民需求，计算结果如表 6-4 所示。

表 6-4　北京市普通高中统计结果

区　县	学校名称	面积/km²	0～19 岁人口数	实际招生数	供需比值
大兴	大兴三中	4.4	516	160	30.701
海淀	育英中学	1.6	2478	320	12.786
西城	第一五六中学	0.4	1424	180	12.515
海淀	海淀区教师进修学校附属实验学校	3.6	2194	200	9.026
海淀	师达中学	3.6	1482	120	8.017
海淀	首师师范大学第二附属中学	1.2	2724	220	7.996
西城	第一五四中学	0.4	1617	120	7.348
西城	第七中学	9.6	2433	180	7.325
大兴	北京师范大学大兴附属中学	17.2	5011	360	7.113
东城	第二十二中学	0.8	3861	210	5.385
昌平	王府学校	8.4	1876	90	4.750
海淀	第六一中学	2.8	5240	240	4.535
延庆	延庆五中	281.8	13 266	586	4.374
海淀	北京科技大学附属中学	1.6	6529	280	4.246
西城	华夏女子中学	3.2	1646	70	4.211
海淀	第五十七中学	2.4	6200	260	4.152
通州	通州三中	11.6	11 477	480	4.141
海淀	北京石油学院附属中学	6.4	7271	300	4.085
西城	第一五九中学	0.8	4486	180	3.973
朝阳	清华大学附属中学朝阳学校	4	5789	228	3.900
通州	北京二中通州分校	41.1	6401	240	3.712
房山	韩村河中学	44.3	4107	140	3.375
西城	第三中学	1.2	5337	180	3.339
东城	第二十七中学	2.8	6366	210	3.266

续表

区县	学校名称	面积/km²	0~19岁人口数	实际招生数	供需比值
海淀	育英学校	2.4	9051	270	2.954
东城	第六十五中学	2	7504	210	2.771
大兴	大兴八中	14	5936	160	2.669
大兴	首都师范大学大兴附属中学	41.5	17 905	480	2.654
东城	第一中学	32.3	5227	140	2.652
通州	通州四中	10.4	9047	240	2.627
通州	潞州中学	109.8	10 904	288	2.615
顺义	顺义二中	89.8	20 512	540	2.607
海淀	北京师范大学附属第三中学	2	9305	240	2.554
海淀	永定路中学	2.8	7770	200	2.549
东城	宏志中学	1.2	5441	140	2.548
海淀	尚丽外国语学校	5.6	1562	40	2.535
朝阳	朝阳外国语学校	8	8637	220	2.522
西城	第四十一中学	1.2	4751	120	2.501
东城	第二十五中学	2	10 318	250	2.399
通州	中加学校	31.9	3066	70	2.261
房山	房山区实验中学	55.1	19 312	440	2.256
海淀	温泉二中	42.7	6278	140	2.208
朝阳	信息工程学院附中	5.2	6820	150	2.178
怀柔	红螺寺中学	647	16 486	360	2.162
朝阳	三里屯一中	3.2	10 498	228	2.150
西城	第四十四中学	1.6	8289	180	2.150
海淀	北航附中	2	9780	210	2.126
西城	第三十一中学	3.2	8424	180	2.116
怀柔	怀柔二中	334.9	26 031	540	2.054
海淀	北大附中香山学校	25.9	5923	120	2.006
西城	二龙路中学	1.6	5944	120	1.999
海淀	海淀实验中学	2.8	14 036	280	1.975
东城	第五十四中学	1.6	7319	140	1.894
东城	第二十一中学	1.6	7525	140	1.842
西城	第五十六中学	2.4	9702	180	1.837

续表

区 县	学校名称	面积/km²	0～19岁人口数	实际招生数	供需比值
西城	月坛中学	0.8	4315	80	1.836
海淀	北京医学院附属中学	2.8	11 843	200	1.672
昌平	实验中学	27.5	14 408	240	1.649
房山	琉璃河中学	79.4	9038	150	1.643
房山	长沟中学	87.8	9074	150	1.637
海淀	玉渊潭中学	4	12 213	200	1.621
海淀	立新学校	3.6	13 560	220	1.606
西城	徐悲鸿中学	0.8	4350	70	1.593
东城	崇文门中学(综合高中)	2.8	10 377	164	1.565
东城	第一二五中学	2	8973	140	1.545
西城	鲁迅中学	2	9783	150	1.518
丰台	首都师范大学附属丽泽中学	8.4	17 615	268	1.506
西城	北京教育学院宣武分院附属中学	0.8	4655	70	1.489
海淀	首都师范大学附属育新学校	12	12 024	180	1.482
顺义	顺义九中	290.6	36 255	540	1.475
昌平	私立汇佳学校	23.5	6745	100	1.468
丰台	第八中学怡海分校	10.4	2635	39	1.465
海淀	中国地质大学附属中学	3.2	12 215	180	1.459
顺义	第四中学顺义分校	42.7	34 519	500	1.434
海淀	第一零五中学	2.4	11 047	160	1.434
海淀	翠微中学	4.8	16 708	240	1.422
海淀	万寿寺中学	2	11 181	160	1.417
大兴	北京市私立君谊中学	22.4	8674	120	1.370
海淀	人民大学附属中学分校	2	9890	135	1.352
东城	第一六五中学	2	10 396	140	1.333
海淀	海淀外国语实验学校	10	6094	80	1.300
海淀	蓝靛厂中学	7.2	6148	80	1.288
丰台	丰台一中	5.6	5387	70	1.287
海淀	第六十七中学	14	12 415	160	1.276
丰台	明德中学	4	2718	35	1.275

续表

区县	学校名称	面积/km²	0～19岁人口数	实际招生数	供需比值
通州	通州二中	49.1	17 267	222	1.273
丰台	大成学校	7.2	10 935	140	1.268
朝阳	第一一九中学	3.6	11 079	140	1.251
朝阳	团结湖第三中学	4	6981	88	1.248
房山	电业中学	87.4	15 866	200	1.248
西城	第二一四中学	1.6	9651	120	1.231
东城	第一四二中学	1.2	5640	70	1.229
东城	第二十四中学	3.6	17 395	210	1.195
西城	第六十三中学	1.6	10 206	120	1.164
大兴	旧宫中学	25.1	10 470	120	1.135
海淀	中国矿业大学附属中学	5.6	17 569	200	1.127
丰台	丰台区实验学校	27.9	20 409	228	1.106
昌平	昌平三中	142.1	16 346	180	1.090
西城	第三十九中学	3.2	11 068	120	1.073
海淀	陶行知中学	3.6	14 789	160	1.071
昌平	沙河中学	75.4	17 012	180	1.048
东城	中央工艺美院附属中学	2.4	11 464	120	1.036
海淀	第四十七中学	677.3	13 749	140	1.008
朝阳	私立北方中学	3.2	6917	70	1.002
西城	北京教育学院附属中学	3.6	17 985	180	0.991
海淀	一佳高级中学	1.2	6003	60	0.990
昌平	昌平二中分校	41.1	10 066	100	0.984
东城	第一七七中学	1.6	7087	70	0.978
丰台	云岗中学	64.7	16 250	160	0.975
朝阳	北京市新源里职业高中高中班	3.2	9151	90	0.974
海淀	知春里中学	5.6	21 567	210	0.964
昌平	北京澳华学校	22.7	3111	30	0.955
朝阳	北京化工大学附属中学	8.8	23 687	228	0.953
房山	四零一学校	29.9	6393	60	0.929
大兴	大兴五中	101	25 775	240	0.922
海淀	第十九中学	8.4	30 391	280	0.912

续表

区县	学校名称	面积/km²	0~19岁人口数	实际招生数	供需比值
朝阳	私立新亚中学	17.6	13 218	120	0.899
东城	第九十六中学	3.6	15 665	140	0.885
东城	北京市翔宇中学	1.6	6901	60	0.861
海淀	太平路中学	6	16 179	140	0.857
海淀	明光中学	3.6	18 714	160	0.847
海淀	科迪实验中学	73.8	8188	70	0.846
海淀	中国农业大学附属中学	26.3	23 624	200	0.838
朝阳	中国红十字基金会北京拔萃双语学校	18.4	10 658	90	0.836
丰台	首医大附中	18.4	29 143	240	0.815
丰台	航天中学	42.3	29 543	240	0.804
昌平	南口学校	447.8	23 068	180	0.773
朝阳	垂杨柳中学	12.8	29 521	228	0.765
昌平	前锋学校	404.3	31 139	240	0.763
海淀	二十一世纪实验学校	4	6549	50	0.756
密云	太师庄中学	1375.7	36 299	270	0.736
昌平	景山实验学校	53.1	8161	60	0.728
怀柔	怀柔职业学校(综合高中)	1545.7	44 085	320	0.719
延庆	延庆二中	356.8	23 212	168	0.717
房山	交道中学	157.6	21 006	150	0.707
朝阳	北京青年政治学院附属中学	34.7	19 646	140	0.706
朝阳	东方德才学校	20	26 930	190	0.699
石景山	礼文中学	9.2	16 778	114	0.673
西城	第四十三中学	2.8	17 980	120	0.661
门头沟	育园中学	333.3	52 783	350	0.657
西城	第六十二中学	4.4	18 099	120	0.656
通州	潞河中学分校	406.3	36 331	240	0.654
东城	龙潭中学	6.4	21 230	140	0.653
丰台	中桥外国语学校	5.2	4760	31	0.645
西城	第一四零中学	2	10 984	70	0.631
西城	西城区实验学校	4	18 888	120	0.629

续表

区县	学校名称	面积/km²	0～19岁人口数	实际招生数	供需比值
西城	私立汇才中学	2.8	14 367	90	0.620
海淀	清华育才实验学校	8	6518	40	0.608
房山	坨里中学	336	24 649	150	0.603
密云	巨各庄中学	827.7	61 566	360	0.579
平谷	平谷六中	498.1	106 652	616	0.572
昌平	小汤山中学	294.5	16 143	90	0.552
西城	宣武区外国语实验学校	3.6	12 666	70	0.547
房山	博文中学	30.3	7399	40	0.535
东城	第五十中学分校	8.8	25 994	140	0.533
延庆	延庆三中	830.5	31 876	168	0.522
朝阳	呼家楼中学	4.4	16 735	86	0.509
海淀	盲人学校	2	2346	12	0.506
房山	南尚乐中学	881.6	23 654	120	0.502
朝阳	北京市华侨城黄冈中学	51.5	29 709	140	0.467
门头沟	首都师范大学附属中学永定分校	61.1	38 347	180	0.465
顺义	北京市新英才学校	162	26 413	120	0.450
朝阳	北京市朝阳区爱迪外国语学校	51.1	6967	31	0.441
海淀	北京外国语大学附属外国语学校	28.3	13 998	60	0.424
海淀	中关村外国语学校	17.2	9691	40	0.409
朝阳	北京世青国际学校	4.8	7721	30	0.385
石景山	北京市艺考高级中学	25.1	19 750	75	0.376
西城	北京实美职业学校	2.4	10 612	40	0.373
顺义	牛栏山一中实验学校	225.9	33 176	120	0.358
西城	第四聋人学校	1.2	5711	20	0.347
石景山	京源学校	20.8	29 875	100	0.331
海淀	建华实验学校	4.8	18 460	60	0.322
丰台	第十二中学高中分校	4.8	5898	19	0.319
通州	北京潞河国际教育学园	13.2	12 555	40	0.315
海淀	清华志清中学	16	37 805	120	0.314
大兴	榆垡中学	267.4	28 568	90	0.312
丰台	丰华中学	55.9	12 571	38	0.299

续表

区 县	学校名称	面积/km²	0～19岁人口数	实际招生数	供需比值
大兴	魏善庄中学	241.9	33 539	100	0.295
丰台	新桥外国语学校	5.2	18 652	54	0.287
朝阳	北京中医学院附属中学	9.2	29 776	86	0.286
房山	周口店中学	826.6	48 475	140	0.286
丰台	东铁营一中	13.6	37 765	100	0.262
朝阳	北京国际艺术与科学学校	14.8	11 577	30	0.257
朝阳	北京爱迪学校	52.7	12 046	31	0.255
朝阳	中国建筑材料科学研究院附属中学	49.5	35 659	86	0.239
东城	北京经济技术开发区实验学校	100.6	13 092	30	0.227
大兴	采育中学	391.5	39 524	90	0.225
石景山	北京市古城高级中学	30.3	43 170	90	0.206
朝阳	北京市亚奥学校	36.7	14 805	30	0.201
东城	阳光情学校	38.7	7857	10	0.126
丰台	北京大学附属实验学校	49.5	21 324	15	0.070
平谷	育才中学	394.3	28 913	20	0.068
海淀	中央民族大学附属中学	3.2	16 704	10	0.059

资料来源：作者根据资料自行分析完成。

3. 一般性高中的 Voronoi 图分析

(1) 服务面积

《中小学校建筑设计规范》(GBJ 99—86)中规定,中学服务半径不宜大于1 km,据此中学的服务面积不宜超过 3.14 km²,根据不同服务半径可以得到不同的服务面积(表 6-5)。结合北京市的实际情况,当服务面积处于 3.14～12.56 km² 之间,学校的服务面积比较适中;低于 3.14 km² 表明学校服务面积过小,造成教育资源浪费;服务面积处于 12.56～50.24 km² 之间表明学校服务面积偏大,不利于学生就近入学;服务面积处于 50.24～314 km² 之间表明学校服务面积过大,该区域内学校数量不足;服务面积大于 314 km² 表明学校服务面积超大,学生就近入学困难,需要新建学校或增加寄宿制招生数量。本章将"0.5～10 km"等 12 个服务半径下的面积与通过计算机自动测算的 193 所一般性高中的 Voronoi 多边形面积进行比较研究。

表 6-5　中学服务半径与面积

服务半径/km	0.5	1	1.5	2	3	4	5	6	7	8	9	10
服务面积/km²	0.79	3.14	7.07	12.56	28.26	50.24	78.50	113.04	153.86	200.96	254.34	314

资料来源：作者根据资料自行分析完成。

总体上，北京市一般性高中的服务面积较大（图 6-12），其中服务面积偏大的学校共 42 所，约占总数的 22%，有 18 所学校服务面积超过 314 km²；而服务面积适中的学校共 58 所，仅占总数的 30%；服务面积过小的学校共 49 所，约占总数的 1/4。

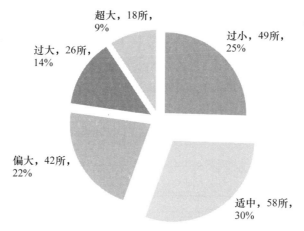

图 6-12　北京市一般性高中的服务面积统计
资料来源：作者根据资料自行分析完成。

在空间分布上（表 6-6），首都功能核心区学校的服务面积普遍过小，东城区共有 21 所一般性高中，其中 14 所学校的服务面积低于 3.14 km²，仅 4 所学校的服务面积适宜；西城区 70% 以上学校的服务面积过小，没有一所学校的服务面积超过 12.56 km²。城市功能拓展区学校的服务面积适中、偏大，朝阳区和丰台区服务面积适宜学校的比重分别高达 52% 和 53%，服务面积偏大学校的比重分别为 35% 和 33%；海淀区是北京市教育资源密集区，有 21 所学校的服务面积适中（46%），16 所学校的服务面积过小（35%）。远郊区县学校的服务面积普遍过大，其中大兴区和通州区的情况较好，分别有 1 所和 2 所学校的服务面积适中，均有一半的学校的服务面积偏大，服务面积过大和超大的学校所占比重相对较低；昌平区、顺义区和房山区的学校中服务面积偏大和过大的比重较高，分别有 8 所、5 所和 8 所；延庆县和门头沟区分别有 2 所和 1 所学校的服务面积超大，还分别有 1 所学校的服务面积过大；怀柔区、平谷区和密云县共有 7 所一般性高中,而这 7 所学校的服务面积都超过 314 km²。可见,北京市一般性高中的服务面积由首都功能核心区向郊区不断递增(图 6-13)。

表 6-6　北京市一般性高中服务半径与服务面积统计

类型	服务半径/km	服务面积/km²	合计	东城	西城	朝阳	丰台	石景山	海淀	门头沟	房山	通州	顺义	昌平	大兴	怀柔	平谷	密云	延庆
过小	<1	<3.14	49	14	19	0	0	0	16	0	0	0	0	0	0	0	0	0	0
适中	1～1.5	3.14～7.07	41	3	7	9	5	0	16	0	0	0	0	1	0	0	0	0	0
适中	1.5～2	7.07～12.56	17	1	1	3	3	1	5	0	0	2	0	1	0	0	0	0	0
偏大	2～3	12.56～28.26	23	0	0	5	3	2	5	0	0	1	0	3	4	0	0	0	0
偏大	3～4	28.26～50.24	19	2	0	3	2	1	2	0	3	3	1	1	1	0	0	0	0
过大	4～5	50.24～78.5	10	0	0	3	2	0	1	1	1	0	0	2	0	0	0	0	0
过大	5～6	78.5～113.04	7	1	0	0	0	0	0	0	0	3	1	1	0	0	0	1	0
过大	6～7	113.04～153.86	1	0	0	0	0	0	0	0	0	0	1	0	0	0	0	0	0
过大	7～8	153.86～200.96	0	0	0	0	0	0	0	0	0	0	0	0	0	0	0	0	0
过大	8～9	200.96～254.34	2	0	0	0	0	0	0	0	0	0	1	0	0	0	0	1	0
过大	9～10	254.34～314	4	0	0	0	0	0	0	0	0	0	1	1	1	0	0	0	1
超大	>10	>314	18	0	0	0	0	0	1	3	1	0	2	1	3	2	2	2	2

资料来源:作者根据资料自行分析完成。

彩图 6-13

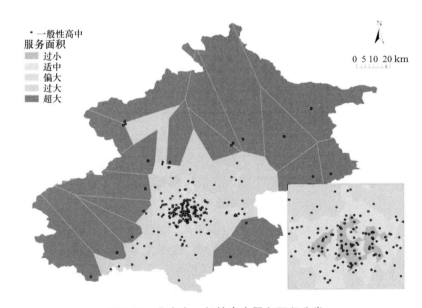

图 6-13　北京市一般性高中服务面积分类

(2) 服务人口

本章以实际招生数与潜在招生数的比值作为供需比值,利用该比值判断每个学校的教育资源是否满足居民需求。供需比值为1时,表明实际招生数与潜在招生数相等,学校资源满足居民需求,实现了供需平衡;供需比值小于1表明供给不足,供需比值大于1表明需求不足。一般地,将0.8~1.2作为供需平衡区间。本章以193所学校的供需比值为样本数据(表6-7),该样本数据的分布较为离散(图6-14),同时考虑到北京市16个区县的空间范围较大,不仅包括城市地区,还包括广大农村地区。因此,本章以0.6~1.4作为供需平衡区间,其中0.8~1.2为合理区间,0.6~0.8和1.2~1.4为较合理区间,其他类型划分见表6-7。

表6-7 北京市一般性高中供需比值分类统计

类型	供不应求		供求平衡		供过于求		
	供给匮乏	供给不足	合理	较合理	需求不足	需求缺乏	需求匮乏
供需比值范围	小于0.2	0.2~0.6	0.8~1.2	0.6~0.8 1.2~1.4	1.4~2	2~3	大于3
合计	4	40	34	38	27	26	24
东城区	1	2	5	3	4	4	2
西城区	0	3	3	6	6	3	6
朝阳区	0	9	5	5	0	3	1
丰台区	1	4	4	4	2	0	0
石景山区	0	3	0	1	0	0	0
海淀区	1	5	10	6	9	7	8
门头沟区	0	1	0	1	0	0	0
房山区	0	3	1	3	2	1	1
通州区	0	1	0	2	0	3	2
顺义区	0	2	0	0	2	1	0
昌平区	0	1	4	3	2	0	1
大兴区	0	3	2	1	0	2	2
怀柔区	0	0	0	1	0	2	0
平谷区	1	1	0	0	0	0	0
密云县	0	1	0	1	0	0	0
延庆县	0	1	0	1	0	0	1

资料来源:作者根据资料自行分析完成。

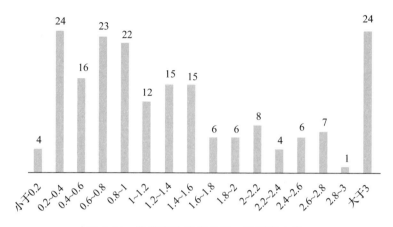

图 6-14　按供需比值划分的一般性高中数

从供需比值的统计分布来看,呈现出向两端分布的趋势,说明北京市教育资源存在的主要问题是空间布局失衡,表现为供给不足与需求不足同时存在(图 6-15、图 6-16)。供需比值在 0.6~1.4 范围内的学校共有 72 所,供需平衡的学校数量仅占总数的 38%。一方面,供给不足和供给匮乏的学校共有 44 所,供不应求的学校数量占总数的 23%;另一方面,大量学校资源没有得到充分利用,需求不足和需求缺乏的学校总数高达 53 所,需求匮乏的学校有 24 所,供过于求的学校数量占总数的 39%。也就是说,有近 1/4 的学校无法满足附近居民需求,同时有 2/5 的学校资源没有得到充分利用。促进教育资源的空间布局优化是实现全市教育资源公平布局的重要内容。

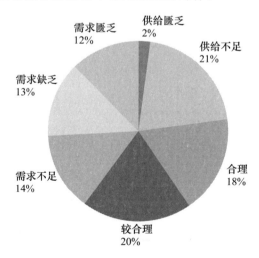

图 6-15　北京市一般性高中供求状况

从空间分布来看,首都功能核心区学校供过于求的现象较为严重,东城区有 10 所学校供给过剩(占总数的 47.6%),其中 2 所学校需求匮乏;西城区教育资源过剩现象更为严重,一方面本区需求不足,全区供过于求的学校有 15 所,占总数的 55.6%,其中需求匮乏的学校高达 6 所;另一方面全区一般性高中住宿名额仅 66 个,仅占招生总人数的 2%,不利于其他区域学生跨区入学。

朝阳区有 9 所学校的供需比值偏低,其中 5 所学校是不限区招生的私立学校,且招生规模较小(占总数的 20%),因此满足本地区入学需求的能力偏弱;全区另有 10 所学校供需较为平衡、4 所学校供过于求,其招生规模分别占总数的 50% 和 30%,因此,从总体上看,朝阳区供需较为平衡。丰台区和石景山区属于供给不足区县,主要原因在于这 2 个区的私立学校较多,招生规模小且不限区招生,从而造成本地服务能力的降低。海淀区教育资源总体上供过于求,有 24 所学校的供需比值大于 1.4,比重超过 52%,且这 24 所学校的招生数的比重超过总规模的 2/3;但是海淀区教育资源过剩程度要低于西城区,因为全区住宿名额占招生总数的比重约为 13.5%,在一定程度上可以提高教育资源的利用率。

在远郊区县中,门头沟、密云、平谷和延庆等区县的教育资源供给不足,这 4 个区县共有 9 所一般性高中,其中 5 所学校的供需比值小于 0.6,而且这 5 所学校的规模较大(约占招生总人数的 49.5%)。通州区学校供需较为均衡,虽然供需比值总体偏高,但是住宿名额高达 82.6%,有利于扩大服务范围,从而提高教育资源的利用效率。怀柔区学校供需也较为平衡,怀柔职业学校(综合高中)的供需比值为 0.72,虽然另外两所学校的供需比值偏高,但是怀柔二中有 140 个住宿名额(超过 1/4),红螺寺中学则是完全寄宿制学校(360 人),可以满足其他区域学生的入学需求。与此类似,房山、顺义、昌平和大兴 4 个区的教育资源供需也较为平衡,通过增加住宿学生名额扩大服务面积,从而缓解区域内人口密度偏低带来的就近入学需求不足的问题。

供需比值大于 3 的一般性高中见表 6-8。形成供需比例过高、需求匮乏的原因主要两个:一方面是学校分布过于密集,学校的服务范围受到限制,从而出现需求匮乏现象,造成了教育资源的浪费,西城区、东城区和海淀区内需求匮乏的学校主要属于此类。例如育英中学位于北京市海淀区万寿路西街 14 号,与育英学校紧邻(北京市海淀区万寿路西街 11 号),且两校的实际招生规模都较大(育英中学为 320 人,育英学校为 270 人),在就近入学原则下,形成了育英中学供过于求的现状。同样,北京市第一五六中学位于西城区高中分布密集地带,基于 Voronoi 图的服务面积仅为 0.4 km^2,服务面积过小导致服务区内适龄人口数偏小,从而使得供需比值过大。另一方面是学校位于分布稀疏的郊区,

彩图 6-16

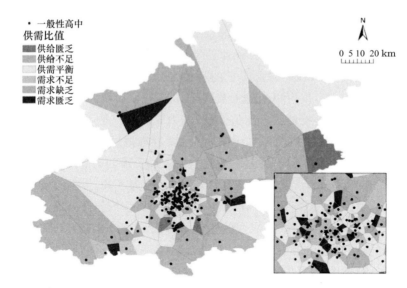

图 6-16　北京市一般性高中服务人口分类

服务范围较大,但是人口总数偏低,表现为供需比值过高,大兴、昌平、延庆等远郊区县内需求匮乏的学校属于此类。但是该类学校住宿学生的比例很高,可以通过跨区入学实现供需平衡,因此不会造成教育资源的浪费。例如,大兴三中的供需比值超过 30,原因主要是其紧邻大兴五中和大兴八中,造成服务面积偏小、人口总数偏低。但是大兴三中的住宿学生比值高达 78.8%,有利于其他区域学生跨区入学,从而提高教育资源的利用率,因此,该学校供需比值过大并不会造成严重的资源浪费。

表 6-8　北京市供需比值大于 3 的一般性高中

行政区划	学校名称	面积/km²	0～19 岁人口数	实际招生数	供需比值	住宿学生比重/(%)
东城区	第二十二中学	0.8	3861	210	5.385	0
	第二十七中学	2.8	6366	210	3.266	0
西城区	第一五六中学	0.4	1424	180	12.515	0
	第一五四中学	0.4	1617	120	7.348	0
	第七中学	9.6	2433	180	7.325	0
	华夏女子中学	3.2	1646	70	4.211	28.5
	第一五九中学	0.8	4486	180	3.973	0
	第三中学	1.2	5337	180	3.339	0

续表

行政区划	学校名称	面积/km²	0~19岁人口数	实际招生数	供需比值	住宿学生比重/(%)
海淀区	育英中学	1.6	2478	320	12.786	0
	海淀区教师进修学校附属实验学校	3.6	2194	200	9.026	0
	师达中学	3.6	1482	120	8.017	100.0
	首都师范大学第二附属中学	1.2	2724	220	7.996	0
	六一中学	2.8	5240	240	4.535	20.0
	北京科技大学附属中学	1.6	6529	280	4.246	0
	第五十七中学	2.4	6200	260	4.152	0
	北京石油学院附属中学	6.4	7271	300	4.085	0
朝阳区	清华大学附属中学朝阳学校	4	5789	228	3.900	0
昌平区	王府学校	8.4	1876	90	4.750	100.0
大兴区	大兴三中	4.4	516	160	30.701	78.8
	北京师范大学大兴附属中学	17.2	5011	360	7.113	97.0
房山区	韩村河中学	44.3	4107	140	3.375	78.6
通州区	通州三中	11.6	11 477	480	4.141	64.6
	北京二中通州分校	41.1	6401	240	3.712	100.0
延庆县	延庆五中	281.8	13 266	586	4.374	100.0

资料来源：作者根据资料自行分析完成。

4. 示范性高中的空间分析

据北京市教育委员会2010年公布数据，北京市共有示范性高中74所，全年招生总数为28 097人，约占招生总数的47%。虽然学校数量不多，但是招生规模与一般性高中相当。另外，示范性高中在硬件设施、教育质量等方面优于一般性高中，因此，与一般性高中相比，示范性高中代表了更为稀缺的、具有竞争性的优质教育资源。

在空间布局上，优质教育资源主要集中在东城（12所）、西城（15所）和海淀（11所），其招生数共计12 355人，约占全市招生总数的44%。在优质教育资源空间分配上，示范性高中的本区招生比重低于一般性高中，开放程度较高，但是示范性高中的住宿名额比例偏低，仅占招生总数的12.6%（一般性高中为36.1%），限制了优质教育资源的辐射范围。另外，示范性高中定向招生的数量过高（1084人，是一般性高中的10倍之多），降低了优质教育资源分配的公平性。

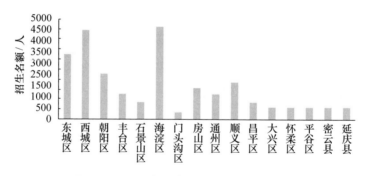

图 6-17　2010 年示范性高中招生名额分布

6.2.4　基于供给指数的空间集聚分析

1. 数据与指标选取

首先,根据各学校 2010 年的招生计划,本章进行数据汇总,得到各区县招生计划的矩阵(表 6-9)。

表 6-9　2010 年北京市各区县一般性高中与示范性高中招生计划矩阵

行政区划		合计	不限区	东城区	西城区	朝阳区	丰台区	石景山区	海淀区	门头沟区	房山区	通州区	顺义区	昌平区	大兴区	怀柔区	平谷区	密云县	延庆县
东城区	一般性高中	2874	365	2150	45	27	16	10	22	14	29	32	3	10	4	12	25	16	14
	示范性高中	3260	564	2142	18	113	31	6	27	43	24	6	7	38	6	32	20	12
	合计	6134	929	4292	63	140	47	16	28	41	72	56	9	17	42	18	57	36	26
西城区	一般性高中	3250	131	9	3002	12	9	10	14	11	17	9	0	13	10	1	0	1	0
	示范性高中	4450	657	185	2836	85	153	96	147	47	101	16	1	45	49	13	16	0	3
	合计	7700	788	194	5838	97	162	106	161	58	118	25	1	58	59	14	16	1	3
朝阳区	一般性高中	2760	432	6		2188	0	3	13	2	35	17	0	3	0	15	29	11	0
	示范性高中	2280	195	24	4	1789	2	0	9	0	7	28	3	8	1	5	13	7	3
	合计	5040	627	30	10	3977	2	3	22	2	42	45	3	11	1	20	42	18	3
丰台区	一般性高中	1677	293	0	0		1384	0	0	0	0	0	0	0	0	0	0	0	0
	示范性高中	1264	177	21	17	7	945	3	10	22	35	0	0	0	22	0	0	0	5
	合计	2941	470	21	17	7	2329	3	10	22	35	0	0	0	22	0	0	0	5

续表

行政区划		合计	不限区	东城区	西城区	朝阳区	丰台区	石景山区	海淀区	门头沟区	房山区	通州区	顺义区	昌平区	大兴区	怀柔区	平谷区	密云县	延庆县
石景山区	一般性高中	379	219	0	0	0	0	160	0	0	0	0	0	0	0	0	0	0	0
	示范性高中	840	75	0	0	0	6	653	10	62	12	0	0	0	0	0	2	0	0
	合计	1219	294	0	0	0	0	813	10	62	12	0	0	0	0	0	2	0	0
海淀区	一般性高中	7447	876	12	13	9	7	4	6476	4	4	4	0	8	4	0	2	3	0
	示范性高中	4645	922	45	77	58	23	19	2618	9	25	13	4	69	16	10	11	4	8
	合计	12 092	1798	57	90	67	30	23	9094	13	29	17	4	77	20	10	13	7	8
门头沟区	一般性高中	530	0	0	0	0	0	0	0	530	0	0	0	0	0	0	0	0	0
	示范性高中	370	27	0	0	0	3	4	0	306	30	0	0	0	0	0	0	0	0
	合计	900	27	0	0	0	3	4	0	836	30	0	0	0	0	0	0	0	0
房山区	一般性高中	1740	4	0	0	0	2	1	1	0	1731	0	0	0	2	0	0	1	0
	示范性高中	1570	31	0	2	0	2	0	5	2	1526	0	0	0	2	0	0	0	0
	合计	3310	35	0	2	0	4	1	6	2	3257	0	0	0	2	0	0	1	0
通州区	一般性高中	1820	110	0	0	0	0	0	0	0	0	1710	0	0	0	0	0	0	0
	示范性高中	1280	106	6	6	3	2	2	3	0	2	1134	0	6	2	2	6	0	0
	合计	3100	216	6	6	3	2	2	3	0	2	2844	0	6	2	2	6	0	0
顺义区	一般性高中	1820	260	0	0	10	0	0	0	0	0	0	1520	15	0	15	0	0	0
	示范性高中	1880	150	0	0	13	0	0	12	0	0	0	1577	33	0	15	50	22	5
	合计	3700	410	0	0	23	0	0	12	0	0	0	3097	48	0	30	50	22	5
昌平区	一般性高中	1490	380	0	0	0	0	0	0	0	0	0	0	1110	0	0	0	0	0
	示范性高中	810	69	5	15	0	0	0	30	0	0	0	0	691	0	0	0	0	0
	合计	2300	449	5	15	0	0	0	30	0	0	0	0	1801	0	0	0	0	0
大兴区	一般性高中	1920	10	11	22	6	8	3	35	1	8	3	1	3	1805	1	1	1	1
	示范性高中	870	30	1	0	0	3	0	0	0	6	3	0	0	827	0	0	0	0
	合计	2790	40	12	22	6	11	3	35	1	14	6	1	3	2632	1	1	1	1

续表

行政区划		合计	不限区	东城区	西城区	朝阳区	丰台区	石景山区	海淀区	门头沟区	房山区	通州区	顺义区	昌平区	大兴区	怀柔区	平谷区	密云县	延庆县
怀柔区	一般性高中	1220	0	0	0	0	0	0	0	0	0	0	20	2	0	1175	0	23	0
	示范性高中	630	60	0	0	0	0	0	0	0	0	0	20	2	0	570	0	0	0
	合计	1850	90	0	0	0	0	0	0	0	0	0	40	4	0	1745	0	23	0
平谷区	一般性高中	636	0	0	0	0	0	0	0	0	0	0	0	0	0	0	636	0	0
	示范性高中	1530	0	0	0	0	0	0	0	0	0	0	0	0	0	0	1530	0	0
	合计	2166	0	0	0	0	0	0	0	0	0	0	0	0	0	0	2166	0	0
密云县	一般性高中	630	0	0	0	0	0	0	0	0	0	0	0	0	0	0	0	630	0
	示范性高中	1830	0	0	0	0	0	0	0	0	0	0	0	0	0	0	0	1749	0
	合计	2460	0	0	0	0	0	0	0	0	0	0	0	0	0	0	0	2379	0
延庆县	一般性高中	922	10	0	0	0	0	0	0	0	0	0	0	0	0	0	0	0	912
	示范性高中	588	0	0	0	0	0	0	0	0	0	0	0	0	0	0	0	0	588
	合计	1510	10	0	0	0	0	0	0	0	0	0	0	0	0	0	0	0	1500

其次,计算能力指数。招生计划矩阵中第二列"合计"表示该区县所有学校的招生计划,即招生能力数 X_j;将第四列"东城区"加和,得到全市所有学校面向东城区的招生计划,即被招生总数 Y_j,以此类推,可以得到各个区县的被招生总数。将招生能力数除以被招生总数,得到各个区县的供给指数:$i_j = X_j/Y_j$。该指数可以反映各个区县在全市教育资源供给中所处的地位。由于跨区入学现象的存在,i 值将在数值 1 左右分布。当 i 大于 1 时,说明该区县的教育资源对外招生能力强,处于供给地位,属于教育资源输出型;当 i 小于 1 时,说明该区县的对外招生能力弱,处于被供给地位,属于教育资源输入型。因此,该指标基于跨区入学现象,可以反映教育资源在全市范围内的空间分布差异。为了区分普通教育资源与优质教育资源的空间分布差异,本章对各区县的招生计划按一般性高中和示范性高中进行分类,得到总体供给指数 i_1、优质资源供给指数 i_2 和一般资源供给指数 i_3(表 6-10)。本章将以三个供给指数为指标进行数据分析,并分别计算空间自相关系数。

表 6-10 各区县供给指数

行政区划	i_1	i_2	i_3
东城区	1.329	1.342	1.314
西城区	1.270	1.496	1.052
朝阳区	1.167	1.103	1.226
丰台区	1.133	1.080	1.176
石景山区	1.252	1.073	1.984
海淀区	1.285	1.630	1.135
门头沟区	0.868	0.779	0.943
房山区	0.917	0.879	0.954
通州区	1.036	1.051	1.025
顺义区	1.173	1.167	1.179
昌平区	1.136	0.941	1.280
大兴区	1.004	0.909	1.053
怀柔区	1.005	1.014	1.001
平谷区	0.921	0.922	0.918
密云县	0.989	1.016	0.918
延庆县	0.974	0.942	0.995

资料来源：作者根据资料自行分析完成。

但是，由于部分学校存在无生源地限制招生计划和定向招生计划，而该类数据（约占 12%）无法计入被招生总数 Y，因此，基于供给指数的分析会存在一定误差。

2. 统计分析与分类研究

首先，运用统计分析工具判断北京市各类教育资源的总体分布差异。计算三个供给指数的标准差和协方差，如表 6-11 所示。在计算一般资源供给能力指数时存在异常值——石景山区的一般资源供给指数高达 1.984。形成该异常值的原因在于：石景山区共有一般性高中 4 所，计划招生数 379 人，其中北京市艺考高级中学和北京市礼文中学均不限制生源地，占计划招生总数的比重接近 50%，该类数据无法计入被招生计划，但计入招生能力数，因此造成一般资源供给指数值异常高。

剔除异常值后，得到修正后的 i_3 的标准差和协方差，与 i_1 和 i_2 的统计项对比，可以发现优质资源供给指数的分布相对离散，即优质资源在各区县分配的差异性相对较大；而一般资源供给指数的分布相对平滑，即一般资源在各区县的分配相对均衡。

表 6-11 供给指数的标准差与协方差

统计项	i_1	i_2	i_3	修正后的 i_3
标准差	0.146	0.229	0.260	0.132
协方差	0.020	0.049	0.063	0.016

资料来源：作者根据资料自行分析完成。

其次，对各区县的供给指数进行分类研究，i 值小于 0.93 表明该区教育资源供给能力较差，教育资源相对缺乏；处于 0.93~1.07 区间表明教育资源基本自足；处于 1.07~1.2 表明教育资源较为富余，有一定的对外供给能力；i 值大于 1.2 表明资源富余，对外供给能力很强。分类研究的结果与标准差和协方差反映的结果一致：优质资源分布集中，一般资源的空间分布较为均衡。从总体供给指数来看，西城区、东城区、海淀区和石景山区属于教育资源富余地区，而平谷区、门头沟区和房山区的教育资源较为匮乏，通州区、大兴区、怀柔区、密云县和延庆县教育资源基本自足（图 6-18）。从优质资源供给指数来看，两极分化现象较为严重，仅东城区、西城区和海淀区属于优质资源富裕区，朝阳区、顺义区和石景山区的优质教育资源较为丰富；而优质资源匮乏区包括平谷区、门头沟区、房山区和大兴区（图 6-19）。从一般资源供给指数来看，其分配较为均衡，大多数区县的教育资源能实现自足，仅密云县和平谷区较为匮乏（图 6-20）。值

彩图 6-18

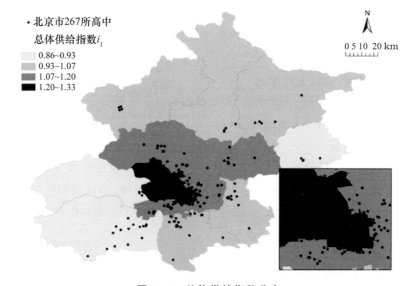

图 6-18 总体供给指数分布

得注意的是,优质教育资源富余的海淀区和西城区,一般资源供给指数都偏低:海淀区的一般资源供给指数为 1.135,西城区仅为 1.052,说明两区一般教育资源的对外供给能力较差,其一般教育资源主要服务于本区。汇总北京市各区县教育资源供给能力,见表 6-12。

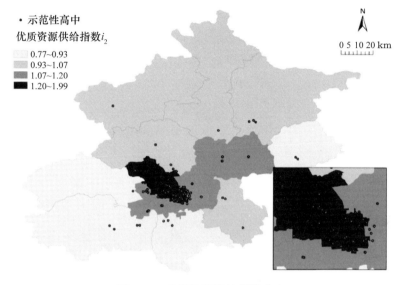

图 6-19 优质资源供给指数分布

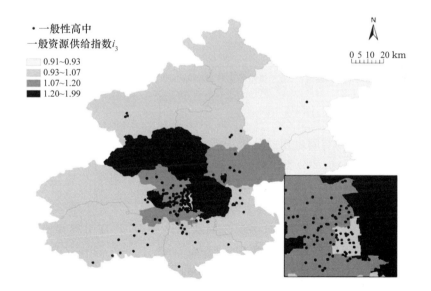

图 6-20 一般资源供给指数分布

表 6-12 北京市各区县教育资源供给能力情况

行政区划	总体情况	优质资源	一般资源
东城区	++	++	++
西城区	++	++	0
朝阳区	+	+	++
丰台区	+	0	+
石景山区	++	+	++
海淀区	++	++	+
门头沟区	—	—	0
房山区	—	—	0
通州区	0	0	0
顺义区	+	+	+
昌平区	+	0	++
大兴区	0	0	0
怀柔区	0	0	0
平谷区	—	—	—
密云县	0	0	—
延庆县	0	0	0

注：++表示供给能力很强；+表示供给能力较强；0表示供给能力一般，基本自给自足；—表示供给能力弱，需要外部供给。

3. 空间自相关分析

运用 ArcGIS 的空间自相关分析功能可以判断各类教育资源的空间集聚程度，以此验证统计分析和分类研究的结论。由于样本量太少（仅 16 个区县），局部空间自相关分析的条件不够，因此本章节仅进行全局空间相关分析（表 6-13）。以全局空间自相关系数 Moran's I 为指标，计算结果显示总体供给指数的全局 Moran's I 为 0.212，方差为 0.0075，表明从总体上看，北京市教育资源的分布存在空间差异；优质资源供给指数的全局 Moran's I 为 0.130，方差为 0.0070，表明北京市优质教育资源存在较明显的空间集聚；一般资源供给指数的全局 Moran's I 为 −0.054，方差为 0.0056，表明北京市一般教育资源不存空间集聚。该结论与统计分析和聚类分析的结论是一致的。

表 6-13　供给指数的空间自相关分析结果

统计项	i_1	i_2	i_3
全局 Moran's I	0.211 880	0.128 994	−0.054 092
期望	−0.066 667	−0.066 667	−0.066 667
方差	0.007 494	0.006 968	0.005 560
Z Score	3.217 765	2.343 987	0.168 636

6.3　北京市普通高中教育资源空间布局成因及优化措施

6.3.1　空间布局的成因

为了分析的方便，以及探讨示范性高中与一般性高中选址原因的差异，本章基于将建校时间与学校资源等级相结合，整合成 8 种类型的学校（表 6-14）。

表 6-14　北京市普通高中建校时间和空间分布构成

级　别	建校时间	编　号	总　数	首都功能核心区	城市功能拓展区	城市发展新区	生态涵养发展区
示范性高中	1949 年以前	TS1	28	15	7	4	2
	1949—1978 年	TS2	39	11	17	7	4
	1979—1999 年	TS3	6	1	1	3	1
	2000 年及以后	TS4	1	0	0	0	1
一般性高中	1949 年以前	TB1	26	20	3	3	0
	1949—1978 年	TB2	82	17	37	24	4
	1979—1999 年	TB3	45	9	23	9	4
	2000 年及以后	TB4	40	4	23	9	4

资料来源：作者根据资料自行分析完成。

1. 示范性高中

从时间尺度分析，示范性高中的选址受历史因素影响很大。在统计的 74 所示范性高中里（图 6-21），有 28 所建于 1949 年以前，39 所建于 1949—1978 年，即新中国成立的前 30 年，改革开放以来新建的示范性高中所占比重仅 9%。可见，学校的历史积淀和校风传承对学校资源的质量有较大影响。

从具体空间上分析，1949 年前建校的示范性高中集中在东城区和西城区，这主要受当时北京的城市发展水平影响。20 世纪初，北京市的建成区仅限于现在的首都功能核心区，主要的城市人口在此集聚，因此，在近代西方教育思想下催生的学校也主要分布于此。1949—1978 年建校的示范性高中主要集中在城市功能拓展区和首都功能核心区。一是由于城市建成区位于这两个区域，服务于城市人口和特殊群体(以高级干部子弟为主)的学校主要分布于此,这些区域吸纳了主要的优质教育资源;二是一批高等院校筹建附属中学,这些附属中学依托高等院校的优质资源而得到迅速发展,例如人大附中、北大附中、北师大二附中等。改革开放以后建校的示范性高中很少,学校选址从主城区向郊区迁移,直接原因是示范性学校在郊区建设分校,促进了优质资源的扩散,例如7所示范性高中中有4所是北京师范大学的附属中学,分布在房山、平谷和密云等远郊区县。深层原因是随着城市化进程的推进,郊区尤其是远郊区对优质教育资源的需求日益增加,由此推动了合作办学的兴起。

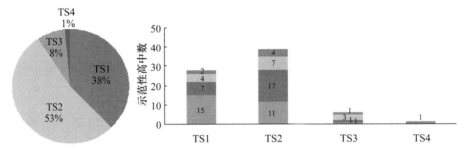

彩图 6-21

图 6-21 示范性高中的建校时间和空间分布构成

2. 一般性高中

与示范性高中类似,受城市发展水平和人口分布的影响,1949 年前建校的一般性高中主要集中在首都功能核心区,该类学校的选址可以视为历史因素影响的结果(图 6-22)。1949—1978 年是北京市新建高中的繁荣期,而且新建的学校遍及北京市主城区、近郊区和远郊区。其原因主要有三点:第一,新中国对教育事业十分重视,在计划经济体制和百废待兴的现实下,国家结合行政区划布局了众多公立高中学校;第二,高等院校建设附属高中,这一时期新建的附属高中多达 18 所(不包括示范性的附属高中),海淀区是高等院校的集中城区,从而带动城市功能拓展区内新建高中学校数量的激增;第三,城市发展和人口增加导致的需求增加。

1979—1999 年新建学校以私立学校为主,随着社会主义市场经济的发展,国家逐步放宽了对教育市场的限制,大量私立学校如雨后春笋般涌现;2000 年以来新建学校以特色学校(如国际学校、外语学校等)和分校为主,这是教育需求多样化和优质资源扩散的结果。

从空间上看,1979 年以来新建学校主要集中在城市功能拓展区,城市发展新区和生态涵养发展区稳步增长。一方面,在市场经济的推动下,北京市迎来了新一轮城市化高潮,城市空间不断向外拓展,海淀区、朝阳区、丰台区和石景山区逐渐融入主城区,形成新的城八区格局。城市化与城市人口膨胀是同步的,人口的增加直接导致对教育资源需求的增加。由此带来城市功能拓展区内新建高中数量的持续、快速增长。另一方面,逆城市化的出现以及高房价导致的居住人口外迁,促使新建学校在城市发展新区和生态涵养发展区布局。

汇总北京市一般性高中与示范性高中建校时间与空间分布成因如图6-23。

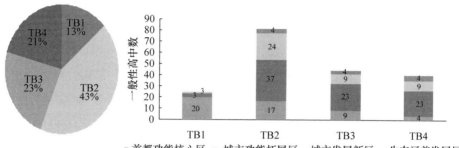

彩图 6-22

图 6-22　一般性高中的建校时间和空间分布构成

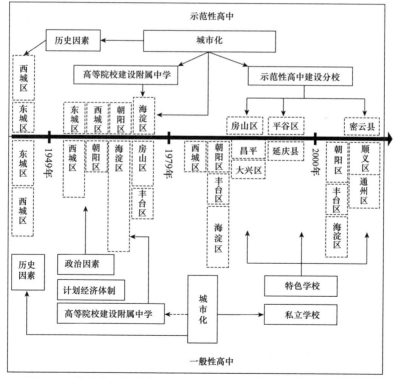

图 6-23　北京市一般性高中与示范性高中建校时间与空间布局成因

6.3.2 空间布局的优化措施

教育资源的空间布局失衡是北京市教育事业发展面临的主要问题之一,空间布局失衡表现为供给不足与需求不足在区域内同时存在、优质教育资源分配不均等。因此,空间布局优化措施的根本在于促进教育资源合理配置,满足城乡居民对一般教育资源和优质教育资源的需求,最终实现教育公平。

1. 规划引导措施

西城区是北京市教育资源高度密集区,但一般教育资源的有效利用率低:一方面学校数量众多且服务面积偏小、服务人口偏少;另一方面学校开放程度偏低(本区招生比重高达92.4%)且对外供给能力偏弱,教育资源供过于求,造成了资源的闲置浪费。在优质教育资源方面,西城区资源十分丰富而且对外供给能力强。因此,西城区的空间布局调整的重点是促进一般教育资源的扩散,主要措施包括减少一般性高中的本区招生指标,增加对外区的招生指标;撤销或合并规模偏小、特色不明显且教学质量偏低的学校,将其教育资源(师资)分配给供给不足的区县。对于优质教育资源的引导措施主要包括:一是适当扩大对外招生指标,并增加住宿生的比重,为其他区县优秀学生在西城区入学提供便利;二是鼓励教育资源充足的示范性高中到资源不足的区县创办分校或合作办学,实现优质教育资源的空间扩散与整合。

东城区的问题与西城区类似,作为北京市教育资源的聚集高地,在就近入学原则下,学校的服务面积偏小,一般教育资源的供给量远大于本地需求量。但是与西城区不同的是,东城区优质教育资源与一般教育资源的对外供给能力都很强,因此规划的重点集中在两方面:一是提高住宿生比重,增强东城区学校接纳外区学生的能力;二是加强示范性高中与其他区县合作,促进优质教育资源的流动。

海淀区也是北京市教育资源密集区,一般教育资源和优质教育资源的对外供给能力都很强,是北京市教育资源主要的供给地区。海淀区一般性高中的服务面积适中偏小,一般教育资源的供需关系总体上较为平衡,但是海淀区内部存在较为严重的空间失衡,典型特征是大量学校供给过剩的同时又有相当比例的学校无法满足周边学生的入学需求。因此,规划引导的重点有两方面,一是整合区域内部一般性高中的空间布局,统筹招生计划,满足本区学生就近入学的基本需求;二是进一步增强优质资源的对外供给能力,鼓励竞争力强、资源充沛的示范性高中对外创办分校以及合作办学。

朝阳区、丰台区和石景山区的情况比较相似,这三个区的学校服务面积适中偏大,但是私立的民办学校数量较多,招生规模偏小,而且有大量不限生源地的招生计划名额,因此一般教育资源的对外招生能力较强,但是本地服务能力偏弱。对于优质教育资源,三个区基本能实现供需平衡。因此,规划引导的重点是扩大现有一般性高中的招生规模,增加本区招生指标,在发展民办学校、增强办学特色的同时抓好办学质量。

顺义区虽然处于远郊区,学校服务面积偏大,但是优质教育资源和一般教育资源都较为充裕,且对外供给能力较强。顺义区有三所新中国成立初期成立的示范性高中,2000年以来新建了三所一般性高中,其中两所是以分校模式创办。顺义区规划的重点是在满足本区就近入学需求的同时,增强对周边区县的辐射能力,争取成为北京市远郊区县的教育高地。

昌平区、通州区和怀柔区的教育资源供需关系总体平衡,其中昌平区的一般教育资源供给很强。受人口密度影响,这三个区县的学校服务面积较大,但是住宿生比重很高,有力地缓解了就近入学问题。规划发展的重点是紧密结合城市化进程和人口变化趋势,适当超前建设一般性高中。因为这三个区紧邻海淀区和朝阳等城市化"一线"地区,而且都属于北京市重点规划发展的新城区,随着轨道交通,尤其是地铁的密集化建设,这三个区的城市化进程将进一步加快,因此,适当超前建设一般性高中是十分有必要的。

房山区、大兴区和延庆县的一般教育资源供给较为充足,基本能满足本区学生的入学需求,但房山区优质教育资源对外部的依赖性较强。因此,规划的重点是加大示范性学校的建设力度,提高区县内示范性学校的招生能力和规模;同时,加强区域合作,鼓励其他地区的优质教育资源流向房山区、大兴区和延庆县。

密云县一般性高中的服务面积太大,一般教育资源供给不足,需要依赖其他区县的供给,但是优质教育资源的自给能力较强,主要得益于引进名校合作办学增强了优质教育资源的供给(2004年创立首都师范大学附属密云中学,2002年创立北京师范大学密云实验中学)。因此,规划的重点是增强一般教育资源的供给能力,鼓励新建一般性高中,鼓励教育资源密集地区增加对密云县的招生指标。

平谷区和门头沟区是北京市教育资源较为贫瘠的区县,普通高中学校数量偏少,服务面积过大,优质教育资源和一般教育资源都较为稀缺,供给能力难以满足本区学生的入学需求,因而对其他区县供给的依赖性较强。规划引导的重点是全面增强教育资源的供给能力,具体措施包括:合理扩大现有学校的办学规模,加强校际合作,提高办学质量;鼓励社会团体和个人创办具有办学特色的一般性高中;增强合作办学,引进竞争力强的示范性高中创建分校。

2. 政策保障措施

(1) 合理统筹规划,科学制订方案

建立制度化、常态化的教育资源调查研究机制,调研的内容包括全市高中学校的布局现状、学校规模、教学质量、师资力量等供给信息,全市适龄人口数及发展趋势、学生的分布、学生择校行为等需求信息,以及学校与居民点的道路交通情况等。利用信息技术和网络技术,构建和完善北京市教育资源空间数据库。通过全面、细致和深入的调研,掌握北京市教育资源的供需现状特点以及存在的问题,从而提高规划和政策措施的合理性与科学性。

以《北京市中长期教育改革和发展规划纲要(2010—2020)》为指导,综合考虑人口发展趋势、城市化进程等因素,制定科学合理的学校空间布局规划方案,加强对学校空间布局的引导,合理确定撤、并、改、扩的对象,明确实施步骤。建立学校空间布局引导政策的信息反馈机制,广泛搜集学生、家长、教师以及社会各界的反馈信息,不断调整和完善各项政策措施。

(2) 引入市场机制,增加教育投入

在发展公立学校的同时,鼓励社会团体及公民个人办学,并严格监督民办学校的教学质量和收费标准,促进民办学校优质化和特色化发展。这既可以缓解公立学校的供给压力,又可以满足居民的多样化教育需求,鼓励形成以政府办学为主、社会和民办教育共同发展的新局面。在加大财政对教育支持力度的同时,积极探索多元化的教育资金筹措渠道,适时进行教育储备金、股份制办学、转制学校、教育券等试点工作,促进教育投资多元化。

(3) 加强资源共享,优化师资配置

加强全市资源共享,建立合理的师资流动机制。例如,一方面建立教师和校长的轮换制度,包括城乡间轮换、校际轮换等,轮换制度有利于保证各校的师资力量和管理水平的相对均衡性,同时促进各校办学经验的交流;另一方面鼓励示范性高中与一般性高中间建立经常性的互动交流机制,示范性高中的优秀教师可以定期到一般性高中开设课程,一般性高中的青年教师可以到示范性高中吸取教学经验。

合理引进师资,通过优惠政策和福利待遇鼓励高校毕业生和外地优秀教师到师资薄弱的远郊区县工作,优先满足教育资源稀缺学校的师资需求。此外,加强师资培训,尤其是加大对一般性高中的师资培训力度,为青年教师的学习和进修提供机会和经费支持。

(4) 调整招生政策,促进教育机会公平

促进就近入学原则与分配指标的有机结合,一般性高中以可达性为基础,按照就近入学原则划分学区,优先满足周边地区学生的入学需求,将因学校分布过于密集造成学区重合而导致的闲置指标分配到教育资源不足地区。对于示范性高中,要综合考虑就近入学原则与生源质量,促进教育机会公平,针对优秀生源,要进一步突破行政区划的限制,扩大招生范围,采取"校-校"合作模式或者"校-区县"合作模式,增加示范性高中在远郊区县的招生分配名额。同时,增加寄宿制学生比重,满足优质教育资源的跨区入学需求。

参考文献

[1] 北京市第五次人口普查办公室. 北京市 2000 年人口普查资料[M]. 北京:中国统计出版社,2002.

[2] 北京市教育考试院. 2010 年北京市高级中等学校招生计划查询[EB/OL]. [2011-03-30]. http://www.bjeea.cn/

[3] 陈旸. 基于 GIS 的社区体育服务设施布局优化研究[J]. 经济地理,2010,30(8):1254-1258.

[4] 陈莹. 基于 GIS 的基础教育资源空间布局研究[D]. 北京:首都师范大学,2008.

[5] 房淑云,窦文章. 区域教育发展理论探索[M]. 太原:山西教育出版社,1997.

[6] 侯明辉. 基于 GIS 的基础教育均衡性评估方法研究——以北京市宣武区小学为例[D]. 北京:首都师范大学,2008.

[7] 胡明星. 基于 GIS 的可达性和空间自相关分析在江阴绿地系统规划中的应用[J]. 中国园林,2010,26(009):20-24.

[8] 胡明星,孙世界. 基于空间自相关分析的城市公共设施空间公平研究——以杭州中心城区中小学布局为例[J]. 建筑与文化,2009(09):48-51.

[9] 胡晓娟,战炤磊. 教育资源优化配置的路径选择——以南京市为例[J]. 南京社会科学,2006(11):147-152.

[10] 黄正东,程建权,沈建武,等. 基于平均出行距离的城市长途汽车客运站布局的评价方法[J]. 武汉大学学报(工学版),2005,6(38):110-114.

[11] 吉云松. 地理信息系统技术在中小学布局调整中的作用[J]. 地理空间信息,2006,4(6):62-64.

[12] 江海燕,周春山,肖荣波. 广州公园绿地的空间差异及社会公平研究[J]. 城市规划,2010,34(4):43-48.

[13] 林康,陆玉麒,刘俊,等. 基于可达性角度的公共产品空间公平性的定量评价方法——以江苏省仪征市为例[J]. 地理研究,2009,28(1):215-224.

[14] 刘有军,晏克非. 基于 GIS 的停车换乘设施优化选址方法的研究[J]. 交通科技,2003,4:85-87.

[15] 陆军. 地方公共产品空间研究导论:一个即将的前沿领域[J]. 河北大学学报(哲学社会科学版),2010,35(5):66-72.

[16] 罗明东. 教育地理学[M]. 昆明:云南大学出版社,2002.

[17] 牛慧. 长春市规划小学空间布局的合理性评价[D]. 长春:东北师范大学,2008.

[18] 宋正娜,陈雯,袁丰,等. 公共设施区位理论及其相关研究述评[J]. 地理科学进展,2010,29(12):1499-1508.

[19] 汤国安,杨昕. ArcGIS 地理信息系统空间分析实验教程[M]. 北京:科学出版社,2006.

[20] 唐名华. 基于 GIS 的多种出行目的的城市交通可达性分析方法与技术[D]. 重庆:重庆大学,2005.

[21] 唐少军. 基于 GIS 的公共服务设施空间布局选址研究[D]. 长沙:中南大学,2008.

[22] 王伟,吴志强. 基于 Voronoi 模型的城市公共设施空间布局优化研究——以济南市区小学为例[C]//王伟. 和谐城市规划——2007 中国城市规划年会论文集. 哈尔滨:黑龙江科学技术出版社,2007.

[23] 吴建军,孔云峰,李斌. 基于 GIS 的农村医疗设施空间可达性分析——以河南省兰考县为例[J]. 人文地理,2008,5:37-42.

[24] 谢慧,李沁. 武汉市普通中小学校布局规划探索[J]. 规划师,2005,21(11):50-53.

[25] 杨慧. 上海市基础教育均衡发展研究[D]. 上海:上海师范大学,2005.

[26] 尹海伟,孔繁花,宗跃光. 城市绿地可达性与公平性评价[J]. 生态学报,2008,28(7):3375-3383.

[27] 张霄兵. 基于 GIS 的中小学布局选址规划研究[D]. 上海:同济大学,2008.

[28] 张雪峰. 基于 GIS 的巩义市农村中小学空间布局分析[D]. 郑州:河南大学,2008.

[29] 章程. 基于 GIS 的城市公共设施规划分析模型的计算机实现[D]. 重庆:重庆大学,2008.

[30] 赵丹,郭清扬. 促进教育资源共享:国外发展中国家学习合并的重点和启示[J]. 外国中小学教育,2008(9):60-65.

[31] 朱华华,闫浩文,李玉龙. 基于 Voronoi 图的公共服务设施布局优化方法[J]. 测绘科学,2008,33(2):72-74.

[32] AUSTIN C M. The evaluation of urban public facility location:An alternative to benefit-cost analysis[J]. Geographical Analysis,1974,2(6):135-145.

[33] AUSTIN M,SMITH T E,WOLPERT J. The implementation of controversial facility-complex programs[J]. Geographical Analysis,1970,4(2):315-329.

[34] CHURCH R,REVELLE C. The maximal covering location problem[J]. Papers of the Regional Science Association,1974,1(32):101-118.

[35] CHURCH R,REVELLE C. Theoretical and computational links between the p-median, location set-covering, and the maximal covering location problem[J]. Geographical Analysis,1976(12):406-415.

[36] CLARKE G. Applied spatial modeling for business and service planning[J]. Computers,Environment and Urban Systems,1977,21:373-376.

[37] COX K R. Conflict,Power and Politics in the City:A Geographical View[M]. New York:McGraw-Hill,1973.

[38] DEVERTEUIL G. Reconsidering the legacy of urban public facility location theory

in human geography[J]. Progress in Human Geography, 2000, 24(1): 47-69.

[39] DOERNER K F, GUTJAHR W J, NOLZ P C. Multi-criteria location planning for public facilities in tsunami-prone coastal areas[J]. Or Spectrum, 2009, 3(31): 651-678.

[40] DREZNER Z, HAMACHER H W. Facility Location: Applications and Theory [M]. New York: Springer, 2002.

[41] GEURS K T, VANECK J R R. Accessibility measures: Review and applications [R]. Bilthoven: National Institute of Public Health and the Environment, 2001.

[42] HAKIMI S L. Optimum location of switching centers and the absolute center and medians of a graph[J]. Geographical Analysis, 1964, 3(12): 450-459.

[43] HANSEN W. How accessiblility shapes land use[J]. Journal of the American Institute of Planners, 1959, 2(25): 73-76.

[44] JONG T D, VANECK J R. Location profile-based measures as an improvement on accessibility modeling in GIS[J]. Computers, Environment and Urban Systems, 1996, 3 (20): 181-190.

[45] KHUMAWALA B M. An efficient algorithm for the p-median problem with maximum distance constraints[J]. Geographical Analysis, 1973 (12): 309-321.

[46] PARSONS E, CHALKLEY B, JONES A. School catchments and pupil movements: A case study in parental choice[J]. Educational Studies, 2000, 26 (1): 33-48.

[47] SLAGLE M. GIS in community-based school planning: A tool to enhance decision making, cooperation, and democratization in the planning process[D]. Ithaca: Cornell University, 2000.

[48] TAYLOR R G, VASU M L, CAUSBY J F. Integrated planning for school and community: The case of Johnston county, North Carolina[J]. Interfaces, 1999, 29(1): 67-89.

[49] TEITZ M B. Toward a theory of urban public facility location[J]. Papers in Regional Science, 1968, 21(1): 35-51.

[50] TONG D, ALAN T. Murray maximizing coverage of spatial demand for service [J]. Papers of the Regional Science, 2008 (3): 85-96.

[51] TOREGAS C, REVELLE C. Optimal location under time or distance constraints [J]. Papers of the Regional Science Association, 1972, 1 (28): 33-43.

[52] WATHNE C L, SMITH W J. Geography of Educational Attainment in the Atlanta Region[R]. Atlanta Census 2000 Report Series, 2000.

[53] WHITE A. Accessibility and public facility location[J]. Economic Geography, 1979, 1(55): 18-35.

第 7 章 北京市电影院空间布局及供给研究

文化娱乐产业通过娱乐大众、吸收就业、提供服务诸多方式促进社会建设和经济发展。电影院作为文化娱乐产业的重要组成部分，承载着为公众提供高质量影片观赏服务的责任，参与构建了一个地区的文化空间格局。北京市文化娱乐产业始终处于全国前列，拥有数百家电影院，但空间布局上也存在失衡现象。当前，北京市致力打造"具有国际文化影响力的世界都市"，在很长时期内，文化娱乐产业都将是发展重点，电影院的空间匹配研究具有重要现实意义。

7.1 电影院空间研究的文献综述

7.1.1 关于我国电影院的发展研究

我国电影院的发展研究总体上已从最初的影剧院历史发展研究，过渡到研究电影经济、电影市场、影剧院营销、文化产业、文化设施等众多方面。张明明(2004)回溯到 20 世纪 20 年代，研究了草创时期北京新式电影院的营建与经营历程，指出娱乐场所分布与商业密切相关，北京市南北城区的电影院分布差异很明显。乔柏人(2006)概括了 19 世纪末以来，中国电影院设备、选址、影片多方面的发展变化。杨晓川将专门上映电影的电影院以及兼有电影和剧目的影剧院合称为"观演文化娱乐综合体"，对兼有放映功能的综合体进行了汇总研究,拓展了电影院的概念范围。总体上,各国文化背景、政策制定、经济发展等实际状况存在差异,对电影院的概念、内涵和外延的界定也各有不同,但电影院作为播放电影的重要机构功能是公认的。因此,本章不对电影院与兼放电影的剧院等播放综合体进行区分,仅以电影院作为主要研究对象。

7.1.2 关于北京市电影院的历史沿革研究

抗日战争前,北京有 30 多家电影院,但抗战期间战事吃紧,北京市电影院逐渐减少。1949 年新中国成立时,北京有 26 家电影院。20 世纪 50 年代,首都电影院建成第一家宽荧幕立体声电影院。20 世纪 60 年代,北京市电影院迎来繁荣。20 世纪 80 年代,改革开放推动了思想解放,电影院的发展突飞猛进。进入 21 世纪,北京市电影院发展进入黄金时期,建设和引入了大量高端影院及院线(科技网,2010)。有些学者通过北京市电影院发展的"断代史"研究发现,北京市电影院和公共文化服务设施发展不断完善。李微(2005)认为,电影院同时反映了市民娱乐生活以及人们的身份等级、经济条件和文化上的差别,电影院反映了近代北京独特的城市文化特征。柳迪善(2011)梳理了新中国成立前后电影的空间功能,指出新中国成立后电影院具有意识形态转型的基本功能。兰俊、朱文一(2011)研究提出,2002 年的电影产业院线制改革刺激了北京市电影院建设,新建电影院从建筑设计、建造、室内装修到工艺装置都采用高于以往的标准,北京市电影院整体等级显著提高。他们还发现,北京市电影院整体上是一种中心城区娱乐业集聚的模式,电影院分布靠近交通线,逐渐向郊外扩展,新建电影院与商业中心密切结合。郭小婷(2012)探讨了新中国成立前北京城区影院空间的分布构成。在西城区,影剧院伴随大学、中学和职业技术学校等教育机构集中,也出现集聚。而南城的电影院,是老茶园和戏园之类经营场所的延伸。

7.1.3 关于电影市场的研究

袁俊萍(2005)运用营销策划的定位理论,针对我国电影行业存在的垄断经营、产品同质、票价高昂、设施老旧等问题,提出区分受众的目标市场定位、分时段分影片的票价定位和多种促销手段,来改善经营效益。魏宗财等(2007)运用 ArcGIS 和 SPSS 软件建立数据库,研究深圳市域内现存的市、区两级政府设置的大型公益性文化设施的时空分布格局。研究发现,受经济投入、人口分布、交通区位和公共投资政策等因素的影响,包括影剧院在内的整体公共文化设施出现高度集中、区际差异大的现象。徐海龙(2008)分析指出,电影院应通过电影院内屏幕数量、厅数以及服务员人数和服务质量等方面的服务差别化战略,来影响不同消费者的观影习惯,实现收益最大化。面对高校电影院顾客流失的问题,梅琳(2008)通过调查问卷分析了学生爱电影却鲜入影院的矛盾,指出技术进步和网络资源的高可达性、电影院票价高、影片质量良莠不齐是问题的原因。温韬(2009)通过发放问卷、深度访谈和 SPSS 数据分析构建了由促销展示、影院环境、服务功能质量、预期影片质量、便利性、合理价格构成的电影院顾客体验模型,为电影院营销提供了理论参考。陈旭光、肖怀德(2009)将影院营销与发展文化创意产业结合起来,提出开发电影产业链条,主张将品牌活动、差异化经营、个性化服务等营销手段作为电影院应对市场竞争的手段。

7.1.4 关于电影院的需求研究

Cameron(1990)使用方程拟合了英国 1966—1983 年电影院上座率(attendance)与价格的关系,并计算出了需求价格弹性。Blanco 和 Pino(1997)使用协整分析(cointegration analysis)预测了西班牙电影院需求方程,他们建立的理论模型包括票价、替代商品价格、收入、影响消费者偏好的其他要素(电视和录像机)等自变量。研究发现,长期中需求对价格的弹性较大,但不同时段内的弹性变化也较大。侯志辉(2007)发现,高收入、高消费倾向的城市白领和学生是观影人群的主体,且 20~24 岁观众比重最大。人们的电影消费受到收入水平、影院便利程度、服务质量、周边消费设施完善程度的影响。Yamamura(2008)分析 1990—2001 年日本 47 个地区统计数据发现,电影院的交通可达性和人际互动网络的发达程度,与电影院上座率紧密相关。文章提出新建电影院应建立在市场竞争少且社会信息网络资讯发达的区域。杨永安等(2008)指出,观众追求新奇的放映手段和技术,如巨幕电影、数字电影等,且观影活动集中在周末,观众希望参与电影相关活动。电影院应以此作为观众评价观影体验的标准,改进营销手段。黄霖(2010)指出,经济是影响电影院空间分布的主要因素,GDP 增长、票房收入与居民收入提高,将形成发展性需求,使得电影院数量增长;电影院区位分布则受到人口分布、人口密度、交通系统的便捷可达性、城市边缘地区的商业购物网点、休闲娱乐设施是否完善等因素决定。赵勇(2011)研究指出,重庆商圈具有高度区域凝聚力,商业、文化、娱乐高度繁荣,引导电影娱乐产业也集聚于此。且电影院是实体空间也是文化空间,电影消费受到人的价值观、世界观、审美趣味和主体性身份地位等因素影响。

7.1.5 关于电影院空间分布的研究

段成荣、谭砢(2002)研究宁波城市新区公共文化设施规划时,根据人口规模、自然特征、社会经济特征和城市定位等指标,进行国内外城市的比较分析,计算得出全国各级规模城市和 10 个参照城市公共文化设施的平均建设密度,即城市公共文化设施数量/城市人口数,确定在 50 万人口规模的宁波新区新建

8个影剧院。张景秋(2004)回顾了北京市20世纪50年代以来包括展览馆、博物馆、影剧院等多种文化设施的空间布局特点。文章提出，文化设施布局的市民大众文化功能相对缺乏，未来北京市各城区应根据自身历史条件和现有发展环境打造文化特色，明确文化功能定位。左伟(2009)以青岛市文化空间历史变迁为背景，探索了电影院空间布局的变化。但该文并未对空间供求布局的均衡和变动关系做出解释。黄霖(2010)采用纵向时间序列方法研究指出，城市经济和居民收入增长催生了高端休闲消费需求；城市交通网络格局影响影院的空间布局，人口、交通是电影院分布的参考因素；城市化扩展了城区的范围，导致电影院在郊区开始布局。北京市电影院分布由核心区向东西方向发展和北部环状发展，与各种交通线路的走向匹配；电影院向大型居民社区扩展。目前一系列电影院开始进驻新兴居住社区，如望京的星美国际影城、回龙观的星美影院、东四环的东都影城等，不仅解决了居民看电影难的问题，还通过实施市场补缺策略获得了较高票房收入。周岩(2011)采用空间可达性方法，运用ArcGIS测量电影院与交通系统关键要素的空间距离，建立城市电影院、停车场、公交站点、地铁站点的地理空间数据库，对北京市区电影院空间布局进行了交通可达性评估。田冬迪、芮建勋、陈能(2011)建立了空间格局分析的描述性指标，在PostgreSQL＋PostGIS平台基础上，基于上海市含电影院在内的公共文化设施数据，建立了上海市公共文化信息空间数据库，并通过构建SQL3空间查询分析的语句及均值中心点、紧密度指数、最近邻指数等数量特征模型，实现了对各种设施的空间分布格局、空间分布均衡性、人均拥有量等的GIS空间查询与分析。兰俊、朱文一(2011)提出，地理位置、交通便利程度、商业中心繁华程度是影响北京市影院空间布局的主要因素；此外，由于独特的社会经济环境，北京市的影院有向郊区扩展并在城区和郊区"超大社区"形成"超大影院"的趋势。

基于本章理论和空间分析的需要，在此将迄今具有代表性的电影院空间分布研究方法归纳如表7-1。

表7-1 电影院空间分布研究方法

研究方法	原理	特点	代表研究成果
比较分析法	根据人口规模、自然特征、社会经济特征和城市定位等指标，选取目标城市，计算并比较分析全国各级规模城市和参照城市的电影院设施平均建设密度水平	方便快捷，但只能确定区域内影院等文化设施数量，无法深入分析区位影响因素	段成荣、谭珂，2002

续表

研究方法	原理	特点	代表研究成果
空间可达性方法	运用 ArcGIS 测量电影院与交通系统要素的空间距离,建立影院、停车场、公交站点、地铁站点等城市地理空间数据库,评估电影院的交通可达性	精确度高,但仅分析交通可达性,无法全面覆盖电影院空间分布的其他影响因素	周岩,2011
引力模型法	假设城市系统的封闭性和城市间要素线性双向流动。忽略城市外部影响,忽略现实中城市要素之间呈网状非线性流动状态。采用引力模型和断裂点公式来确定引力的规模	可清晰显示电影院和其他公共设施之间的引力关系,有利于发现区域内电影院空间布局的主要规律	朱道才 等,2011
最小距离法	将居民出发地和城市公共设施抽象为点,计算居住地与最近公共设施的距离,以此表达城市公共设施的可达性	易于理解和计算,但采用何种人口聚居区及其代表点的抽象方式会影响计算结果	Smoyer-Tomic、Hewko、Hodgson,2004
基尼系数法	基尼系数数值在 0~1 之间变化,数值越大表示集聚程度越高。计算公式为:$$G = \sum |X_i - x| / [\sum X_i + (N-2)x]$$ 其中,G 为基尼系数;X_i 为第 i 个地域单元内公共文化设施的平均密度;x 为公共文化设施在全部地域单元的平均密度;N 为地域单元总数	反映某公共文化设施在区域内的聚散程度,量化计算一个区域内公共文化设施的集聚程度,得到城市内某设施的供给状况	李倩 等,2012
区域间差异系数法	衡量各区域间公共文化设施分布的差异程度,计算公式为:$$CV = \delta_i / x$$ 其中,CV 表示带间差异系数;δ_i 表示标准差;x 表示公共文化设施在地域内分布的平均密度	与基尼系数类似,可以测算出一地区公共文化设施如电影院等的空间分布差异	李倩 等,2012
简单缓冲区法	划定公共设施的服务范围,以公共设施为中心,以最大服务距离为半径建立缓冲区,区内居民可享受公共服务设施提供的服务	未考虑城市设施异质性,容易夸大公共设施服务范围,高估可达性	Li、Liu,2009

资料来源:作者根据相关文献综合整理而成。

总体上,通过文献研究发现,目前我国对电影院空间分布研究存在短板。第一,目前文献对影剧院的区位影响机制研究不足,单以数量来总结并不能说明影剧院布局的合理性,甚至可能因此忽视影剧院满足居民娱乐生活需求的质量和能力。第二,对电影院空间分布的研究,通常缺乏实际数据支持和事实依据。第三,现有研究也忽视了对电影院供给水平的差异化分类研究,未依据一定标准对电影院供给进行分类。第四,对电影院兼具商业营销策略和公共服务职能,未进行空间机理的研究区分。

7.2 研究内容与研究范围

本章以满足日常观影需要的基本公共服务为视角,以街道为尺度,以北京市电影院布局为对象,研究北京市电影院的空间分布特征、不同标准电影院的分类和综合得分,以及各街道、乡、镇、地区(以下简称街道)电影院的供给能力。考虑到中心区、新区、郊区和农村的电影院需求差异巨大,且不同群体对播放电影的电影院公共消费具有差异化的偏好,本章拟包含北京市的所有各区县。但根据第六次全国人口普查数据以及对北京市各街道的人口作IDW空间差值发现,城六区和大兴、昌平、通州九个区的人口密度均高于1000人·km^{-2}(表7-2),且区内电影院比较密集,均超过其他区域(图7-1)。因此,本章将以上述九区作为研究对象。

表7-2 北京市各行政区基本情况

行政区划	常住人口数/人	面 积/km^2	人口密度/(万人·km^{-2})
西城区	1 243 000	50.53	2.4599
东城区	919 000	41.86	2.1954
海淀区	3 281 000	430.73	0.7617
朝阳区	3 545 000	455.08	0.7790
石景山区	616 000	84.32	0.7306
丰台区	2 112 000	305.80	0.6906
大兴区	1 365 000	1036.32	0.1317
通州区	1 184 000	906.28	0.1306
昌平区	1 661 000	1343.54	0.1236
顺义区	877 000	1019.89	0.0860
房山区	945 000	1989.54	0.0475
平谷区	416 000	950.13	0.0438
密云县	468 000	2229.45	0.0210
门头沟区	290 000	1450.70	0.0200
怀柔区	373 000	2122.62	0.0176
延庆县	317 000	1993.75	0.0159

注:根据北京市2010年第六次全国人口普查主要数据公报整理而成。

彩图 7-1

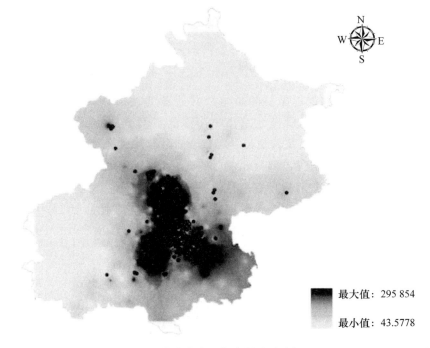

最大值：295 854
最小值：43.5778

图 7-1 北京市人口与电影院分布概况

7.3 研究方法与技术路线

作者将采用两类主要的研究方法：① 分类研究法。分类研究法是定性和定量研究中基本的研究方法，也是社会科学中非常重要的研究方法。作者多次用到分类研究法，如在研究电影院供给状况时对电影院按厅数和座位数、服务员数量、放映质量和电影院性质分类，对缓冲区按照可达性水平分级等。② 缓冲区分析法。缓冲区分析用来解决邻近度问题，是 GIS 空间数据处理的重要工具。作者基于 ArcGIS 9.3 的缓冲区分析法确定北京市电影院的服务范围，并对电影院可达性程度进行分级显示，进而将电影院缓冲区图层与行政区划图层叠加，进行各街道公园的供给总量分析和供求匹配度分析。

7.4 数据搜集、预处理

7.4.1 电影院的概念、分类与赋值

电影产业是文化产业的重要组成，电影院则掌控着电影产业的终端市场，向上影响影片的生产制作，向下控制影片的发行放映和后产品的开发、营运（徐

春玲,2006)。电影院通常以营利为目的,我国也存在满足大众文化生活需求的社区电影院、工人电影院等。

本章以为观众放映电影的场所作为研究对象,不再区分电影院与兼放电影的剧院等各类播放综合体,将对外营业的专业影院和文化宫(馆)、俱乐部、影剧院及礼堂等都统称电影院。

按照质量标准来分,电影院分为特、甲、乙、丙四个等级。按照原国家广播电影电视总局下达的执行国家标准化管理委员会〔2002〕41号文件,我国各电影院依照设备和设施、视听技术条件、服务质量等标准被分为五个星级。但实际调查发现,北京市的电影院进行星级评定的非常少,且该星级分类标准条目繁多,在短时间内很多数据均难以测量。本章主要基于规模、放映质量和职工数三个因素对电影院进行分类,并以指标赋值的方式来衡量电影院供给能力(表7-3)。

表7-3 电影院分级评分

一级分类	二级分类	对应评分
电影院规模	特大型(>1800座或10厅)	7
	大型(1200～1800座或8～10厅)	5
	中型(700～1200座或5～7厅)	3
	小型(<700座或5厅)	1
电影院放映质量	胶片电影院	1
	数字电影院(分为1.3K,2K,4K 三类)[①]	3,4,5
	3D/IMAX 电影院(分为3D,双机,IMAX)[②]	7,8,9
电影院在职服务人员数	<11人	1
	11～20人	3
	21～30人	5
	>30人	7
是否综合、专业、或单一类影院	综合类	5
	专业类	3
	单一类	1

注：根据专家打分整理而成。

① 国际标准：2K 数字放映。国内标准：定义更宽泛,达到1.3K 放映水平即可定义为数字电影院。数字电影院必须全部或大部分使用数字放映设备,才能称为数字电影院。放映机分辨率从高到低分为 4K,2K,1.3K,0.8K。区别：4K(数字机分辨率为4096×2016,825万像素)是最高端,大城市都极少。并且4K 可以同步的电影,2K 都有。4K 的设备只有在宽20 m 以上的银幕上才能看出与2K 的效果差距。2K(数字机分辨率为2048×1080,221万像素)是国际标准机。1.3K(数字机分辨率为1280×1024,131万像素)是国家标准机。0.8K(数字机分辨率为1024×768,78.6万像素)是农村放映机。在这里0.8K 不在本章讨论范围。以上数字设备标准,我国均已颁布了暂行技术规范。

② 传统的 3D 放映技术只运用一台机器进行播放，比较昏暗，虽然相对于普通效果的电影来说，有一定的立体感，但还是不能满足影迷对于立体震撼效果的追求。尤其是大银幕放映，因数字放映机的光效利用率问题，亮度一直是困扰 3D 放映的难点。双机巨幕就是通过两台放映机进行 3D 放映的电影，即用两台数字放映机分别模拟人的左眼和右眼，立体感强，亮度高，是传统 3D 技术的跨越式升级。极大地弥补了单机 3D 画面亮度不足，画面更加平滑流畅，全无高频闪烁和画面模糊现象，消除了单机 3D 系统放映的长时间观看带来的视觉疲劳和眩晕感。它仅次于目前图像质量最好的 IMAX 3D 放映系统，但免除了 IMAX 3D 昂贵成本和改造条件的限制。色彩鲜艳程度可与 IMAX 3D 放映效果媲美，再配上高品质的金属银幕，观众的视听感受会更加强烈，也看得更加过瘾。正是如此，国内很多一线城市的影迷对于双机 3D 的追捧不亚于 IMAX 3D，观看双机 3D 电影成为影迷新时尚。IMAX 电影院（IMAX cinema，IMAX theatre）是指专门放映 IMAX 电影的场所或影院。截至 2009 年年底，IMAX 影院在全球共有超过 400 家，分布在 40 个国家和地区。

7.4.2　北京城市电影院的数据来源

本章借助百度地图、谷歌地图搜集关键词的方法，搜集电影院的信息，然后去掉不再经营的，最后累计得到 119 个电影院数据（表 7-4）。

表 7-4　电影院的评分与计算方式

影院名称	地理地址	地理坐标	电话	X	Y	厅数和座位数	厅数和座位数打分	电影院放映质量打分	所有在职服务人员数量	所有在职服务人员数量打分	每天放映场次 & 营业时间	营业时间系数	是否是综合类或专业类、单一类电影院（性质打分）	综合得分1	综合得分2	综合得分等级

注：综合得分 1＝7×厅数和座位数打分＋5×电影院放映质量打分＋3×所有在职服务人员数量打分＋5×性质打分。综合得分 2＝综合得分 1×营业时间系数。综合得分等级划分标准为：大于 120，为一级；大于 100，小于等于 120，为二级；大于 80，小于等于 100，为三级；大于 60，小于等于 80，为四级；大于 40，小于等于 60，为五级；大于 20，小于等于 40，为六级；大于 0，小于等于 20，为七级。

地理坐标运用了谷歌地图实验室中的经纬度标记功能。部分信息借助时光网获得，网上无法查询到的信息，大部分通过电话询问得到。然而有些电影院在网络上缺乏相关真实信息和有效电话，或者致电问讯后因为工作人员对某些信息并不清楚或不同意透露，导致部分信息缺失。在信息查询工作中，累计 24 家电影院缺少在职服务人员信息，包括几种情况：电话无法拨通（电影院没有在 114 查号台登记，导致无法查询号码）；电话为语音智能，没有人工服务；接通电话后工作人员不清楚该情况或不方便透露而拒绝回答。去除 0 值后计算得所有影院的在职服务人员得分平均值为 4.244 898，因此以 4 分作为无法得到该数据的电影院此项指标得分。

7.5 北京市电影院的空间布局与供给特征

7.5.1 电影院的总体布局情况

北京市电影院分布及等级见图 7-2。

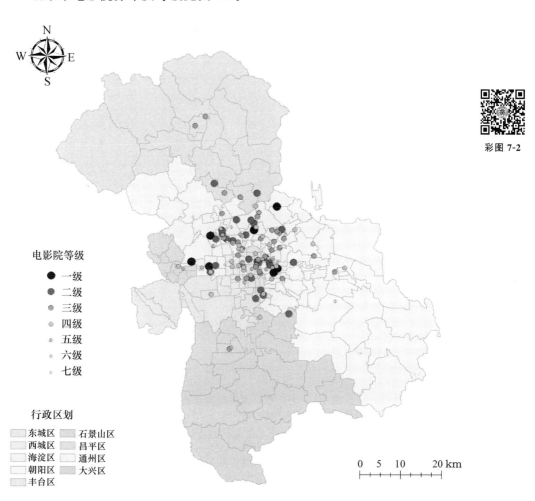

图 7-2 北京市电影院分布及等级

1. 厅数和座位数分类分布情况

北京市电影院厅数和座位数打分见图 7-3。

174　从失配到适配：北京公共产品空间匹配循证分析

彩图 7-3

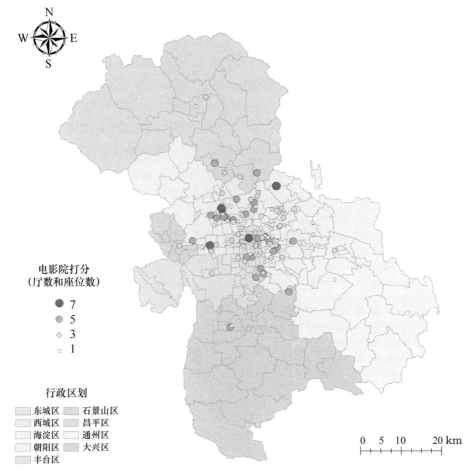

图 7-3　北京市电影院厅数和座位数打分

以厅数和座位数的规模为标准，大型、特大型的电影院主要分布在东城区、西城区、朝阳区西部和海淀区东部。以长安街为界，北城的大型、特大型电影院数量明显多于南城。特别是丰台区和朝阳区南部的电影院规模与北城存在明显差距。

2. 影院放映质量分类分布情况

北京市电影院放映质量打分见图 7-4。

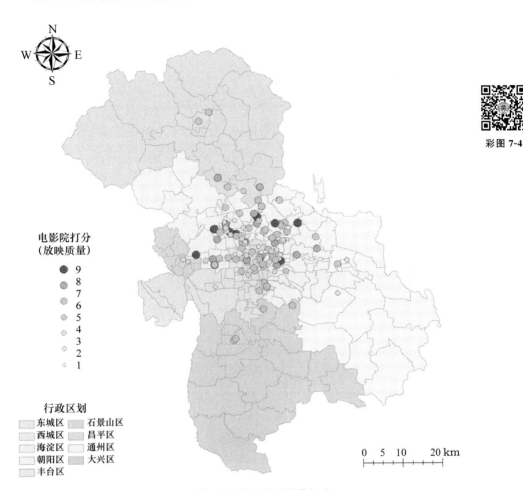

图 7-4　北京市电影院放映质量打分

3. 所有在职服务人员数量

北京市电影院人员数打分见图 7-5。

彩图 7-5

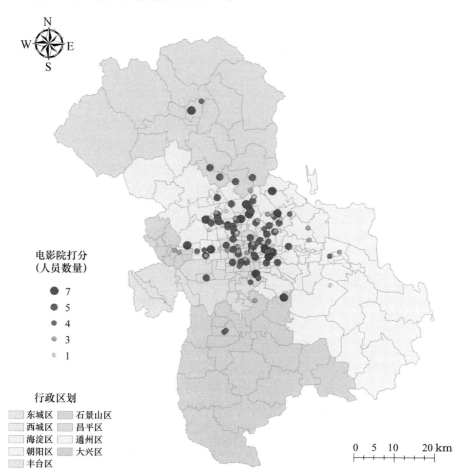

图 7-5 北京市电影院人员数量打分

4. 电影院性质分类分布情况

北京市电影院性质分类打分见图 7-6。

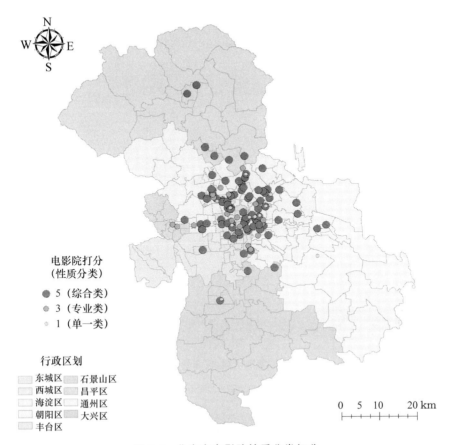

图 7-6　北京市电影院性质分类打分

7.5.2　不同等级的电影院缓冲区分析

本章根据乘坐公交车的时间来将七个等级的电影院分为一级、二级,三级、四级、五级、六级、七级三个级别,建立电影院缓冲区圈层(具体名单及分类在 Excel 数据库中标示)。分别绘制空间分布的点状图,共三张图,并添加缓冲区。缓冲区半径:R(一级、二级电影院)>R(三级、四级电影院)>R(五级、六级、七级电影院)。具体半径的长度,由制图专家根据美观性和直观性来确定。

以上处理为了更加直观地标示各类电影院的空间分布及辐射范围(图 7-7 至图 7-9)。参考示例:一级、二级、三级、四级,五级、六级、七级的电影院 R 分别为 15 km、8 km 和 3 km。估测北京市公交车的平均时速为 15 km·h^{-1},则三个 R 分别对应公交车乘车时间 12 min、32 min、1 h;估测北京市自驾车的平均时速为 30 km·h^{-1},则三个 R 分别对应驾车时间 6 min、16 min、0.5 h。

彩图 7-7

图 7-7　北京市一级、二级影院缓冲区

彩图 7-8

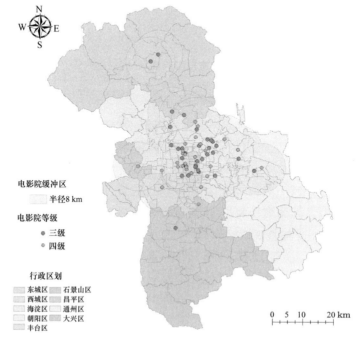

图 7-8　北京市三级、四级影院缓冲区

图 7-9 北京市五级、六级、七级影院缓冲区

通过上述的缓冲区叠加得到北京市中心城区电影院供给指数的空间分布见图 7-10、图 7-11。北京市各街道分布和电影院供给能力见图 7-12、表 7-5。

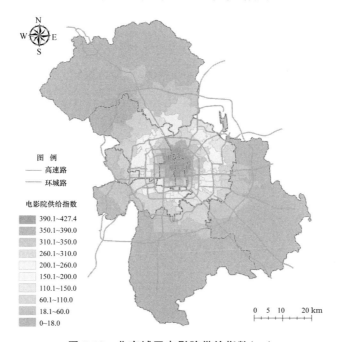

图 7-10 北京城区电影院供给指数（一）

彩图 7-11

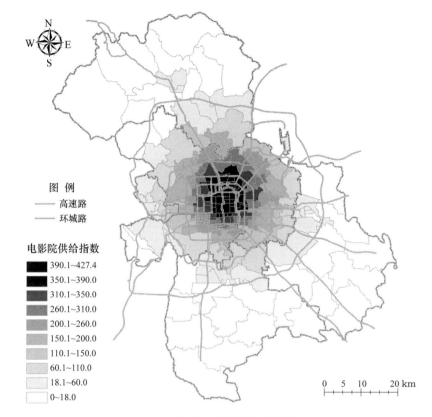

图 7-11　北京城区电影院供给指数（二）

表 7-5　北京市各街道电影院供给能力

名　称	行政区划	面　积/m²	电影院供给指数
长陵镇	昌平区	143 519 338.2	3.599 999 905
十三陵镇	昌平区	69 434 317.16	10.800 000 19
南口镇	昌平区	200 402 905.6	1.799 999 952
兴寿镇	昌平区	154 789 120	1.799 999 952
崔村镇	昌平区	69 358 064.15	7.200 000 048
南邵镇	昌平区	29 970 606.79	16.300 000 19
城北街道	昌平区	17 587 275.54	19.899 999 62
昌平镇	昌平区	18 238 772.39	18.099 999 9
马池口镇	昌平区	62 864 066.19	12.700 000 05
小汤山镇	昌平区	64 698 551.86	25.100 000 26
百善镇	昌平区	33 456 727.26	23.999 999 94

续表

名 称	行政区划	面 积/m²	电影院供给指数
阳坊镇	昌平区	48 749 438.92	1.799 999 952
沙河地区	昌平区	60 095 540.19	33.100 000 08
北七家镇	昌平区	64 567 160.23	85.5
回龙观镇	昌平区	26 436 584.1	111.800 000 1
东小口镇	昌平区	30 509 762.43	162.500 001 1
流村镇	昌平区	269 428 744.9	0
首都机场街道	朝阳区	9 145 595.681	31.200 000 11
黄港乡	朝阳区	19 308 037.93	120.800 000 2
孙河乡	朝阳区	16 750 981.36	117.300 000 4
来广营地区	朝阳区	25 055 713.92	279.200 000 6
崔各庄乡	朝阳区	19 880 346.12	214.900 000 6
洼里地区	朝阳区	15 960 563.17	308.400 000 8
金盏乡	朝阳区	19 573 580.96	124.000 001 2
南皋乡	朝阳区	11 647 879.96	212.4
大屯地区	朝阳区	11 851 035.47	353.200 000 3
楼梓庄乡	朝阳区	29 477 313.35	89.800 000 55
望京街道	朝阳区	10 174 627.31	315.399 999 2
东坝乡	朝阳区	26 512 741.73	171.700 001 5
将台地区	朝阳区	12 053 072.68	273.699 999 6
亚运村街道	朝阳区	5 881 070.45	394.900 003 4
酒仙桥街道	朝阳区	2 779 206.889	303.599 998 1
太阳宫地区	朝阳区	5 820 142.974	375.000 001
小关街道	朝阳区	2 416 594.144	403.200 003 4
和平街街道	朝阳区	3 668 262.212	418.300 002 4
安贞街道	朝阳区	2 765 162.012	427.400 003 4
香河园街道	朝阳区	1 515 314.971	412.300 001 1
左家庄街道	朝阳区	3 196 405.081	406.100 000 8
酒仙桥街道	朝阳区	1 209 533.719	301.700 000 2
东风地区	朝阳区	7 273 779.918	310.900 001 2
麦子店街道	朝阳区	6 649 701.782	346.599 998 8
平房地区	朝阳区	15 336 595.54	232.299 999 9

续表

名　称	行政区划	面　积/m²	电影院供给指数
三里屯街道	朝阳区	3 147 217.89	408.399 999 1
常营地区	朝阳区	9 126 022.739	101.2
六里屯街道	朝阳区	3 516 244.641	301.600 001
团结湖街道	朝阳区	1 248 075.611	360.200 000 6
三间房地区	朝阳区	2 436 061.899	160.799 998 6
高碑店地区	朝阳区	14 197 154.08	197.699 999 3
朝外街道	朝阳区	2 227 868.785	402.499 997 7
八里庄街道	朝阳区	4 155 340.3	283.500 001
管庄街道	朝阳区	5 229 307.351	128.800 000 3
建外街道	朝阳区	5 468 053.907	362.700 000 7
管庄地区	朝阳区	7 641 769.405	107.500 000 4
三间房地区	朝阳区	4 200 302.03	148.999 999 7
南磨房地区	朝阳区	9 617 522.482	239.700 001
双井街道	朝阳区	4 963 196.924	312.800 000 6
黑庄户乡	朝阳区	24 946 928.26	67.300 000 61
豆各庄乡	朝阳区	14 277 345.82	121.500 000 5
劲松街道	朝阳区	4 104 718.59	274.900 001 3
王四营乡	朝阳区	14 848 119.91	165.399 999 1
潘家园街道	朝阳区	2 846 431.377	270.199 999 8
十八里店地区	朝阳区	26 235 585.07	148.299 999 4
垡头街道	朝阳区	3 115 999.622	145.399 999 2
王四营乡	朝阳区	787 845.823 7	150.599 999 3
小红门地区	朝阳区	12 376 362.32	142.000 000 5
呼家楼街道	朝阳区	880 979.415 5	338.200 000 6
呼家楼街道	朝阳区	444 374.213 2	389.699 999
旧宫镇	大兴区	28 842 581.17	95.800 000 49
亦庄镇	大兴区	39 528 523.98	62.900 000 57
西红门镇	大兴区	32 227 057.37	40.499 999 88
黄村镇	大兴区	94 504 418.66	7.300 000 072
瀛海镇	大兴区	41 712 695.25	25.199 999 93
清源街道	大兴区	9 425 962.06	29.099 999 73

续表

名　称	行政区划	面　积/m²	电影院供给指数
兴丰街道	大兴区	16 356 602.24	21.099 999 79
青云店镇	大兴区	68 987 376.33	7.999 999 94
林校路街道	大兴区	18 619 197.76	9.399 999 797
北臧村镇	大兴区	58 278 551.11	1.799 999 952
魏善庄镇	大兴区	85 648 984.73	1.799 999 952
长子营镇	大兴区	58 837 506.69	0
采育镇	大兴区	73 001 939.58	0
安定镇	大兴区	81 002 806	0
庞各庄镇	大兴区	111 797 789.5	0
礼贤镇	大兴区	92 126 108.76	0
榆垡镇	大兴区	142 426 586.1	0
和平里街道	东城区	4 735 858.241	416.100 001 7
东直门街道	东城区	2 114 454.781	414.699 997 7
北新桥街道	东城区	2 774 709.273	413.199 998 5
安定门街道	东城区	1 919 874.173	417.5
交道口街道	东城区	1 456 650.381	415.599 998 8
东四街道	东城区	1 533 799.815	416.099 997 2
景山街道	东城区	1 764 259.811	413.699 998 9
朝阳门街道	东城区	1 188 388.864	395.299 997
东华门街道	东城区	5 405 472.795	399.599 997 8
建国门街道	东城区	2 687 484.37	381.699 998 6
东花市街道	东城区	1 939 188.431	347.699 999 6
崇文门外街道	东城区	1 049 552.826	365.599 999 7
前门街道	东城区	1 047 016.456	373.799 999 5
龙潭街道	东城区	3 102 152.092	306.599 999 7
体育馆路街道	东城区	1 906 324.475	316.899 999 4
天坛街道	东城区	4 104 502.233	319.300 000 1
永定门外街道	东城区	3 467 098.559	265.200 000 1
太平桥街道	丰台区	9 965 274.62	226.100 000 5
卢沟桥街道(卢沟桥乡)	丰台区	28 848 666.96	143.499 999 3
长辛店街道	丰台区	60 560 117.02	31.300 000 73

续表

名　称	行政区划	面　积/m²	电影院供给指数
宛平城地区	丰台区	18 147 411.52	40.200 000 46
方庄地区	丰台区	3 146 682.545	254.499 999 2
东铁匠营街道	丰台区	7 429 385.621	216.599 999 2
右安门街道	丰台区	3 957 538.84	238.600 001 3
王佐镇	丰台区	45 428 303.1	0.699 999 988
云岗街道	丰台区	14 457 428.88	10.500 000 36
丰台街道	丰台区	8 098 899.391	150.399 999 9
西罗园街道	丰台区	3 747 351.073	228.300 001 3
长辛店镇	丰台区	4 042 512.861	35.700 000 58
大红门街道(南苑乡)	丰台区	12 543 417.7	175.100 000 5
新村街道(花乡)	丰台区	53 862 363.68	85.200 000 05
马家堡街道	丰台区	4 254 876.558	175.800 001 3
南苑街道	丰台区	18 387 753.87	103.300 000 2
和义街道	丰台区	3 130 408.64	145.900 000 8
东高地街道	丰台区	3 734 321.22	116.200 000 4
上庄镇	海淀区	37 455 991.33	10.899 999 86
东北旺乡	海淀区	63 526 103.68	103.900 000 9
温泉镇	海淀区	34 324 543.37	46.300 000 61
清河街道	海淀区	7 117 042.783	254.600 002 5
上地街道	海淀区	2 866 933.034	187.300 002
万柳地区	海淀区	2 696 039.792	199.800 001 7
马连洼街道	海淀区	5 520 565.834	176.500 001 6
青龙桥街道	海淀区	20 231 453.02	181.800 002
东升乡	海淀区	2 730 580.311	302.299 999 7
学院路街道	海淀区	9 374 414.392	335.399 999 3
香山街道	海淀区	34 116 281.07	97.699 999 63
燕园街道	海淀区	1 538 156.59	271.199 998 9
中关村街道	海淀区	2 944 679.842	306.999 997 7
万柳地区	海淀区	2 172 069.702	161.100 000 6
海淀乡	海淀区	6 524 727.312	258.199 999 2
海淀街道	海淀区	2 752 531.025	286.899 998 5

续表

名　　称	行政区划	面　积/m²	电影院供给指数
四季青乡	海淀区	31 003 987.86	179.000 000 1
花园路街道	海淀区	6 365 035.648	366.999 999 2
双榆树街道	海淀区	2 060 872.319	330.699 997 5
北太平庄街道	海淀区	5 366 007.405	395.299 999 8
北下关街道	海淀区	6 080 855.634	332.299 999 9
紫竹院街道	海淀区	6 068 640.929	292.900 000 4
八里庄街道	海淀区	6 664 507.796	255.899 999
甘家口街道	海淀区	6 528 176.135	311.300 000 2
田村路街道	海淀区	7 120 100.593	144.099 999 3
万寿路街道	海淀区	8 711 466.527	187.899 998
羊坊店街道	海淀区	6 512 942.455	263.799 998 9
永定路街道	海淀区	1 448 075.984	164.099 998 8
苏家坨镇	海淀区	89 332 863.57	0
西三旗街道	海淀区	14 956 678.24	227.700 001 2
清华园街道	海淀区	3 097 453.951	293.599 999 5
五里坨街道	石景山区	24 041 425.06	46.600 001 04
苹果园街道	石景山区	15 965 237.89	79.700 000 29
广宁街道	石景山区	5 520 406.122	36.100 001 04
金顶街街道	石景山区	4 473 066.665	50.400 000 45
八角街道	石景山区	5 416 247.965	92.599 999 67
古城街道	石景山区	7 472 284.895	55.400 000 33
北辛安街道	石景山区	8 571 618.883	50.400 000 45
老山街道	石景山区	4 086 566.463	123.199 999 8
鲁谷街道	石景山区	6 703 410.218	85.499 999 58
八宝山街道	石景山区	3 459 873.437	121.299 999 8
宋庄镇	通州区	118 868 761	6.399 999 797
永顺镇	通州区	32 007 113.58	24.799 999 65
潞城镇	通州区	69 720 999.27	2.499 999 94
新华街道	通州区	1 823 984.723	24.799 999 65
北苑街道	通州区	3 157 274.256	40.800 000 01
中仓街道	通州区	2 452 694.649	21.199 999 51

续表

名　称	行政区划	面　积/m²	电影院供给指数
玉桥街道	通州区	4 673 247.552	17.599 999 85
梨园镇	通州区	24 727 831.03	22.799 999 89
张家湾镇	通州区	104 328 198	2.499 999 94
台湖镇	通州区	85 267 463.94	20.400 000 04
马驹桥镇	通州区	87 631 866.76	5.5
西集镇	通州区	91 650 498.44	0
漷县镇	通州区	113 999 881.6	0
于家务回族乡	通州区	59 168 261.73	0
永乐店镇	通州区	111 838 648.4	0
德外街道	西城区	4 051 466.35	426.800 002 7
展览路街道	西城区	3 722 521.608	359.000 001 9
新街口街道	西城区	2 804 195.314	415.300 002 2
厂桥街道	西城区	4 097 698.096	396.400 000 8
福绥境街道	西城区	2 734 317.162	389.500 002 3
阜外街道	西城区	2 035 097.344	349.200 002 6
丰盛街道	西城区	1 523 072.257	376.800 001 8
西长安街街道	西城区	4 231 115.667	384.300 001 1
月坛街道	西城区	4 167 682.362	333.700 002
二龙路街道	西城区	2 468 434.821	363.000 001 3
广安门内街道	西城区	2 448 911.447	330.600 001 5
大栅栏街道	西城区	1 291 810.542	365.000 001 4
椿树街道	西城区	1 036 024.997	364.800 001 4
广安门外街道	西城区	5 410 147.508	249.400 000 8
天桥街道	西城区	1 831 461.025	330.100 001 6
牛街街道	西城区	1 543 614.758	314.800 002
陶然亭街道	西城区	2 431 584.691	301.500 002
白纸坊街道	西城区	3 079 819.215	288.300 001 9

数据来源：作者根据数据资料研究整理而成。

7.5.3　北京市电影院的空间分布特征

图 7-12 显示：① 本章研究涉及的九个区的 119 个电影院主要分布于五环内，东城、西城、朝阳、海淀分布集中，数量多；② 昌平、通州和大兴的电影院分

布分散,且数量少;③ 城区东部和西部,以中轴线为界,数量大体相当;④ 以长安街及其延长线为界,北城的数量明显多于南城;南城东边多于西边。各区电影院数量见表 7-6。

图 7-12 北京市电影院空间分布特征

表 7-6 北京市电影院数量

行政区划	电影院数量
朝阳区	39
海淀区	29
西城区	17
东城区	14
丰台区	6
昌平区	5
石景山区	3
大兴区	3
通州区	3

7.5.4 北京市各街道电影院的供给能力分布特征

北京市各街道电影院的供给能力分布特征(图 7-13)包括：① 以东城为圆心向外从高到低呈同心圆分布。② 南、北城的差异明显。最高值明显偏北。③ 街道电影院分布受交通线、商业区、行政中心、大型居住区等影响。各区县街道电影院供给能力指标见表 7-7。

彩图 7-13

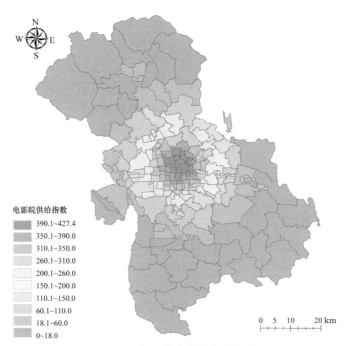

图 7-13 北京市电影院供给指数

表 7-7 北京市各区县街道电影院供给能力重要指标

行政区划	街道电影院供给指数平均值	街道电影院供给指数中位值	街道电影院供给指数总值
东城区	375.2118	395.3	6378.6
西城区	352.1389	361.0	6388.5
朝阳区	253.484	274.3	12 674.2
海淀区	223.4355	254.6	6926.5
丰台区	132.1056	144.7	2377.9
石景山区	74.12	67.55	741.2
昌平区	31.529 41	16.3	536.0
大兴区	17.817 65	7.3	302.9
通州区	12.62	6.4	189.3

数据来源：作者根据数据研究整理而成。

7.6 北京市电影院空间布局的主要影响因素

依据本章研究绘制的分布图(图 7-14),并结合社会经济数据综合分析发现,影响北京市电影院空间布局及各街道电影院供给能力的主要因素包括:

① 交通环线。交通环线主要指从二环到六环环线以及九个区内的高速路。便捷的交通系统将增加电影院的可达性,节约公众时间成本。北京市电影院的分布靠近交通线,且与各种交通线路的走向匹配。

② 主要商业中心。区域内高度集中在西单、王府井-崇文门商业区、国贸、中关村、奥林匹克公园、丰台区大红门等。

③ 周边区县行政中心。周边区县的少量电影院基本都围绕在行政中心附近。丰台区、石景山区、大兴区、通州区和昌平区都符合此规律。

④ 大型居民区。电影院在大型居民社区附近呈较密集的分布。

彩图 7-14

图 7-14 北京市各街道电影院供给能力分布

从图 7-14 中可以看出，一些大型居民区，如昌平区的回龙观、天通苑，丰台区的远洋山水，石景山区的鲁谷小区，朝阳区的百环家园，海淀区的万柳、长安新城等容易成为电影院集中的分布点。未来为体现电影院、公共文化服务设施的均衡化布局，应增加中心城区和大兴区、通州区、石景山区的电影院数量。

参考文献

[1] 陈娟娟. 上海电影院分布与经营效益研究[D]. 上海：华东师范大学，2009.

[2] 陈旭光, 肖怀德. 文化创意产业与活动经济链条——关于影院产业经营策略的思考[J]. 当代电影，2009(02)：34-38.

[3] 段成荣, 谭砢. 城市公共文化设施规划研究——宁波城市新区公共文化设施规划案例[J]. 人口研究，2002(06)：55-62.

[4] 郭小婷. 1949 年以前的北京电影放映活动研究[D]. 北京：中国艺术研究院，2012.

[5] 侯志辉. 中国当下影院观影人群研究[J]. 电影艺术，2007，316(005)：108-112.

[6] 黄霖. 北京市电影院空间分布格局研究方式的研究[J]. 电影评介，2010(10)：74-76.

[7] 科技网. 城市与文化的桥梁：北京电影院的历史变迁[EB/OL]. [2010-02-04]. http://www.stdaily.com/special/content/2010-02/04/content_154333.htm

[8] 兰俊, 朱文一. 院线之下的北京影院布局初探[J]. 北京规划建设，2011(6)：84-88.

[9] 李倩, 甘巧林, 刘润萍, 等. 广州市中心城区公共文化设施空间分布研究[J]. 中南林业科技大学学报(社会科学版)，2012(02)：145-148.

[10] 李微. 娱乐场所与市民生活——以近代北京电影院为主要考察对象[J]. 北京社会科学，2005(04)：55-61.

[11] 柳迪善. 风月场、游艺场与宣教场——对解放前后电影院空间功能的一次考古[J]. 北京电影学院学报，2011(6)：49-55.

[12] 梅琳. 高校电影院现状与发展对策[J]. 电影文学，2008(01)：44-45.

[13] 乔柏人. 我国电影院的发展[J]. 现代电影技术，2006(3)：40-46.

[14] 田冬迪, 芮建勋, 陈能. 上海市公共文化设施数量特征与空间格局研究[J]. 规划师，2011(11)：24-28.

[15] 魏宗财, 甄峰, 马强, 等. 深圳市公共文化场所空间分布格局研究[J]. 热带地理，2007，27(6)：526-531.

[16] 温韬. 顾客体验对服务品牌忠诚度影响的实证研究——以电影放映业为例[J]. 统计与信息论坛，2009(10)：85-90.

[17] 徐春玲. 中国电影院线运行现状及营销对策研究[D]. 上海：上海师范大学，2006.

[18] 徐海龙. 从波特竞争战略看国内电影院线的发展形态[J]. 现代经济探讨，2008(001)：30-33.

[19] 杨永安,邢建毅,张洪忠,等.电影观众偏好取向及相关问题——问卷调查分析报告[J].当代电影,2008(12):84-86.

[20] 袁俊萍.我国电影院在现代社会生活中的重新定位[J].社会科学家,2005(001):206-208.

[21] 张景秋.北京市文化设施空间分布与文化功能研究[J].北京社会科学,2004(02):53-60.

[22] 张明明.20世纪20年代北京电影市场的发展[J].首都师范大学学报(社会科学版),2004(z2):35-41.

[23] 赵勇.重庆市影院空间分布分析[J].中国电影市场,2011(011):22-25.

[24] 国家统计局.北京市2010年第六次全国人口普查主要数据公报[EB/OL].[2021-03-25]. http://www.stats.gov.cn/tjsj/tjgb/rkpcgb/dfrkpcgb/201202/t20120228_30381.html

[25] 周岩.交通可达性视角下的城市影院空间布局研究——以北京市中心城区为例[J].电影艺术,2011(006):73-79.

[26] 朱道才,陆林,晋秀龙,等.基于引力模型的安徽城市空间格局研究[J].地理科学,2011(05):551-556.

[27] 左伟.青岛城市文化空间的历史变迁[D].青岛:中国海洋大学,2009.

[28] BLANCO V, PINO J B. Cinema demand in Spain: A cointegration Analysis[J]. Journal of Cultural Economics, 1997, 21(1):57-75.

[29] CAMERON S. The demand for cinema in the United Kingdom[J]. Journal of Cultural Economics, 1990, 14(1):35-47.

[30] CUADRADO M, FRASQUET M. Segmentation of cinema audiences: An exploratory study applied to young consumers[J]. Journal of Cultural Economics, 1999, 23(4):257-267.

[31] DEWENTER R, WESTERMANN M. Cinema demand in Germany[J]. Journal of Cultural Economics, 2005, 29(3):213-231.

[32] LI X M, LIU C F. Accessibility and service of Shenyang's urban parks by network analysis[J]. Acta Ecologica Sinica, 2009, 29(3):1554-1562.

[33] SMOYER-TOMIC K E, HEWKO J N, HODGSON M J. Spatial accessibility and equity of playgrounds in Edmonton, Canada[J]. Canadian Geographer, 2004, 48(3):287-302.

[34] YAMAMURA E. Socio-economic effects on increased cinema attendance: The case of Japan[J]. The Journal of Socio-Economics, 2008, 37(6):2546-2555.

第 8 章　北京市商业服务设施空间布局及供给研究

　　商业服务设施与居民生活密切,其分布状况直接影响居民日常消费的便利性。计划经济时代,商业区位由行政命令决定,一方面居住区配套商业设施数量严重不足,另一方面居住区社区商业配套设施分布不均衡,尤其是新居民区和偏远地区缺乏骨干商业网点,商业街规模偏小,居民生活更为不便。

　　北京市商业服务设施的空间布局持续优化,连锁超市、便利店不断向城市社区、郊区、乡村延伸发展。仅"十五"期间,社区连锁超市、便利店的覆盖率从40%上升至87%。《北京市"十一五"时期商业发展规划》提出"优化核心、延伸两轴、发展新城、强化特色"的零售商业空间布局原则。[①] 北京市部分地区的商业设施总量、结构和质量与其他城区存在明显差距;郊区、村镇的商业设施相对落后;有的社区商业的规模偏小、功能不完善,不能充分满足居民多层次消费需求。

　　本章以北京全市范围内的大型商场、大型超市、小型超市和便利店为研究对象,采用 GIS 空间分析方法,分析与评价商业服务设施的空间分布,提出空间优化策略。对市内跨区消费的情况,通过构建消费可能性模型具体测算北京

---

① 北京市商务局.北京市"十一五"时期商业发展规划[EB/OL].(2006-11-15)[2021-03-25]. http://sw.beijing.gov.cn/zwxx/fzgh/ndgh/201912/t20191219_1325626.html

市各街道商业服务的供给水平。本章对分析北京市商业服务设施空间分布具有现实意义。

8.1 研究方法

在研究方法上,本章将定性研究与定量研究相结合,通过德尔菲法(Delphi method)、GIS、数字高程模型(digital elevation model,DEM)绘图法与计算机编程,对北京市商业服务设施的空间分布进行实证分析与评价。

(1) 德尔菲法

20 世纪 60 年代,德尔菲法由兰德公司与道格拉斯公司合作创立。它是基于专家会议和专家个人判断、直观判断和预测的一种专家调查法。本章以该方法对北京市商业服务设施的规模重要性和距离重要性进行赋值。

(2) GIS

GIS 是采集、存储、查询、分析和显示地理参照数据的计算机系统。近来 GIS 广泛用于犯罪分析、编制救急计划、地籍管理和交通应用。本章将四类商业服务设施的名称、空间坐标导入 GIS,建立空间数据库,再通过 GIS 的 Buffer 功能,建立各类商业服务设施缓冲区,研究其服务范围;还根据消费可能性模型的计算结果,将各街道获得的商业服务水平作为空间属性数据用 GIS 在地图上分级着色,反映北京市商业服务设施空间分布状况。

(3) DEM 绘图法

通过 DEM 可方便地获取有关区域的地形情况,用于计算其高程、区域面积、绘制流水线图等。因此,DEM 绘图被广泛地应用于公路 CAD、城市规划等 GIS 中。本章通过制作 DEM 图谱来更直观地展现北京市商业服务设施空间分布情况,以利于下文的原因分析和策略提出。

(4) 计算机编程

本章通过计算机编程实现每一个街道消费可能性的重复计算。本章空间数据量庞大,模型设计也较为复杂,通过计算机编程计算,可以快速准确得到各街道商业服务的供给水平,减少人为计算的时间消耗和错误。

8.2 文献与研究综述

当前,商业服务业在城市经济中占据着日益重要的地位,关于商业区位布局、商业网络体系、商品流和市场网络系统的城市商业服务设施空间分布的研究变得越来越重要。

杨吾扬(1994)研究了北京市零售商业与服务业中心和网点的空间结构和

形成机制。杨瑛、亢庆、邓毛颖(1999)从城市规划建设、经济发展因素、政策因素、消费者因素、历史因素等方面,分析了广州市区大型百货商场空间布局的影响机制。仵宗卿、戴学珍(2001)利用层次聚类方法,结合大型百货商店的集聚程度,研究北京市商业中心的等级和分布特征,并对西单、王府井、前门三个一级商业中心的行业类型、组建时间和规模等级进行了横向对比。陈泳(2003)梳理了苏州商业中心区的历史发展脉络,分析总结了商业中心演化的影响机制。时臻、白光润(2003)认为,上海市大卖场布局的影响因子包括市场因素、交通条件因素和竞争因素,并总结归纳了部分大卖场的区位选择特征。曹嵘、白光润(2003)以上海市徐汇区为对象,探究了城市交通对零售商业微区位选择的影响效应。林耿、许学强(2004)以广州市大型商店、批发市场和商业街为对象,分析了产业、用地、交通、行为、历史和文化等多元要素共同影响下广州市商业业态的空间特征和形成机理,并对其空间效益进行了评价。方向阳、陈忠暖(2004)调查分析了广州市地铁沿线零售商业的空间分布特征,揭示了地铁对零售空间分异、商业热点形成及零售客流的影响作用。

有学者将空间概念与经济学模型结合起来,研究商业服务设施的空间分布。薛飞、傅强、谢鉴(2004)首先利用 SPSS 的分组分析功能,总结顾客的出行、就餐和消费规律,计算各商区的人流量及购买量;其次运用整数规划方法建立"网点最优赢利模型";最后通过假设运营成本等参数,使用 Lingo 软件对模型求解,得出各商区网点的分布数量。薛领、杨开忠(2005)运用人口潜能模型和区域购物流模型,分别求出人口潜能与商业吸引力的标准值,考察人口与商业设施空间分布上的一致性。

有学者运用实地调查法研究商业服务设施的空间分布。梁育填等(2007)以长春市朝阳区为例,综合运用实地调研法和调查问卷法分析集贸市场空间分布的影响因素,发现市场分布密度与人口密度正相关,与距离居民区的远近负相关。刘庆新等(2010)通过实地调查收集西安城区体育用品销售中心的地理方位信息,发现体育用品销售中心具有中心地分布特征。赵兰革、隋勇(2010)运用实地调查法研究烟台市体育用品销售行业的空间分布状况,列举了 4 种具体分布形式,认为主要分布形式是条带形商业街,兼有商店聚合体性质。

有学者运用指数化方法,研究商业设施的空间分布。陈忠暖、程一钧、何劲耘(2001)分析了昆明市零售商业服务业的区位类型和服务级别,并对零售商业服务业的空间分布特征进行描述。陶伟、林敏慧、刘开萌(2006)对广州市"好又多"连锁超市的空间布局模式进行研究,通过计算洛伦兹集中指数发现"好又多"超市在各区的分布属于分散分布,另通过计算 Pearson 相关系数,考察了超市分店的空间分布与交通、土地利用、人口规模等影响因素间的相关关系。薛娟娟、朱青(2006)通过计算北京市城八区零售商业的最邻近点指数,发现北京市零售商业网点成凝聚趋势分布;计算商业网点分布与人口空间分布的不均衡指数和地理联系率,发现北京市零售商业网点与各区人口在地域分布上较为匹配,布局基本合理。

有些学者运用 GIS 技术研究商业服务设施的空间分布。GIS 强大的空间数据处理和技术分析功能大为提高了城市商业服务设施空间分布研究的科学性和成果直观性。许学强、周素红、林耿(2002)从选取主要影响因素入手,研究广州市大型零售商店的空间分布特征。在服务便捷性上,他们将各零售商店的服务覆盖区进行叠加,划分出服务便捷性的不同等级,发现其呈现明显的圈层结构;交通因素方面,发现大型零售商店的营业规模与其周围的交通状况密切相关;人口因素方面,发现人口密度高的地方商业重心数量多且规模大,商业中心相互取代或相向发展。朱枫、宋小冬(2003)以 GIS 为主要手段,利用 2001 年上海市第二次基本单位普查数据,分析浦东新区商业设施空间布局的影响因素。通过叠加分析,发现人口分布重心与商业设施分布具有空间一致性;Buffer 分析发现,商业设施的空间布局和道路特征及路网密度存在正相关关系。嵇昊威、赵媛(2010)以地租理论、空间需求曲线为基础,利用 ArcGIS 的图层叠加分析,探讨南京市区大型超市空间分布与地价、交通条件和人口密度之间的关系;通过 Buffer 缓冲区分析发现,超市服务半径相互重叠的现象非常严重,行业竞争非常激烈。宋城、杨雪茹(2010)建立了大型综合超市选址模型,将人口、交通可达性等超市选址的影响因子进行数据重分类,再利用 ArcGIS 将各个因子进行加权叠加分析。张露、杨永国(2011)对淮安市淮海街道的人口中心、交通线路及已有超市位置进行缓冲分析,得到人口密度分布图、交通便利缓冲图及现有超市竞争范围图,通过将三者进行综合叠加分析,得到超市选址的理想范围。

总体上,国内学者在商业服务设施空间分布研究上取得较快进展,但在研究中运用的方法、模型与技术方案仍存在一定的不足,应结合城市发展和研究需求不断完善。

8.3 模型设计

8.3.1 消费可能性的定义

本章提出消费可能性的新概念,在综合考虑商业服务设施规模和空间阻力等影响因素后,运用模型测算不同地点的商业服务供给水平。总体上,某一地点的供给水平越高,该地点居民享受到的商业服务越丰富,消费可能性则越大,以此判定研究区域范围内居民生活性消费服务的空间分布是否均等与公平。需强调的是,衡量某地点消费可能性的商业服务设施供给水平,并非仅取决于商业服务设施的具体位置,而与商业服务设施的空间分布、规模及距离等多个因素都相关,本章的模型构建将体现以上原则。

8.3.2 研究对象与数据来源

1. 研究对象

本章依据我国《零售业态分类》(GB/T 18106—2004)[①],从12类零售业态中选取便利店、超市、大型超市、百货店和购物中心5类零售业态作为本章研究商业服务设施空间分布的对象,这主要基于:① 具有代表性,基本包括居民日常生活性消费的大部分内容;② 其根据自身特点和作用方式的异同,可以进一步加以区分;③ 均属于局地零售业态,不具有空间遍在性,便于观察空间分布特征。

2. 数据来源

通过在北京市GPS地图中检索关键词[②],并进行筛选、归并得到以上几类零售业态所包含的商业设施的名称[③],以及各商业设施服务所在地理位置的地球经纬度坐标。再将商业服务设施的名称、经度(命名为X)、纬度(命名为Y)等信息录入GIS软件,建立空间属性数据库。

8.3.3 消费可能性模型建构

本章构建消费可能性模型,测算综合考虑商业服务设施规模和空间阻力等影响因素之后的各地点的商业服务供给水平,再将供给水平作为空间属性数据以GIS软件在地图上分级着色,以此对北京市商业服务设施的空间分布现状进行整体观察。模型构建的具体操作步骤如下:

步骤一:将上述几类零售业态的所有商业服务设施的空间坐标数据导入GIS软件,建立数据库;在底图上用点表示各商业服务设施的分布情况。以代表性街道的几何中心点为中心,搜索其半径15 km范围以内的所有大型商场、大型超市、小型超市、便利店4类商业设施,并标记出来。

步骤二:对商业服务设施的规模重要性进行赋值。赋值的基本原则为:① 大型商场和大型超市普遍比小型超市和便利店更具有吸引力,因为能满足

---

① 本研究完成于2011年。国家标准《零售业态分类》(GB/T 18106—2021)自2021年10月1日起实施,原《零售业态分类》(GB/T 18106—2004)同时废止。

② 被检索的关键词包括:广场、商场、商城、商店、商厦、市场、购物、商贸、百货、超市、便利店等。

③ 四类零售业态所包含商业设施的数量分别为:大型商场298家,大型超市132家,小型超市1884家,便利店836家。

消费者的多样性偏好,产品正规、有质量保证,规模化销售价格相对便宜,服务水平更高;② 大型商场往往内嵌有超市,能够满足消费者更多的消费需求,赋值比大型超市更高一些,小型超市在经营规模和产品种类上比便利店略高一个层次。根据上述原则,采用德尔菲法对商业服务设施的规模重要性(α)进行专家打分,得到一致的打分结果如表 8-1 所示。

表 8-1 商业服务设施规模重要性打分结果

商业服务设施	大型商场	大型超市	小型超市	便利店
规模重要性	9	7	5	3

注:打分范围为 0~10,精确到 1。作者根据专家打分分析而成。

步骤三:将代表性街道的几何中心至 15 km 的距离范围划分为 3 个圈层。0~3 km 为第一圈层,3~8 km 为第二圈层,8~15 km 为第三圈层。临界点的划分主要考虑以下两个因素:第一,估测北京市公交车的平均时速为 15 km·h^{-1},三个圈层分别对应公交车乘车时间 12 min、32 min、60 min;第二,估测北京市自驾车的平均时速为 30 km·h^{-1},则三个圈层分别对应驾车时间 6 min、16 min、30 min。再将每个圈层内的商业服务设施,根据所在的圈层距离街道中心的远近按距离衰减的原则赋予距离重要性(β)权重,离街道中心越远,赋予的距离重要性权重越低。

不同商业服务设施的距离重要性随距离衰减程度不同,打分的基本原则为:① 小型超市和便利店在第二圈层、第三圈层中的距离重要性权重很低,因为距离远近和交通可达性是影响这两类商业设施消费可能性的首要因素;大型商场和大型超市随距离衰减的速度较慢。② 大型商场的距离衰减速度比大型超市更慢,因为大型商场的商品往往比超市更具有异质性和特色差异,对消费者的吸引程度更高。③ 处于第三圈层的大型商场和大型超市的距离重要性仍不小于第一圈层的小型超市和便利店。同样采用德尔菲法对商业服务设施的距离重要性进行专家打分,得到如表 8-2 一致的打分结果。

表 8-2 商业服务设施距离重要性打分结果

圈层	距离重要性			
	大型商场	大型超市	小型超市	便利店
0~3 km	1	0.9	0.4	0.2
3~8 km	0.9	0.7	0.1	0
8~15 km	0.7	0.4	0	0

注:打分范围为 0~1,精确到 0.1。作者根据专家打分分析而成。

步骤四：对代表性街道周围 15 km 以内所有商业服务设施的规模重要性和距离重要性按照以下公式进行乘积求和运算。

$$I_s = \sum_{j=1}^{m} \sum_{i=1}^{n} \alpha_i \beta_j$$

其中，α_i 表示第 i 个圈层内各商业服务设施的规模重要性；β_j 表示第 j 个圈层的距离重要性；I_s 表示代表性街道周围所有商业服务设施的重要性总和，可将其理解为该街道所面临的总商业服务供给水平，或者是该街道商业服务消费可能性的大小。

步骤五：对北京市范围内的各街道重复上述操作，得到每一个街道的 I_s 数值。将 I_s 作为街道的空间属性特征值用 GIS 软件在地图上进行分级着色，制作 DEM 图谱，可以对北京市商业服务设施空间分布的整体情况进行观察。

本章用消费可能性模型来测算不同街道商业服务的供给水平，在一定程度上避免了已有技术方案的局限性。第一，消费可能性模型充分考虑了商业服务设施对周围的影响随距离而衰减的特征，并且衰减速度因设施类别而有所区别，模型的空间概念比较明显，更符合实际。第二，消费可能性模型对数据的要求并不十分严格，因此适用范围较广，可以从对商业服务的研究推广至对公共产品和公共服务空间分布的研究。第三，基于 GIS 构建的模型可以处理较大空间范围的数据，并且对底图进行着色，使得研究更加精确、科学和直观。

然而，本章所构建的消费可能性模型也存在一定的不足，主要表现为对商业设施规模重要性和距离重要性的赋值是人为打分确定，具有一定的主观性，缺少对客观统计数据的运用。本章采用专家打分法，专家通过理论知识和实际经验的判断进行打分，并且重复多次，在一定程度上可以降低主观误差，使得研究结果仍具有科学性和可信度。

8.4　实证研究

8.4.1　北京市商业服务设施的分布情况

为了描述大型商场、大型超市、小型超市和便利店这 4 类商业服务设施在北京市各个区县的分布情况，本章引入分布密度的计算公式

$$d = \frac{Q}{S}$$

其中，d 为分布密度，S 为某一区县的面积，Q 为该区县中某一类商业服务设施

的数量,计算结果如表 8-3 所示。

表 8-3 北京市各区县各类商业服务设施分布密度

行政区划	大型商场分布密度 /(个·km^{-2})	排位	大型超市分布密度 /(个·km^{-2})	排位	小型超市分布密度 /(个·km^{-2})	排位	便利店分布密度 /(个·km^{-2})	排位
东城区	1.171	1	0.143	1	1.147	1	0.764	1
西城区	0.752	2	0.139	2	1.108	2	0.336	3
朝阳区	0.171	3	0.105	3	0.714	4	0.444	2
海淀区	0.104	4	0.067	4	0.511	6	0.091	5
丰台区	0.059	6	0.059	5	0.755	3	0.085	6
石景山区	0.083	5	0.036	6	0.629	5	0.047	10
大兴区	0.005	10	0.002	9	0.157	8	0.016	12
通州区	0.010	8	0.008	7	0.338	7	0.036	11
昌平区	0.011	7	0.007	8	0.062	10	0.124	4
顺义区	0.009	9	0	9	0.042	12	0.080	8
门头沟区	0.001	15	0	9	0.017	14	0.005	13
密云县	0.002	13	0	9	0.089	9	0.001	15
房山区	0.004	12	0	9	0.045	11	0.005	13
平谷区	0.005	10	0	9	0.021	13	0.081	7
怀柔区	0.002	13	0	9	0.010	15	0.057	9
延庆县	0.001	15	0	9	0.001	16	0	16

数据表明,大型商场和大型超市两类重要性赋值相对较高的商业服务设施集中分布在城六区中,又以东城区和西城区的分布最为密集,如图 8-1、图 8-2 所示。

小型超市和便利店两类重要性赋值相对较低的商业服务设施,除在东城区、西城区、朝阳区、海淀区、丰台区等中心城区集中分布以外,在昌平区、顺义区等外围区县也有一定数量的分布,如图 8-3、图 8-4 所示。

彩图 8-1

图 8-1 北京市大型商场空间分布

彩图 8-2

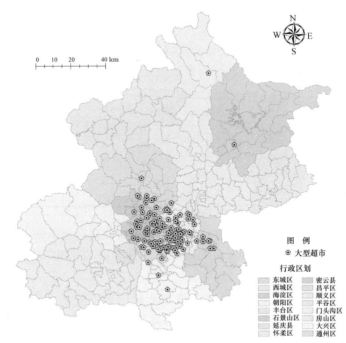

图 8-2 北京市大型超市空间分布

第 8 章 北京市商业服务设施空间布局及供给研究 201

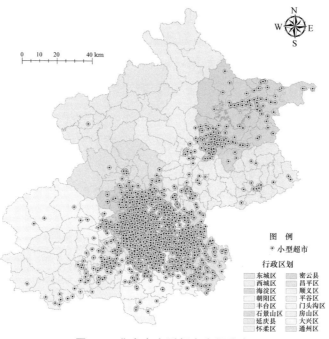

彩图 8-3

图 8-3 北京市小型超市空间分布

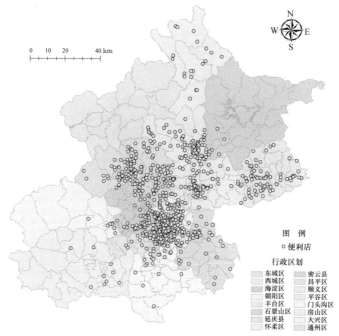

彩图 8-4

图 8-4 北京市便利店空间分布

8.4.2 北京市各街道消费可能性的分布情况

运用消费可能性模型,结合空间数据库与专家打分法的赋值,可以计算得出北京市各街道的消费可能性数值,将属于同一区县街道的数值进行简单加权平均,公式为

$$\bar{x} = \frac{1}{n}\sum_{i=1}^{n} x_i$$

其中,$\bar{x}$ 代表各区县所辖街道消费可能性的均值,n 为该区县所辖街道的数量,x_i 为第 i 个街道消费可能性的大小,计算结果如表 8-4 所示。

表 8-4　北京市各区县所辖街道的消费可能性均值

行政区划	消费可能性
东城区	2133.08
西城区	2116.41
朝阳区	1473.47
海淀区	1333.30
丰台区	1216.31
石景山区	631.42
大兴区	216.83
通州区	204.07
昌平区	174.85
顺义区	84.70
门头沟区	60.19
密云县	40.72
房山区	37.93
平谷区	36.26
怀柔区	26.56
延庆县	3.98
区县平均值	611.88

注:消费可能性的计算结果保留到小数点后两位。作者根据数据资料计算而成。

北京市各街道消费可能性数值的空间分布呈现出"中间高、周围低"的格局(图 8-5),城六区东城、西城、朝阳、海淀、丰台和石景山所辖街道消费可能性的均值不仅远高于大兴、通州、昌平等外围区县,也高于全市的平均水平。进一步观察发现,城六区中东城、西城两区所辖街道消费可能性的均值最高,朝阳、海淀和丰台位于第二层次,而石景山仅略高于全市的平均水平;外围区县中怀柔

和延庆两个距离中心城区最远的区县所辖街道的消费可能性的均值最低。

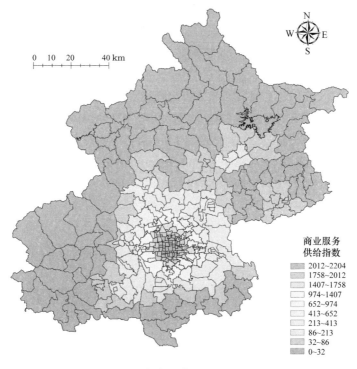

图 8-5　北京市消费可能性空间分布

在消费可能性整体由中心城区向外围区县递减的同时,密云、平谷和房山三个区县却出现了消费可能性的次级中心,具体如表 8-5 所示。

表 8-5　密云县、平谷区、房山区消费可能性次级中心组成

行政区划	名　　称	消费可能性
密云县	密云镇	166.40
	檀营满族蒙古族乡	121.80
	十里堡镇	118.40
	河南寨镇	96.10
	区县平均值	40.72
平谷区	东高村镇	51.60
	马昌营镇	47.20
	峪口地区	46.30
	马坊镇	44.70
	夏各庄镇	38.50
	区县平均值	36.26

续表

行政区划	名称	消费可能性
房山区	良乡镇	99.20
	星城街道	94.90
	阎村镇	93.90
	区县平均值	37.93

注：消费可能性的计算结果保留到小数点后两位。作者根据数据资料计算而成。

为分析消费可能性的区内差异，我们以各街道的消费可能性数据为基础，计算各区县消费可能性的变异系数，以确定区县内的消费可能性差异，公式为

$$v = \frac{s}{\bar{x}}$$

其中，$\bar{x}$ 为各区县消费可能性的均值，s 为各区县消费可能性的标准差，v 为变异系数，数值越大则表明区县内部各街道消费可能性的离散程度越高，计算结果如表8-6所示。

表 8-6　北京市各区县消费可能性的变异系数

行政区划	变异系数
东城区	0.02
西城区	0.03
朝阳区	0.35
海淀区	0.42
石景山区	0.48
丰台区	0.50
通州区	0.72
平谷区	0.72
顺义区	0.88
延庆县	1.02
房山区	1.05
门头沟区	1.08
昌平区	1.17
密云县	1.17
怀柔区	1.29
大兴区	1.39

注：变异系数的计算结果保留到小数点后两位。作者根据数据资料计算而成。

东城、西城、朝阳、海淀、石景山和丰台六个区的变异系数较小,说明这六个区消费可能性的区内差异不大,各街道的商业服务供给水平相对均衡;大兴、怀柔、密云和昌平四个区的变异系数较大,说明这四个区消费可能性的区县内差异很大,商业服务供给的空间分布失衡严重。

通过分析认为,北京市商业服务设施的空间分布处于从"单中心"向"多中心"过渡的阶段,圈层结构明显,主要表现为城六区中商业服务设施的集聚程度和分布密度较高,各街道的消费可能性水平较高,且街道之间的差异小,商业服务的空间分布较为均衡;外围区县中商业服务设施的集聚程度和分布密度较低,各街道的消费可能性水平较低,且街道之间的差异大,商业服务的空间分布较为不均衡。

8.5 原因解释

商业服务设施是商业服务的空间载体,本章研究表明(表 8-7),北京市商业服务设施的空间分布特征包括:① 城六区中商业服务设施数量众多,且以重要性相对较高、辐射范围相对较广的大型商场、大型超市为主;② 外围区县中商业服务设施数量较少,且以重要性相对较低、辐射范围相对较小的小型超市和便利店为主;③ 总体上,北京市商业服务设施基本集中分布于中心城六区,并且以圈层状由中心向外扩展;④ 在周边区县,尤其是偏远郊区分布不足,在局部地区初步显现出多个次中心的发展趋势。

那么,导致城六区与外围区县所辖街道的消费可能性水平存在明显差异的主要原因是什么?究竟是什么原因使得商业服务设施的空间分布呈现这种结构特征?以下从人口、就业、收入和消费、历史传统、交通路网模式以及城市空间布局规划等几个方面进行分析和解释。

表 8-7 北京市各区县辖区面积与各类商业服务设施数量

行政区划	辖区面积/km²	大型商场/个	大型超市/个	小型超市/个	便利店/个
东城区	41.86	49	6	48	32
西城区	50.53	38	7	56	17
朝阳区	455.08	78	48	325	202
海淀区	430.73	45	29	220	39
丰台区	305.80	18	18	231	26
石景山区	84.32	7	3	53	4

续表

行政区划	辖区面积/km²	大型商场/个	大型超市/个	小型超市/个	便利店/个
大兴区	1036.32	5	2	163	17
通州区	906.28	9	7	306	33
昌平区	1343.54	15	10	83	166
顺义区	1019.89	9	0	43	82
门头沟区	1450.70	2	0	25	7
密云县	2229.45	5	1	199	3
房山区	1989.54	8	0	89	9
平谷区	950.13	5	0	20	77
怀柔区	2122.62	4	1	22	122
延庆县	1993.75	1	0	1	0

注：作者根据数据资料计算而成。

8.5.1 人口集聚

人口集聚是导致商业服务设施在空间上集聚的最主要原因。北京城六区是首都功能核心区和城市功能拓展区，也是人口分布最为密集的区域，其常住人口总量占全市人口的近60%，人口密度在全市16个区县中位居前6位[①]；人口的空间集中对商业服务产生了巨大需求，导致商业服务设施在城六区呈现出高密度集中的格局，尤其以重要性赋值较高的大型商场和大型超市为主，因此这些区各街道的消费可能性水平也较高，商业服务设施的空间分布具有遍在性，区内差异并不显著（表8-8）。大兴、通州、昌平、顺义、房山这些城市发展新区虽然不断吸收从中心城区向外转移的人口，但人口密度与城六区相比仍然有差距，商业服务设施的分布相对稀疏和分散，各区县内部不同街道的差异也比较大。平谷、密云、门头沟、怀柔、延庆等远郊区县人口稀少，商业服务设施只有零星分布，各街道之间的消费可能性水平也有明显差异。

---

① 数据来源：北京市2010年第六次全国人口普查数据[EB/OL].[2011-05-20]. http://www.bjstats.gov.cn/rkpc_6/pcsj/201105/t20110506_201580.htm

表 8-8 北京市各区县人口密度与商业服务设施的空间分布描述

行政区划	2010年人口密度/(万人·km^{-2})	排序	消费可能性均值排序	消费可能性区内差异排序	大型商场密度排序	大型超市密度排序	小型超市密度排序	便利店密度排序
西城区	2.4599	1	2	2	1	1	1	1
东城区	2.1954	2	1	1	2	2	2	3
海淀区	0.7617	3	4	4	4	4	6	5
朝阳区	0.7790	4	3	3	3	3	4	2
石景山区	0.7306	5	6	5	5	6	5	10
丰台区	0.6906	6	5	6	6	5	3	6
大兴区	0.1317	7	7	16	10	9	8	12
通州区	0.1306	8	8	7	8	7	7	11
昌平区	0.1236	9	9	13	7	8	10	4
顺义区	0.0860	10	10	9	9	9	12	7
房山区	0.0475	11	13	11	12	9	11	14
平谷区	0.0438	12	14	8	10	9	13	8
密云县	0.0210	13	12	14	13	9	9	15
门头沟区	0.0200	14	11	12	15	9	14	13
怀柔区	0.0176	15	15	15	13	9	15	9
延庆县	0.0159	16	16	10	15	9	16	16
与人口密度排序的相关系数			0.9647	0.7647	0.9603	0.8851	0.9382	0.7529

注：数据来源于北京市 2010 年第六次全国人口普查数据和《北京统计年鉴》(2010)。作者根据数据资料计算而成。

通过计算人口密度排序与描述商业设施分布情况的各项排序之间的相关系数，发现人口的空间分布情况与大型商场、大型超市和小型超市这三类商业设施的空间分布情况以及消费可能性的空间分异具有显著的相关关系；人口聚集因素对便利店的空间分布和消费可能性区内差异的解释力相对较弱，但是相关系数也在 0.75 以上。计算结果均能说明人口聚集因素是解释北京市商业服务设施空间分布的主要原因。

8.5.2 就业集中

就业人员的空间集中也是导致各类商业服务设施在中心城区集中分布的

重要原因。北京市城六区的就业人员占据了全市总量的近75%[①],也是就业密度最高的六个城区,其中东城、西城的就业密度又显著高于其他四个城区;就业人员产生日常的消费需求,因此与高密度就业相对应的是商业服务设施在这些区域的集中分布,以及城区内部消费可能性水平的一致性(表8-9)。顺义、大兴、通州、昌平等区县的就业密度、商业设施分布密度均低于城六区,各区县内部的空间分异也较大。平谷、门头沟、密云、怀柔、延庆等偏远区县商业服务设施分布的这个特征则更加明显。

表8-9 北京市各区县就业密度与商业服务设施的空间分布描述

行政区划	2009年就业密度/(人·km^{-2})	排序	消费可能性均值排序	消费可能性区内差异排序	大型商场密度排序	大型超市密度排序	小型超市密度排序	便利店密度排序
西城区	16 147.08	1	2	2	1	1	1	1
东城区	12 592.31	2	1	1	2	2	2	3
海淀区	2933.564	3	4	4	4	4	6	5
朝阳区	2440.200	4	3	3	3	3	4	2
丰台区	2141.583	5	5	6	6	5	3	6
石景山区	1915.595	6	6	5	5	6	5	10
顺义区	323.8879	7	10	9	9	9	12	7
大兴区	321.7423	8	7	16	10	9	8	12
通州区	237.3361	9	8	7	8	7	7	11
昌平区	173.0585	10	9	13	7	8	10	4
平谷区	97.181 44	11	14	8	10	9	13	8
房山区	82.091 84	12	13	11	12	9	11	14
门头沟区	45.086 51	13	11	12	15	9	14	13
密云县	41.700 87	14	12	14	13	9	9	15
怀柔区	36.829 01	15	15	15	13	9	15	9
延庆县	28.288 40	16	16	10	15	9	16	16
与就业密度排序的相关系数			0.95	0.8029	0.9511	0.8753	0.8912	0.8058

注:数据来源于《北京区域统计年鉴》(2010),《北京市统计年鉴》(2010)。作者根据数据资料计算而成。

通过计算各区县就业密度排序与商业服务设施分布各项排序指标之间的相关系数,可以发现:就业人员的空间分布与各类商业服务设施的空间分布以及消费可能性水平的空间分异有显著的相关关系,相关系数均在0.80以上,说

---

① 数据来源:《北京区域统计年鉴》(2010),《北京市统计年鉴》(2010)。

明就业人员的空间分布对北京市商业服务设施空间格局的形成有重要影响。

8.5.3 人均可支配收入水平和人均消费支出水平

各区县的人均可支配收入和人均消费支出也影响着商业服务设施的空间分布情况。经济学研究表明,随着收入增加,居民的日常消费需求会发生从量性扩张到结构性调整的变化,人均可支配收入和人均消费支出较高的地区会对商业服务有更多需求,从而导致商业服务设施的集中分布。

由表 8-10、表 8-11 可以看出,北京市城六区的人均可支配收入水平和人均消费支出水平均处于较高水平,对商业服务的高需求在一定程度上导致了商业服务设施的空间集中;顺义、昌平、通州、大兴、房山这些周边区县的人均收入水平和人均消费支出水平处于第二层次,商业服务设施的分布情况也表现出相同特征;远郊区县的人均可支配收入水平、人均消费支出水平和商业服务设施分布情况均偏低。

表 8-10 北京市各区县人均可支配收入与商业服务设施的空间分布

行政区划	2010年人均可支配收入/元	排序	消费可能性均值排序	消费可能性区内差异排序	大型商场密度排序	大型超市密度排序	小型超市密度排序	便利店密度排序
海淀区	33 351.30	1	4	4	4	4	6	5
西城区	31 632.84	2	2	2	1	1	1	1
东城区	30 684.48	3	1	1	2	2	2	3
朝阳区	30 133.53	4	3	3	3	3	4	2
石景山区	28 051.37	5	6	5	5	6	5	10
丰台区	27 080.54	6	5	6	6	5	3	6
门头沟区	25 312.63	7	11	12	15	9	14	13
顺义区	24 825.34	8	10	9	9	9	12	7
昌平区	24 428.29	9	9	13	7	8	10	4
通州区	24 426.64	10	8	7	8	7	7	11
大兴区	24 368.25	11	7	16	10	9	8	12
房山区	23 768.90	12	13	11	12	9	11	14
平谷区	23 605.97	13	14	8	10	9	13	8
密云县	23 437.83	14	12	14	13	9	9	15
怀柔区	23 428.16	15	15	15	13	9	15	9
延庆县	23 328.91	16	16	10	15	9	16	16
与人均收入排序的相关系数			0.908 82	0.78	0.846 636	0.841 078	0.785 294	0.741 176

注:北京统计信息网.2010年各区县年度统计数据[EB/OL].[2011-05-20]. http://www.bjstats.gov.cn/.作者根据数据资料计算而成。

表 8-11　北京市各区县人均消费支出与商业服务设施的空间分布

行政区划	2010年人均消费支出/元	排序	消费可能性均值排序	消费可能性区内差异排序	大型商场密度排序	大型超市密度排序	小型超市密度排序	便利店密度排序
海淀区	22 405.97	1	3	3	3	3	4	2
西城区	22 277.21	2	2	2	1	1	1	1
东城区	22 195.99	3	1	1	2	2	2	3
朝阳区	21 597.14	4	4	4	4	4	6	5
石景山区	18 902.76	5	6	5	5	6	5	10
丰台区	18 206.67	6	5	6	6	5	3	6
门头沟区	17 617.45	7	11	12	15	9	14	13
通州区	17 122.86	8	9	13	7	8	10	4
房山区	16 045.98	9	8	7	8	7	7	11
密云县	15 869.62	10	13	11	12	9	11	14
大兴区	15 805.32	11	7	16	10	9	8	12
平谷区	15 628.17	12	12	14	13	9	9	15
顺义区	15 137.48	13	15	15	13	9	15	9
怀柔区	14 895.09	14	14	8	10	9	13	8
昌平区	14 256.69	15	10	9	9	9	12	7
延庆县	13 467.05	16	16	10	15	9	16	16
与人均消费支出排序的相关系数			0.879 41	0.7	0.800 54	0.8704	0.832 353	0.667 64

注：北京统计信息网.2010年各区县年度统计数据[EB/OL].[2011-05-20].http://www.bjstats.gov.cn/. 作者根据数据资料计算而成。

通过分别计算人均可支配收入水平、人均消费支出水平的排序与商业服务设施分布各项排序指标之间的相关系数，可以看出二者与商业服务设施的空间分布均存在着明显的相关关系，一定程度上解释了北京市商业服务设施的单中心分布特征。

8.5.4　商业文化积淀

商业文化的历史积淀对北京市商业服务设施的分布产生锁定效应。13世纪，元朝定都大都，北京城正式成为首都。大都城遵循了《周礼·考工记》中"前朝后市"的布局原则，受其影响，北京市出现了以钟鼓楼为代表的第一代商业中心。至清朝，随着汉族居民从内城外迁，前门商业区开始兴盛；民国时期，位于铁路车站的前门和邻近高级住宅区的王府井并列成为城市的两个商业中心；新中国成立后,北京市西单、王府井、前门"三足鼎立"的三角形商业组合带逐步形成,并成为北京市的一级商业中心(杨吾扬,2004)。其中,西单以百货零售业为主,王府井以高级专业商品零售服务为特色,前门则更多以老字号和特色购物而著称。因此,从历史上看,北京市的中心城区,特别是东城、西城二区具有商业布局的传统与历史积淀,既吸引了更多顾客到此消费,也对新建商业设施的选址形成强大的吸引力和锁定效应,使得靠近中心城区的传统商圈可以共享巨大的消费群体和有效的商业信息等集聚经济所带来的好处。

8.5.5 交通路网模式

20世纪70年代以来,由于城市核心区引力的距离衰减,以及北京市建成区的不断扩张,北京城市开始向外蔓生发展,使得北京市路网系统形成圈层式扩张,如图8-6。北京市城市中心道路系统形成方格网与环路、放射线相结合的布局。作为影响商业服务设施空间分布的重要因素,交通路网直接决定着各类商业设施的交通通达性。有学者研究发现,北京市商业服务发展与城市交通道

彩图8-6

图8-6 北京市圈层式交通路网

路紧密相关,市级、区级的商业中心大都位于主要交通干道周边。例如,翠微路(公主坟)、木樨园、马甸的市级商业中心分别位于三环路西、南、北方向,这与1994年相继通车的三环路有直接关系(张文忠、李业锦,2005)。因此,北京市商业服务设施空间分布也呈现出明显圈层结构。

8.5.6　城市功能外迁

如上所述,作者认为北京市商业服务设施空间分布处于从单中心向多中心过渡的阶段,这主要受到北京市城市规划政策的影响。根据《北京城市总体规划(2004年—2020年)》,北京市将在卫星城基础上发展具有相对独立性的新城,来承担疏解中心城区的人口和功能、集聚新产业。[①] 北京市的人口、产业布局将逐渐向各新城迁徙,吸引各类商业服务设施在新城布局。如前文所分析,在消费可能性整体上由中心城区向外围区县递减时,密云、平谷和房山三个区县却出现了消费可能性的次级中心,说明由于新城规划政策的指引,商业服务设施的多中心空间分布格局初露端倪。

8.6　政策建议

8.6.1　空间布局优化的基本原则

针对目前北京市商业服务设施空间分布处于从单中心向多中心过渡阶段,圈层结构特征明显,优化空间分布需遵循以下原则:

第一,中心城区与外围区县协调发展。《北京城市总体规划(2004年—2020年)》提出要实现市域战略转移,对旧城实行有机疏散,改变目前单中心的空间格局。商业服务设施作为人口疏散的基础性设施,对人口转移具有重要作用。但目前中心城区商业服务设施的数量和密度都远超外围区县,这对人口转移将产生阻碍作用。

第二,各类型、各层级商业服务设施协调发展。居民消费需求是多样和多层次的,既有一次性大额消费需求,也有持续性小额消费需求,因此商业服务设施应具备多样性和多层次性,既要在全市范围内建设大型商场、大型超市等大型商业服务设施,也要鼓励和发展社区商业中心、社区连锁超市等便民性商业服务设施,保证消费的便捷性和消费机会的公平性。

第三,统筹兼顾经济效益和社会效益。建设大型商业服务设施有助于推动区县经济发展,但大型商业服务设施的周围地区也会产生相当面积的阴影区,

---

[①]　北京市规划委员会.北京城市总体规划(2004年—2020年)[EB/OL].[2011-05-20]. http://www.bjghw.gov.cn/web/static/articles/catalog_233/article_4630/4630.html

造成在该区域内小型商业服务设施面临倒闭或无法发展,增加失业人数,未来北京市布局商业服务设施时要高度重视这类问题。

第四,以经济手段为主优化空间布局。商业服务设施分布很大程度上取决于是否获得利润,这将导致消费能力不同的地区能获得的商业服务设施数量差距越来越大。但商业服务设施与居民日常生活密切相关,在某种程度上具有公共属性,因此政府应运用宏观调控手段,通过区域政策、产业政策和财政政策等方式,引导和保障商业服务设施在空间上合理布局。

8.6.2 空间布局优化的具体措施

根据上述原则,为引导和实现北京市商业服务设施的合理布局,有效配置商业资源,保障居民商业服务消费机会均等与公平,本章提出如下优化措施:

第一,实现基础性便民商业服务设施的全市覆盖。小型超市和便利店作为基础性的便民商业设施,能保障居民最基本的日常消费需求,也是确保居民商业服务消费机会均等的最低要求。北京市现有的小型超市和便利店虽然整体呈现出向城市中心过度集中的问题,但其空间分布的不均衡程度并不像大型商场和大型超市那么严重。优化北京市商业服务资源的空间配置,首要任务是实现这两类基础性商业服务设施的空间全覆盖,保证按照人口和社区数量的固定比例进行配备,为居民日常生活提供基本消费服务。

第二,引导大型商场、大型超市等大规模、高层次商业服务设施逐步向周边区县扩展。大型商场和大型超市在中心城区已过度饱和,既使商业服务资源和商业服务活动的空间分布失衡,增加了周边区县居民的购物和消费成本,又导致中心城区交通拥挤和公共设施超负荷运行。随着北京市人口和就业整体向外迁移,这两类商业服务设施应逐步由中心向外围疏散。应加强城市规划政策和产业布局的合理引导,坚持以市场调节机制为主要手段,提高地价和停车收费形成向外"推力",政策上对外迁的商业服务设施予以鼓励和优惠,形成"引力",推动商业设施合理布局。

第三,提高远郊区县交通通勤的便利性,降低居民出行购物的交通成本。相比中心城六区,一些远郊区县,如密云、昌平等区县商业服务设施数目少且空间分布失衡。因此,对这些地区的居民,出行购物所花费的金钱成本和时间成本非常高昂。在北京市的未来发展中,应提高这些地区交通通勤的便利性,通过路网建设、城市轨道交通系统、地面公交客运系统建设等,提高当地商业服务体系的通达性,节约居民出行购物成本。

第四,结合近年来新形成的人口、就业中心(如顺义、通州、亦庄等区县),继续培育当地的商业服务业,给予政策和资金支持,推动商业服务设施形成多中心格局。该措施不仅包括为当地居民提供多种类、便捷的消费服务，提高商业服务设施的普遍性，还包括在现有商业基础上向新服务业态升级，发展时尚购物、体验购物、特色购物等，打造全新购物体验，走差异化发展道路，扩大商业服务设施的影响力、知名度和空间辐射范围。

参考文献

[1] 勒施. 经济空间秩序[M]. 王守礼,译. 北京：商务印书馆,2010.

[2] 曹嵘,白光润. 交通影响下的城市零售商业微区位探析[J]. 经济地理,2003,23(2)：247-250.

[3] 陈泳. 苏州商业中心区演化研究[J]. 城市规划,2003,27(1)：83-89.

[4] 陈忠暖,程一钧,何劲耘. 城市零售商业服务业区位类型划分的讨论——昆明市零售商业服务业区位类型的分析[J]. 经济地理,2001,21(2)：227-230.

[5] 方向阳,陈忠暖. 广州地铁沿线零售商业形态与空间分布探讨[J]. 人文地理,2004,19(6)：11-16.

[6] 冯正民,林桢家. 都市及区域分析方法[M]. 新竹：建都文化事业股份有限公司,2000.

[7] 何洋. 天津市商业区位布局研究[D]. 天津：天津财经大学,2008.

[8] 嵇昊威,赵媛. 南京市城市大型超级市场空间分布研究[J]. 经济地理,2010,30(5)：756-760.

[9] 克里斯塔勒. 德国南部中心地原理[M]. 常正文,王兴中,等,译. 北京：商务印书馆,2010.

[10] 李小建. 经济地理学[M]. 2版. 北京：高等教育出版社,2006.

[11] 梁育填,张义丰,王鹏飞,等. 集贸市场空间分布的影响因素分析——以长春市朝阳区为例[J]. 安徽农业科学,2007,35(31)：10104-10106.

[12] 林耿,许学强. 广州市商业业态空间形成机理[J]. 地理学报,2004,59(5)：754-762.

[13] 刘庆新,史兵,雷欢欢,等. 城市体育用品销售中心空间分布研究[J]. 西安体育学院学报,2010,27(2)：129-132.

[14] 彭震伟. 区域研究与区域规划[M]. 上海：同济大学出版社,1998.

[15] 蒲勇健. 经济增长方式转变中的产业结构调整与产业政策[M]. 北京：华文出版社,2000.

[16] 时臻,白光润. 浅析上海市大卖场的空间区位选择[J]. 人文地理,2003,18(4)：89-95.

[17] 宋城,杨雪茹. 基于GIS的银川市大型综合超市选址分析[J]. 宁夏工程技术,2010,9(2)：118-121.

[18] 陶伟,林敏慧,刘开萌. 城市大型连锁超市的空间布局模式探析——以广州"好又

多"连锁超市为例[J].中山大学学报(自然科学版),2006,45(2):97-100.

[19] 田军,张朋柱,王刊良,等.基于德尔菲法的专家意见集成模型研究[J].系统工程理论与实践,2004(1):57-62.

[20] 仵宗卿,戴学珍.北京市商业中心的空间结构研究[J].城市规划,2001,25(10):15-19.

[21] 许学强,周素红,林耿.广州市大型零售商店布局分析[J].城市规划,2002,26(7):23-28.

[22] 薛飞,傅强,谢鉴.基于利润最大化的奥运商业网点分布微观经济模型[J].工程数学学报,2004,21(7):57-63.

[23] 薛娟娟,朱青.北京市零售商业空间分布研究[J].商业研究,2006(14):32-35.

[24] 薛领,杨开忠.基于空间相互作用模型的商业布局[J].地理研究,2005,24(2):265-273.

[25] 杨吾扬.北京市零售商业与服务业中心和网点的过去、现在和未来[J].地理学报,1994,49(1):9-17.

[26] 杨瑛,亢庆,邓毛颖.广州市区大型百货商场空间布局影响因素分析[J].城市研究,1999(6):36-40.

[27] 张文忠,李业锦.北京市商业布局的特征和趋势[J].商业研究,2005,316:170-172.

[28] 张康聪.地理信息系统导论[M].北京:清华大学出版社,2009.

[29] 张露,杨永国.基于ArcGIS缓冲叠加功能的超市选址研究[J].城市勘测,2011(1):45-48.

[30] 赵兰革,隋勇.体育用品销售行业地理空间分布研究[J].北京体育大学学报,2010,33(10):17-20.

[31] 朱枫,宋小冬.基于GIS的大型百货零售商业设施布局分析——以上海浦东新区为例[J].武汉大学学报(工学版),2003,36(3):46-52.

第9章 城市公共产品空间适配的思路与方法

受交通可达性、空间集聚、公共产品分级分类提供、事权—财权能力不匹配和央地府际关系等综合因素的影响,城市公共产品的供求之间频繁出现规模上、结构上和空间上的错配和失配,需要从理论和实践两个方面,深入探讨从空间失配向空间适配转型的政策和工具保障。

9.1 空间适配分析的思路、方法和工具

经济学中的供给由供给方的意愿和能力决定,需求则由需求方的偏好和财力决定。对各类公共产品失配的矫正并非是对供求数量的简单匹配,必须从供求关系、市场机制和财政分配等方面,探索深层次的适配体制和思路。本章采用的空间适配分析的基本思路包括:首先,从供给和需求两端,测度得到对不同类型、不同等级城市公共产品的供给比例和需求比例关系;其次,基于空间单元得出总的供给和需求;再次,求得供给指数、需求指数及其比例关系;最后,形成耦合协调度和基于区划的供需比例匹配。

表 9-1 中,首行为本研究选择的 5 类代表性的城市公共产品;首列为北京市城六区的行政区划单元。表中数值表示每个行政区某类公共产品的供给、需求分别占北京市城六区公共产品总量的比例。研究采用的空间适配分析思路,

一是针对不同公共产品的服务规模,如医院床位数、高中学位数、电影院座位数等,与其周边人口的居住结构、密度、属性等特征进行匹配,以获得公共产品空间的布局优化方向;二是基于不同行政区预算约束,将增强地区财力作为建立最优配比搜索匹配政策的着力点。

表 9-1 北京市代表性公共产品供需示例

公共产品	博物馆		医院		公园		商场		电影院		综合	
行政区划	供给比例/(%)	需求比例/(%)	供给比例/(%)	需求比例/(%)	供给比例/(%)	需求比例/(%)	供给比例/(%)	需求比例/(%)	供给比例/(%)	需求比例/(%)	供给比例/(%)	需求比例/(%)
东城区	3.80	7.44	3.34	8.20	3.26	3.92	3.60	7.74	3.72	7.51	3.48	6.94
西城区	4.54	11.00	4.02	10.78	3.94	7.82	4.32	10.40	4.35	10.15	4.17	10.61
石景山区	5.98	4.74	6.37	5.18	6.40	4.87	6.32	5.28	5.91	5.20	6.30	5.04
丰台区	21.85	14.03	21.53	16.52	21.33	16.17	20.96	18.23	18.66	17.18	20.88	17.80
海淀区	28.03	34.19	31.39	29.25	30.71	29.37	29.53	28.08	29.52	29.42	30.09	29.66
朝阳区	35.81	28.61	33.34	30.07	34.37	37.86	35.27	30.28	37.83	30.54	35.10	29.95

注:表中数据由空间供给的原始数据换算为比例数据,某区某类公共产品比例指的是其占北京市城六区的比例。作者根据数据资料计算而成。

9.1.1 空间适配分析方法与工具

公共选择理论关于公共产品最优供给问题的解决方案是中位投票者决策模式,以中位收入居民的需求作为确定辖区公共服务提供量的主要依据。但上述方法过于理想化,在超大型城市中,难以克服隐蔽真实需求和道德风险的传统选择悖论。本章将以北京市为案例,在深入分析公共产品空间供给和需求情况的基础上,首先剖析各行政区地理单元的供需占比,再进一步综合利用耦合协调度分析、地理单元加总与映射、供需比例匹配、拥挤度空间分析等方法展开空间适配分析(图9-1)。

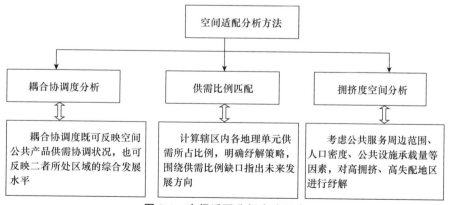

图 9-1 空间适配分析方法示意

9.1.2 空间适配分析基本步骤

本章采用的空间适配分析的步骤包括：① 从最低粒度入手，分别测算各基层单元，主要研究北京市城区各街道、乡镇的公共产品供需数量；② 将基本单元的测算结果，逐级向上汇总得到北京市、市辖各区范围的供需数量及相对比例关系；③ 自上而下进行公共产品供给-需求匹配的适应性分析，采用耦合协调度分析，逐层确定下一级中的供需失衡地区；④ 针对已确定出的供需失衡地区，按照失衡缺口差额确定失衡偏离系数，作为制定纾解城市公共产品空间失配政策的着力点；⑤ 在确定各地区、各产品失衡偏离系数的基础上，加入拥挤度空间分析，并根据资金总量、民众诉求、公共产品类型（基础保障型或社会发展型），依次确定各类公共产品的供给总量、质量等级和最优布局方案。

9.2 耦合协调度分析

耦合度主要反映系统内部的协同作用，表示系统要素彼此间的相互作用和影响程度。本章通过耦合度与耦合协调度分析，判断北京市城市公共产品的供需适配程度，来界定城市各地区公共产品的供给与需求的水平，并将各自的耦合子系统进行加总，进一步确定北京市公共产品的总供给指数与总需求指数，通过城市总体的空间分布耦合度分析，反映城市公共产品的供需匹配程度。

根据耦合度概念，本章采用变异系数表示北京市城市公共产品供给和需求的耦合度。变异系数无量纲，通过比较各不同产品和不同单位数据的离散程度，避免对各种不同单位公共产品进行供需指数的数量比较。通常变异系数越小，协调度越高，反之协调度会越低。

公共产品的供给综合评价函数为：

$$Z(x) = \sum_{i=1}^{m} a_i \times X_i$$

其中，i 表示公共产品供给的指标数量，X_i 为公共产品供给的第 i 个指标的标准化值，a_i 为指标权重。$Z(x)$ 数值越高，表示当地公共产品供给情况越好。北京市范围和城六区的综合评价标准化值和权重已在前述研究中得出。

按上述思路得到城市公共产品的需求综合评价函数，$H(y)$ 数值越高，表明公共产品需求越强：

$$H(y) = \sum_{i=1}^{m} \beta_i \times y_i$$

设离差系数为 C^*，S 为 $Z(x)$ 与 $H(y)$ 的协方差，则：

$$C^* = 2S/[Z(x)+H(y)] = 2\{1 - Z(x)H(y)/[(Z(x)+H(y))/2]^2\}^{\frac{1}{2}}$$

如前所述，$Z(x)$ 与 $H(y)$ 的离差越小越好，那么使 C^* 取极小值的充要条件是：

$$\max Z(x)H(y)/[(Z(x)+H(y))/2]^2$$

因此，得出城市公共产品供给能力与需求能力的耦合度公式[①]：

$$C = \{Z(x)H(y)/[(Z(x)+H(y))/2]^2\}^k$$

作为反映城市公共产品供给与需求相互协调的重要指标，耦合度 C 在一定程度上反映了二者的相互协调程度。但由于这种协调度只反映了同步程度，有可能存在两个区域的耦合度 C 相当，但两个区域的公共产品供给与需求不相同。协调可能包括高水平协调和低水平协调两种情况。为了进一步反映城市公共产品供给指数与城市公共产品需求指数的整体发展水平，还应构造城市公共产品与城市发展的耦合协调度分析公式：

$$R = (C \times P)^{\frac{1}{2}}$$
$$P = aZ(x) + bH(y)$$

其中，R 是耦合协调度，C 是耦合度，P 是公共产品与城市发展综合评价指数，a 是城市公共产品供给能力的权重，b 是城市公共产品需求能力的权重。因为二者的重要性相同，因此本章令 $a=b=0.5$。于是，耦合协调度模型可整理为：

$$R = \left(\left\{\frac{Z(x)H(y)}{\left[\frac{Z(x)+H(y)}{2}\right]^2}\right\}^4 \times \left[\frac{Z(x)+H(y)}{2}\right]\right)^{\frac{1}{2}}$$

耦合协调度模型既反映出城市发展与公共产品供需的协调状况，也可以反映两者所处区域的综合发展水平。所以耦合协调度既可用于同一区域之间，也可用于同一区域在不同时期的公共产品供给-需求的定量评价和比较。

$Z(x)$、$H(y)$、R 的值均在 $0 \sim 1$，耦合协调度越高，表明北京城市公共产品供给和需求的总体水平越高，也表明公共产品供需之间的耦合关系越发紧密，空间失配问题并不严重。具体的过程与计算结果将在第 10 章展开。

9.3 供需比例匹配分析

在公共产品的供给指数和需求指数折算为比例的基础上，供需比例匹配分

[①] 其中，C 为耦合度，k 为调节系数。一般 $2 \leq k \leq 5$，为了增加区分度，此处取 $k=4$。C 反映了城市公共产品供给指数与需求指数之间的耦合程度，由上述模型可以看出，C 的取值应在 0 与 1 之间，当 C 越接近于 1，则耦合性越好，反之，耦合性越差。相关讨论可见：谭玉成. 环渤海经济圈金融产业集聚与区域经济耦合关系研究[D]. 青岛：中国海洋大学，2009.

析用于对不同地理单元进行对照和匹配。在此,将供需单元分别记为 $A_{mn,供}$ 和 $A_{mn,需}$,其中,m 表示地理单元,涉及北京市城六区及 31 个街道、乡镇单位,共 37 个单元;n 表示公共产品种类,涉及 5 类单项公共产品的供需比例及综合比例,共 7 个。计算供需单元占上级辖区的比例后,令 K_{mn} 为偏离系数,则有:

$$K_{mn} = A_{mn,供} / A_{mn,需}$$

其中,偏离系数 K_{mn} 表示该地区某类公共产品的供给比例与需求比例之比,无量纲。若 K_{mn} 大于 1,表示该区某类公共产品的供给占北京市总供给之比高于该区某类公共产品需求占北京市总需求之比。注意偏离系数 K_{mn} 大于 1 并不意味着当地供给量大于需求量。若偏离系数 K_{mn} 小于 1,则意味着当地公共产品服务还有较大改进空间,应通过供需调节对当前的空间失配加以纾解。在既定的地方公共财政资源范围内,纾解的主要方向是增量资源向空间失衡地区倾斜(K_{mn} 偏离系数小于 1),通过扩展公共服务半径(如提高可达性、扩大公共服务范围)、降低准入门槛限制(如实现公共产品的区际联合生产-消费、淡化户籍限制等)来降低失配程度;同时,可对偏离系数 K_{mn} 远大于或远小于 1 的地区进行公共产品存量的投资调整,通过公共产品的改扩建、容量提升和整体迁移等形式,使得各地区偏离系数 K_{mn} 接近于 1,降低空间失配程度。

偏离系数 K_{mn} 对不同层级的行政区划有不同含义,多层次的偏离系数 K_{mn} 分析有助于识别空间失配的现状,明确纾解方向。作者以北京市公共产品为对象,在城六区范围内识别各类公共产品供需偏离系数的异常区域(表 9-2)。例如,海淀区博物馆供需偏离系数较低,因此要在海淀区下辖的 31 个街道、乡、镇(以下简称街道)范围内,进一步查找博物馆供需偏离系数偏低的区域,如苏家坨镇、上庄镇等地区,以确定博物馆空间失配的纾解方向。

表 9-2 北京市各行政区城市公共产品供需偏离系数

行政区划	博物馆	医院	公园	商场	电影院
东城区	0.51	0.41	0.83	0.47	0.50
西城区	0.41	0.37	0.50	0.42	0.43
石景山区	1.26	1.23	1.32	1.20	1.14
丰台区	1.56	1.30	1.32	1.15	1.09
海淀区	0.82	1.07	1.05	1.05	1.00
朝阳区	1.25	1.11	0.91	1.16	1.24

数据来源:作者根据数据资料计算而成。

上述方法结合当前供需能发现空间失配的具体区域,并进一步结合耦合协调度分析、拥挤度空间分析,可以确定未来城市公共产品空间适配的具体措施。

9.4 拥挤度空间分析

拥挤性的公共产品是指消费具有竞争性和受益排他成本较低的公共产品。准公共产品通常具有拥挤性特征,当消费者数目增加到某一个值后,边际成本为正。到达拥挤点后,每增加一个人,准公共产品的消费者效用将减少。因此,建设城市公共产品设施时,应高度重视各公共产品和公共服务供给规模与其服务范围的匹配程度。令某类公共服务设施供给容量为 T,周边区域人口密度为 D,该公共服务设施的有效供给半径为 r:

$$r=(T/\pi D)^{\frac{1}{2}}$$

在计算过程中,由于已对涉及的五类公共产品按服务效果、供给规模进行了等级划分,因此对各类公共产品按不同等级设定供给容量值,周边区域人口密度按乡镇、街道进行对应,可得到公共产品的有效供给半径,但 ArcGIS 中各乡镇、街道人口密度呈面状分布,无法由上式直接得出,需要引入间接测度方法。

在测算方法上,由于 GIS 底图中各乡镇、街道人口密度不同,D 值无法直接得出,导致服务半径 r 难于测算。因此引入拥挤系数 γ,按照卢洪友、卢盛峰、陈思霞(2011)的研究,假定存在一个由政府统一提供公共服务的辖区,且公共服务提供的总成本同辖区居民支付税收份额正相关;同时公共服务供给规模完全由辖区居民在既定税收价格下投票决定。因此在居民收入均匀分布假定下,辖区公共服务的供给量等于居民的中位需求量,即中位收入居民的需求量。若辖区内政府提供的公共服务总量为 Q,中位收入居民消费量为:

$$q_m=\gamma(N) \cdot Q$$

如果一项服务属于纯公共产品,那么由于不可分性将导致每人都能享受到全部数量,如国防服务、一般性天气预报等,即有 $\gamma(N)=1$;如果是私人产品,由于中位选民对于私人产品是平均享受的,即 $\gamma(N)=N^{-1}$;对大多数混合公共产品,则有 $0<\gamma(N)<1$。在前述研究基础上,结合本研究的调查问卷数据能够提取出中位收入选民偏好和各类公共产品消费量 q_m,进一步再根据北京该类公共服务供给总量得到 Q,从而得到拥挤系数 $\gamma(N)$。

在以中位收入选民为对象确定对应各类公共产品的拥挤系数 $\gamma(N)$ 后,按照各类公共产品中不同等级的拥挤系数重新绘制出半径不等的服务范围,通常来说,拥挤系数越高的公共产品其有效供给半径越小,反之亦成立。在形成北京市城六区各类公共产品有效半径 r 后,将形成基于公共产品承载量和周边人口密度的公共产品供给空间分析。

参考文献

卢洪友,卢盛峰,陈思霞.中国地方政府供给公共服务匹配程度评估[J].财经问题研究,2011(03):96-103.

第10章 城市公共产品空间供给能力测度与布局

10.1 公共产品供给的理论与模型

10.1.1 公共产品空间供给研究进展

城市起源时的聚集经济利益主要源于公共产品投入共享和交易成本的节约(江曼琦,2007)。但与该过程相伴,城市发展中也同时存在公共产品总量和效率两方面的失衡。其中,现有的关于总量失衡的研究集中在对公共部门规模的研究,学界认为公共产品总量未能满足公共需求,存在整体性缺口。[①] 尹鸿雁(2010)认为通过转移支付、提高供给、合理的事权-财权划分等可以解决供给缺口。效率失衡是指包含配置效率(消费者效率)和技术效率(生产者效率)的地方政府公共产品和公共服务提供效率,难以反映公共产品供给-需求-消费之间的结构性矛盾(江海燕、周春山、高军波,2011)。

城市公共产品供给不仅包括如何度量公平的方法论问题,还涉及谁应受益、社会公正以及政治舆论导向等多重的价值判断问题。因此公共产品的空间

---

① 由于混合公共产品的存在、公共产品多主体供给和非物质公共产品等原因,为便于测度公共产品提供规模,现代财政理论将公共产品供应规模的研究转向为对公共部门规模的考察。

供给不能沿袭"仅由城市管理者决定设施的区位和数量"的传统,而是必须要考虑不同社会群体的可达性的差异,保证实际享有结果的公平。公共产品在不同空间范围的供给-需求不对称现象,亟待重视。

当前对公共产品空间失配问题的研究思路有二:一是基于配置公平的经济学视角,通过泰尔指数及分解、洛伦兹曲线、基尼系数等方法,考察公共产品的匹配效率及公平性。该方法较多涉及财政资金投入研究,刘小勇、丁焕峰(2011)基于空间面板数据研究了地方卫生服务的收敛性,认为区际卫生服务供给存在显著的空间负效应,省级政府间形成了逐底竞争。二是基于可达性的地理视角,运用ArcGIS、Geoda等测度公共产品的空间的供给与需求及其空间的总量缺口,从微观层面来考察公共产品空间生产的公平性。林康等(2009)提出基于可达性角度的公共产品空间公平性的定量评价方法。王亭娜(2007)从可达性角度考察了我国公共产品的空间分布。但地理视角的公共产品供给研究多拘泥于空间供求关系,研究对象较为单一。城市公共产品空间供给问题除了总量、效率等因素外,还涉及空间的结构性问题,因此必须关注公共产品的供给机制、需求反映、消费形式等因素如何在城市空间层面发挥作用。陆军(2010)提出,应从空间供求、空间消费、外部空间关系和空间治理等层面,重构时间与空间融合统一的城市公共产品理论体系。

总的来说,现有研究多集中于对城市公共产品供给进行数量测算,且以货币化测度为主,但忽视公共产品供给与其空间分布的内在关联。一方面,公共产品的区位选择涉及其在城市内部的具体位置,需要从居民可及性出发细化到街道、乡、镇(以下简称街道)尺度,例如城市边缘的公共产品的辐射范围较小;另一方面,公共产品供给还需要从居民数量、居住位置、通行距离等角度,分析公共产品空间供给与当地居民时间距离的关联性。赵农、刘小鲁(2008)认为增加出行半径可能会加大居民到公共产品的距离,也或者使原先距离公共产品较远的居民获得了分享公共产品的机会,随出行半径变化的公共产品最优质量将取决于上述两种效应的比较。以上述思路为基础,本章在空间视角下,从供给模型、量化测算和布局特征三个方面,探讨缓解北京市城六区公共产品空间失配的策略。

公共产品的供给数量受到公共支出和政府能力的影响,在实践中可能出现供给不足或供给过度交替出现的波动情形。由于公共支出占GDP、占财政收入的比例易于调节,因此城市公共产品的规模缺口容易被纠正。但是公共产品的配置效率、技术效率和供给质量难以直接测度,造成公共产品的结构不良和质量短板难于观察和解决。为此,需要建立公共产品空间供给的测度方法,研究不同分类的各地理单元的公共产品的综合供给指数。

10.1.2 公共产品空间供给模型与方法

城市公共产品的空间供给能力是指在特定空间范围内,满足可达性和可用性条件的各类别、各等级的公共产品综合供给水平。可达性强调公共产品与周边地理临近,本章做出如下假设:

假设1:公共设施或公共服务距离使用者越近,该公共产品对使用者的效用越高[①];

假设2:公共设施或公共服务质量和等级越高,该公共产品对使用者的效用越高。

根据以上认识,特定城市公共产品的供给能力主要由地理距离和服务的效率与强度来决定。在假定交通条件均质的情况下,公共产品到周围地区的可达性相同。不同等级的公共产品具有不同的供给质量和服务能力。例如,医疗资源包括三级医院到乡镇卫生站的多个等级,服务能力大相径庭,见表10-1。作者将每类公共产品的供给指数定义为该类公共产品中各级公共产品的距离与强度的乘积之和。设每类公共产品供给指数为 S,距离为 D,强度为 K,i 为该类公共产品中的不同数量,则该类公共产品在城市中各区域的供给强度为:

$$S = \sum (D_i \times K_i) \tag{10-1}$$

在实际测算中,以该公共产品为中心在地图上作同心圆作为该公共产品的缓冲区,距离 D 为公共产品到不同地理位置的实际距离(以公共产品为原点作半径相同的同心圆),强度则依据公共产品的不同特点采取专家赋值,不同级别公共产品赋值的比例由该类公共产品的一类或者多类属性来决定。

本章以北京市城六区为例,选取了医院、博物馆、公园绿地、商场超市(商超)、电影院等与民生直接相关的五类公共产品[②],各类公共产品的内部等级划分见表10-1。

---

① 这里的"距离"即区位性因素,既包括某公共产品在城市中所在的区域,也包括某公共产品与居民的相对位置。在对特定区域内分析时采取前种定义,在对特定人群或个体分析时采取后种界定。相关研究和类似的表述可参见:赵农、刘小鲁,2008。

② 本研究将商场超市纳入公共产品范围,而非传统划分中将其视为市场供给的私人品,主要是基于某一公共产品的供给方式不是一成不变的,其供给机制的作用边界处于变迁之中,主要表现为政府供给与私人供给的相互转化。相关研究和论述可参见:樊丽明、石绍宾,2006;贾海彦,2006。

表 10-1　公共产品的类别与等级划分

公共产品类别	等级划分				
医院	三级医院	二级医院	一级医院	未评级	
博物馆	国家直属	部委直属	地方直属	民间建馆	
公园绿地	大型园林	中型公园	街区公园	社区绿地	
商场超市	高端商场	大型商场	百货商场	批发商场	便利店
电影院	一级影院	二级影院	三级影院	四级影院	五级影院

注：作者根据数据资料分析得到。上述公共产品等级划分，部分参考了行业主管部门的标准（如医院、公园绿地），其余是参照业界、市民生活习惯常见的划分方法（如商场超市、博物馆、电影院）。整体来看，进行上述五类公共产品等级划分，是希望形成各类公共产品内部的质量与等级区分，更好地反映空间供给能力。如三级医院与卫生站之间由于存在着等级和质量差异，带来的服务能力、效果显然不同。

综合考虑数量、质量与空间分布的城市公共产品供给测度步骤如下：① 明确同一类公共产品内部不同等级之间的供给比例关系并进行赋值，如不同等级和规模医院的供给能力差异；② 确定所选取的五类公共产品供给能力之间的比例关系；③ 根据比例关系确定各类产品所占的权重，对所有公共产品进行供给加总，得到该区域公共产品的综合供给指数。

在测度方法上，对同一类型内的公共产品采用"距离×强度"计算其空间供给能力，在 GIS 地图上表现为以公共产品为中心在周围作缓冲区，距离由公共产品的空间可达性决定；不同等级公共产品赋值的比例则由该类公共产品的一类或多类属性决定，强度则由公共产品本身的属性决定。如在医院类中，因为辐射范围受限于可达性，高等级的医院和低等级的医院在空间辐射范围上不会受其本身属性的影响，医院本身的属性主要反映在供给的质量和等级强度上。

通过上述方法可以得到每一类公共产品的空间供给指数，但实践中除了分类指数外，往往还需要综合指数。然而公共产品空间供给的综合指数显然不能将分类指数简单加总，因为不同类别公共产品之间的消费具有异质性，空间供给综合指数需要在处理为相对比例值（无量纲）后，才可以按照五类公共产品的各自权重进行加总。

本章采用综合成本法来量化确定不同类公共产品在空间供给综合指数中的权重，即使用个体为消费该类公共产品所付出的整体成本[①]（含直接成本、间

---

① 在此特别说明：从内部成本外部化的角度，将全社会视为整体，全社会为消费各类公共产品付出了总成本，在私人产品上这种成本是消费额或营业额，但公共产品的提供及付费机制存在多个来源，因此需将直接成本和间接成本汇总计算，这里的间接成本包括各类隐性支出，在测度时应全部覆盖。

接成本等)来测算每类公共产品在当地总供给中的比重以及不同类公共产品之间的供给比例关系,具体如图 10-1 所示。

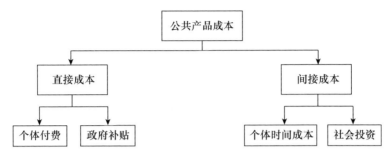

图 10-1　公共产品的成本构成

直接成本既包括消费者为享受该公共产品支付的货币,如公园门票、医院诊疗费用等,也包括政府给予该类公共产品的税收优惠和财政补贴,如北京市城六区公园的运行维护经费、公立医院的日常经费拨款等。间接成本指机会成本,包括个体时间成本①,采用"人均小时工资×(通勤时间＋停留时间)"的方法来测算,也包含社会投资,主要是商超类吸收外部投资渠道的资金来源。以上数据在公开渠道可查询,将医院、博物馆、公园绿地、电影院、商场超市等城市公共产品的供给数量分别汇总后,可得到不同公共产品的供给比重,最后折算出公共产品的综合供给指数。

在测算各类公共产品的供给规模后,将上述五类公共产品在 GIS 地图上分别描点绘制,并按照各类不同等级的公共产品绘制其缓冲区面积。细化到北京市城六区及其乡镇辖区范围,将各行政区划内的公共产品进行汇总,得到公共产品供给能力的空间测度结果。

10.2　北京市城六区公共产品空间供给能力测度

10.2.1　北京市公共产品分项空间供给能力测度

北京市公共产品的空间供给能力需对每类公共产品分别计算,从最低地理单元进行测度(本章中为街道一级),然后逐层向上汇总和组合,以 ArcGIS 11.0 软件为操作工具。北京市公共产品空间供给能力测度步骤如图 10-2。

---

① 引入个体在各类公共产品上花费的时间成本是考虑到部分公共产品(如绿地公园等)个人付费和国家补贴额较少,但并非无足轻重。因此以民众的消费时间折算为货币化的时间成本,表示民众的真实消费量,避免在加总多类公共产品供给指数,形成综合供给指数时权重失真。

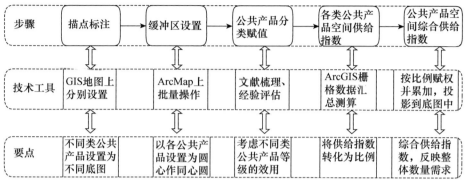

图 10-2　公共产品空间供给能力测度步骤

描点标注是将本章研究的五类公共产品按照其地理位置在电子地图上进行逐一描点，确定其地理及相对空间位置，本章在北京城六区范围内共计标注公园 159 个，商场 235 家，电影院 106 家，医院 901 家，博物馆 126 家。涉及北京城六区及其 144 个街道级单位。所形成的属性数据汇总表和空间分布示意图如表 10-2、图 10-3 所示。

表 10-2　公共产品属性数据汇总

	公园	商场	电影院	医院	博物馆	街道
数量/个	159	235	106	901	126	144
属性数据	面积	规模	厅数和座位数	医院类别	大类	面积
	票价		员工数	医院等级	小类	
	等级		场次数和营业时间	床位数	级别	常住人口
				门诊量	收费/免费	
备注	① 票价数据不完整，进行了逐个补充	① 已将大型商场的条目筛出，对商场和超市进行区别对待	厅数和座位数基本完整，缺失数据可估计	① 类别包括：对外综合、对外专科、社区卫生、对外中医	① 大类包括自然科学和历史文化；小类包括自然科学、历史、文化艺术、民族宗教、人物纪念等	无
	② 公园等级分为：普通、市级重点、国家级重点			② 等级包括一级、二级、三级甲等，一级、二级、三级合格，社区卫生为未评级	② 有一级、二级、三级，但绝大多数为未评级	

数据来源：作者根据数据资料分析汇总而成。

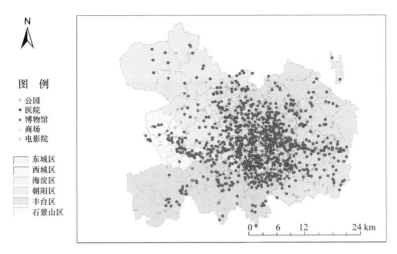

图 10-3　北京市城六区公共产品的空间布局

缓冲区设置是用于确定不同地理要素的空间邻近性和邻近程度的一类操作。作者以空间距离为对象，对不同类公共产品设置同一标准的系列缓冲区，考虑到研究对象为北京市城六区范围，距离上界为 30 km，因此将缓冲区按照 300 m 的等差数列依次向外扩展，共计设置 100 环，不同位置到某公共产品的距离呈现为 1 到 100 的等次分布，体现为式 10-1 中的距离变量 D，此处将最邻近缓冲区中心的距离设为 100，向外依次递减；然后在 GIS 底图中以栅格数据形式存储图块面积，将每个栅格设置为 100 m×100 m，这种粒度能更精细、完整地反映北京市城六区公共产品空间供给规律；再将同一类公共产品各缓冲区全部绘制在 GIS 底图上并进行叠加，形成不同空间位置的供给强度差异。图 10-4 以医院为例，绘制出北京市城六区范围的缓冲区叠加效果①。

公共产品分类赋值是按不同等级公共产品的服务效果确定其供给强度，在经验评估、文献梳理与调查问卷汇总的基础上，对五类公共产品中的不同等级进行综合赋值②，体现为式 10-1 中的服务强度 K。为统一标准，此处将各类公

---

① 该图不同色彩或灰阶反映了北京所有医院供给指数按照缓冲区叠加汇总的整体效果，可看出北京医院在空间分布上呈现大集中、小分散的特点，而北京医院供给能力在空间分布上呈现核心区高度集聚、城市周边分布不一等特点，体现了空间层面医疗资源的可达性。

② 此处的等级划分与服务强度赋值尽管有调查问卷的数据支撑，也参照了其不同属性（基础保障型或社会发展型）、不同效用和特性进行赋值，但会带有一定主观性。如三级医院与一级医院的供给能力赋值分别是 10 和 2，表示从医院使用方面，在距离相同的前提下，三级医院带来更高的福利水平。总体上，区分不同质量、等级公共产品是必要的，否则会忽视各类公共产品内部的结构性差异，将本研究等价于公共设施的可达性。

共产品的最低等级都赋值为1,每类公共产品中的较高等级则按照其不同属性（基础保障型或社会发展型）、不同效用和特性进行赋值,如表10-3所示。最后按照式10-1的计算过程得出各类公共产品(距离×强度)的供给指数。

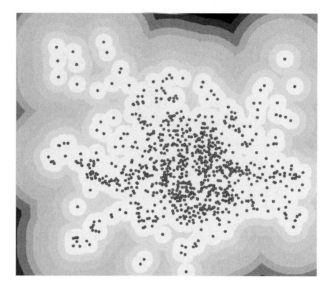

彩图10-4

图10-4 北京市城六区医院布局缓冲区叠加效果

注：图中不同色彩或灰阶反映不同区域在空间层面医疗资源的可达性,其他各类公共产品也形成了如上的缓冲区设置。限于篇幅,不再一一列出。

表10-3 五类公共产品等级及其供给能力赋值

公共产品类别	等级划分与服务强度赋值				
医院	三级医院	二级医院	一级医院	未评级	
供给能力赋值	10	5	2	1	
博物馆	国家直属	部委直属	地方直属	民间建馆	
供给能力赋值	10	7	4	1	
公园绿地	大型园林	中型公园	街区公园	社区绿地	
供给能力赋值	10	6	3	1	
商场	高端商场	大型商场	百货商场	批发商场	便利店
供给能力赋值	10	7	5	3	1
电影院	一级影院	二级影院	三级影院	四级影院	微影院
供给能力赋值	10	7	5	3	1

数据来源：作者根据数据资料分析汇总而成。

各类公共产品的空间供给指数测度是在前述步骤的基础上,在 ArcGIS 上逐类对五类公共产品在城六区和海淀区下辖的 31 个街道范围内进行制图。由于各类公共产品的描点标注已经完成,空间距离也已通过缓冲区计算得出,各类公共产品赋值完毕后写入 ArcGIS 数据底图,新增一列 Score,用于储存测算出的各类各区域公共产品供给指数,最终按照不同地区、不同类别的公共产品制作出空间供给指数,如表 10-4、表 10-5 所示。需要强调的是,这里给出的是绝对值,同一类公共产品在不同地区可比,但不同类公共产品在同一地区不可比。出于研究需要,将北京市城六区及海淀区下辖街道的数据转换为相对比例,如表 10-6 所示,其涵盖了区县级、街道级等最低粒度的基层行政区划。

表 10-4 北京城六区公共产品分类供给指数测度[①]

行政区划	博物馆	医院	公园	商场	电影院
东城区	9 805 463	8 187 442	8 634 022	11 522 768	11 147 815
西城区	11 719 313	9 850 357	10 433 079	13 828 021	13 038 563
石景山区	15 428 531	15 603 629	16 958 135	20 221 942	17 705 927
丰台区	56 411 274	52 726 951	56 503 723	67 120 396	55 879 611
海淀区	72 384 871	76 854 988	81 364 457	94 572 948	88 411 665
朝阳区	92 448 038	81 627 561	91 052 361	112 949 266	113 300 355

数据来源:作者根据数据资料分析计算而成。

表 10-5 海淀区下辖各区划公共产品分类供给指数测度[②]

行政区划	博物馆	医院	公园	商场	电影院
万寿路街道	1 795 454	1 647 576	1 773 475	2 306 887	2 196 201
万柳地区	565 323	503 919	551 557	705 666	693 001
万柳地区 2	417 743	389 748	446 498	536 587	524 664
上地街道	577 136	508 148	565 522	728 303	701 055
上庄镇	4 375 892	5 967 286	6 332 196	6 445 357	5 269 494
东北旺乡	10 559 569	10 553 275	11 794 259	13 875 693	13 005 744

---

① 这里给出的是绝对值,同一类公共产品在不同地区可比,但不同类公共产品在同一地区不可比。本表中数据不直接使用,而是为转换成表 10-6 的相对比例进行的过渡,数字本身只在该类公共产品内才可叠加。

② 这里给出的是绝对值,同一类公共产品在不同地区可比,但不同类公共产品在同一地区不可比。本表中数据不直接使用,而是为转换成表 10-6 的相对比例进行的过渡,数字本身只在该类公共产品内才可叠加。

续表

行政区划	博物馆	医院	公园	商场	电影院
东升乡	604 484	500 445	555 854	715 609	712 603
中关村街道	687 551	566 590	619 689	827 688	831 660
八里庄街道	1 466 326	1 283 221	1 346 900	1 786 070	1 764 417
北下关街道	1 423 241	1 165 249	1 218 666	1 669 367	1 593 073
北太平庄街道	1 208 287	993 772	1 040 105	1 446 552	1 403 102
双榆树街道	451 996	376 996	397 522	548 828	542 573
吉龙桥街道	4 068 394	3 744 507	4 213 816	5 056 022	5 087 712
四季青乡	6 171 327	5 582 020	6 158 410	8 010 016	7 717 453
学院路街道	2 144 169	1 762 958	1 883 178	2 521 859	2 481 256
永定路街道	287 970	275 476	294 519	383 076	356 220
海淀乡	1 393 576	1 233 220	1 348 930	1 768 739	1 728 205
海淀街道	611 702	525 627	568 553	750 613	747 965
清华园街道	688 834	578 706	645 937	825 361	835 154
清河街道	1 509 602	1 286 644	1 427 886	1 846 387	1 808 284
温泉镇	4 921 207	6 154 626	6 053 077	6 705 834	6 094 733
燕园街道	345 166	300 122	332 183	420 720	424 931
甘家口街道	1 454 551	1 220 535	1 321 764	1 702 075	1 644 372
田村路街道	1 400 200	1 331 336	1 416 483	1 860 459	1 741 688
紫竹院街道	1 391 167	1 150 969	1 218 941	1 650 324	1 586 505
羊坊店街道	1 436 183	1 259 855	1 357 931	1 768 731	1 647 203
花园路街道	1 444 526	1 207 324	1 253 123	1 731 634	1 719 843
苏家坨镇	8 689 764	14 804 565	14 144 089	13 166 087	10 909 510
西三旗街道	3 035 446	2 664 562	2 868 838	3 613 397	3 683 849
香山街道	5 957 296	6 096 850	6 849 123	7 571 152	7 355 040
马连洼街道	1 106 711	1 023 874	1 145 790	1 382 937	1 378 325

数据来源：作者根据数据资料分析计算而成。

上述处理得到各类公共产品的绝对值，本研究重点分析公共产品空间失配及其纾解策略，因此要将其转换为相对值，以各区域上级地理单元为总体，将各类公共产品绝对值折算为占全部地理单元中的比例数据，从中识别不同区及海淀区各街道各类公共产品供给指数占北京市城六区和海淀区的比例，如表10-6所示。

表 10-6　北京市城六区城市公共产品供给指数比例①

行政区划	博物馆/(%)	医　院/(%)	公　园/(%)	商　场/(%)	电影院/(%)
东城区	3.80	3.34	3.26	3.60	3.72
西城区	4.54	4.02	3.94	4.32	4.35
石景山区	5.98	6.37	6.40	6.32	5.91
丰台区	21.85	21.53	21.33	20.96	18.66
朝阳区	35.81	33.34	34.37	35.27	37.83
海淀区	28.03	31.39	30.71	29.53	29.52
万寿路街道	2.49	2.15	2.19	2.45	2.49
万柳地区	0.78	0.66	0.68	0.75	0.79
万柳地区 2	0.58	0.51	0.55	0.57	0.59
上地街道	0.80	0.66	0.70	0.77	0.79
上庄镇	6.06	7.78	7.80	6.83	5.98
东北旺乡	14.63	13.77	14.53	14.71	14.75
东升乡	0.84	0.65	0.69	0.76	0.81
中关村街道	0.95	0.74	0.76	0.88	0.94
八里庄街道	2.03	1.67	1.66	1.89	2.00
北下关街道	1.97	1.52	1.50	1.77	1.81
北太平庄街道	1.67	1.30	1.28	1.53	1.59
双榆树街道	0.63	0.49	0.49	0.58	0.62
吉龙桥街道	5.64	4.88	5.19	5.36	5.77
四季青乡	8.55	7.28	7.59	8.49	8.75
学院路街道	2.97	2.30	2.32	2.67	2.81

① 本表中前六行是指在城六区中,各区各类公共产品空间供给占该类公共产品全城区的比例,如东城区博物馆这种公共产品占北京城区博物馆空间供给能力的 3.8%;第八行以后的街道数据,指的是海淀区各街道各类公共产品空间供给占该类公共产品全海淀区的比例,如万寿路街道博物馆这种公共产品的空间供给能力占海淀区博物馆空间供给能力的 2.49%。由于上述形成的是空间供给指数,由测度方法可知具体的比例与各区域面积强相关,因此在后续研究中也将在此基础上衍生出单位面积公共产品供给指数和单位人口公共产品供给指数,以更好地揭示问题。

续表

行政区划	博物馆/(%)	医院/(%)	公园/(%)	商场/(%)	电影院/(%)
永定路街道	0.40	0.36	0.36	0.41	0.40
海淀乡	1.93	1.61	1.66	1.88	1.96
海淀街道	0.85	0.69	0.70	0.80	0.85
清华园街道	0.95	0.75	0.80	0.87	0.95
清河街道	2.09	1.68	1.76	1.96	2.05
温泉镇	6.82	8.03	7.46	7.11	6.91
燕园街道	0.48	0.39	0.41	0.45	0.48
甘家口街道	2.01	1.59	1.63	1.80	1.86
田村路街道	1.94	1.74	1.75	1.97	1.98
紫竹院街道	1.93	1.50	1.50	1.75	1.80
羊坊店街道	1.99	1.64	1.67	1.88	1.87
花园路街道	2.00	1.57	1.54	1.84	1.95
苏家坨镇	12.04	19.31	17.43	13.96	12.37
西三旗街道	4.20	3.48	3.54	3.83	4.18
香山街道	8.25	7.95	8.44	8.03	8.34
马连洼街道	1.53	1.34	1.41	1.47	1.56

数据来源：作者根据数据资料分析计算而成。

将表10-6的数据与相应的需求数据结合分析，可明确各行政区公共产品供给-需求之间的缺口，有利于找准纾解方向和着力点。为方便供给指数的横向比较，在加入行政区面积、人口等变量后，将其调整为各地单位面积公共产品的供给指数和各地单位人口的公共产品供给指数，如表10-7、表10-8所示。

表10-7 北京市城六区单位面积公共产品供给指数

行政区划	博物馆	医院	公园	电影院	商场
东城区	1.249 693	1.098 414	1.072 105	1.223 384	1.183 920
西城区	1.237 544	1.095 799	1.073 992	1.185 752	1.177 575
石景山区	0.968 207	1.031 351	1.036 208	0.956 873	1.023 255
丰台区	0.998 262	0.983 642	0.974 505	0.852 521	0.957 601
朝阳区	1.136 615	1.058 217	1.090 910	1.200 731	1.119 476
海淀区	0.831 247	0.930 890	0.910 724	0.875 434	0.875 730
上庄镇	0.542 400	0.576 200	0.850 300	0.576 300	0.681 300

续表

行政区划	博物馆	医院	公园	电影院	商场
苏家坨镇	0.451 900	0.480 000	0.796 700	0.499 900	0.583 900
东北旺乡	0.772 100	0.820 100	0.933 900	0.838 200	0.865 200
温泉镇	0.666 100	0.707 600	0.887 400	0.726 700	0.774 000
清河街道	0.984 500	1.045 800	1.009 800	1.039 800	1.029 000
上地街道	0.935 500	0.993 700	0.997 000	0.994 700	1.003 500
万柳地区	0.970 000	1.030 300	1.029 900	1.057 800	1.039 400
马连洼街道	0.929 200	0.987 000	1.042 900	1.020 100	0.994 900
青龙桥街道	0.934 600	0.992 800	1.047 500	1.029 500	0.989 900
东升乡	1.031 400	1.095 500	1.031 800	1.070 800	1.040 000
学院路街道	1.062 200	1.128 200	1.010 500	1.082 100	1.064 200
香山街道	0.810 700	0.861 200	1.010 100	0.882 500	0.879 400
燕园街道	1.046 200	1.111 300	1.088 400	1.126 500	1.093 100
中关村街道	1.081 600	1.148 900	1.053 300	1.152 400	1.116 600
万柳地区	0.895 200	0.950 900	1.033 900	0.980 600	0.980 500
海淀乡	0.991 700	1.053 400	1.038 800	1.084 400	1.076 600
海淀街道	1.035 300	1.099 700	1.038 400	1.114 800	1.086 000
四季青乡	0.924 600	0.982 100	0.999 600	1.018 800	1.023 200
花园路街道	1.053 500	1.119 000	0.987 900	1.105 900	1.080 100
双榆树街道	1.024 900	1.088 600	0.970 800	1.086 000	1.051 600
北太平庄街道	1.043 400	1.108 300	0.974 000	1.069 700	1.065 400
北下关街道	1.086 200	1.153 700	1.007 200	1.074 500	1.087 600
紫竹院街道	1.066 200	1.132 500	1.009 300	1.070 700	1.077 500
八里庄街道	1.021 200	1.084 700	1.017 100	1.083 300	1.059 600
甘家口街道	1.032 300	1.096 500	1.019 500	1.028 500	1.030 200
田村路街道	0.913 500	0.970 300	1.003 600	1.003 900	1.033 800
万寿路街道	0.958 300	1.017 900	1.026 500	1.031 800	1.050 800
羊坊店街道	1.024 400	1.088 100	1.047 000	1.036 500	1.078 500
永定路街道	0.926 100	0.983 700	1.015 100	0.997 200	1.057 900
西三旗街道	0.941 500	1.000 000	0.966 400	1.008 900	0.956 800
清华园街道	1.028 300	1.092 200	1.054 600	1.107 200	1.049 500

数据来源：作者根据数据资料分析计算而成。

北京市城六区单位面积公共产品的供给指数是将原数据进行了标准化处理,以北京市城六区范围内平均供给指数为基准,记为1,设各区面积及北京市城区面积分别为 D、D^*,各区公共产品及北京市城六区供给指数分别为 S、S^*,则各区单位面积公共产品供给指数 T 为:

$$T = (S/D)/(S^*/D^*) \qquad (10\text{-}2)^{①}$$

同样的,将上式中 S、D 分别换成海淀区各街道供给指数、面积,S^*、D^* 分别为海淀区供给指数、面积,则可得到海淀区各街道单位面积公共产品供给指数 t。

与北京市城六区单位面积公共产品供给指数的测算方法相类似,本章还对北京市城六区单位人口公共产品的供给指数进行了测算,表 10-8 中提供了北京市城六区以及海淀区各街道层面的数据汇总。

表 10-8　北京市城六区单位人口公共产品供给指数

行政区划	博物馆	医院	公园	电影院	商场
东城区	0.506 906	0.445 544	0.434 872	0.496 235	0.480 227
西城区	0.467 831	0.414 247	0.406 003	0.448 252	0.445 161
石景山区	1.088 623	1.159 621	1.165 082	1.075 88	1.150 518
丰台区	1.618 677	1.594 971	1.580 155	1.382 358	1.552 745
朝阳区	1.060 396	0.987 255	1.017 755	1.120 212	1.044 406
海淀区	0.933 183	1.045 046	1.022 407	0.982 789	0.983 122
上庄镇	4.980 74	6.394 42	6.410 85	4.914 99	5.613 61
苏家坨镇	9.478 63	15.202	13.722	9.738 43	10.9902
东北旺乡	0.904 711	0.851 529	0.898 527	0.912 131	0.909 658
温泉镇	4.944 88	5.8222	5.408 91	5.010 13	5.155 14
清河街道	0.550 837	0.442 778	0.463 863	0.540 295	0.516 575
上地街道	0.288 588	0.238 085	0.252 514	0.284 98	0.277 766
万柳地区	1.848 61	1.564 21	1.611 61	1.872 31	1.777 51
马连洼街道	0.528 726	0.463 067	0.487 257	0.539 093	0.507 991
青龙桥街道	1.611 78	1.39 459	1.483 18	1.648 93	1.531 76
东升乡	0.620 628	0.480 248	0.509 802	0.598 463	0.561 521
学院路街道	0.449 611	0.348 184	0.351 211	0.425 389	0.404 196
香山街道	10.6491	10.2618	10.8943	10.7652	10.3651
燕园街道	0.470 857	0.382 572	0.402 191	0.470 857	0.441 429

---

① 这里的单位面积公共产品供给指数与区位熵的思路类似。

续表

行政区划	博物馆	医院	公园	电影院	商场
中关村街道	0.219 192	0.170 739	0.175 354	0.284 98	0.203 041
万柳地区	1.706 2	1.500 28	1.617 95	1.735 62	1.676 79
海淀乡	1.162 02	0.969 351	0.999 455	1.180 08	1.131 91
海淀街道	0.216 364	0.175 637	0.178 182	0.216 364	0.203 637
四季青乡	1.846 19	1.571 96	1.638 9	1.889 37	1.833 23
花园路街道	0.494 968	0.388 55	0.381 126	0.482 594	0.455 371
双榆树街道	1.200 9	0.934 034	0.934 034	1.181 84	1.105 59
北太平庄街道	0.305 092	0.237 497	0.233 843	0.290 477	0.279 515
北下关街道	0.457	0.352 609	0.347 97	0.419 883	0.410 604
紫竹院街道	0.513 596	0.399 168	0.399 168	5.010 13	0.465 696
八里庄街道	0.695 269	0.571 97	0.568 545	0.684 994	0.647 319
甘家口街道	0.624 997	0.494 4	0.506 838	0.578 355	0.559 698
田村路街道	0.669 412	0.600 4	0.603 851	0.683 214	0.679 763
万寿路街道	0.531 809	0.459 193	0.467 736	0.531 809	0.523 266
羊坊店街道	0.576 536	0.475 135	0.483 827	0.541 77	0.544 667
永定路街道	0.298 568	0.268 711	0.268 711	0.298 568	0.306 032
西三旗街道	1.073 35	0.889 348	0.904 682	1.068 24	0.978 794
清华园街道	0.675 701	0.533 448	0.569 011	0.675 701	0.618 8

数据来源：作者根据数据资料分析计算而成。

10.2.2 北京市公共产品空间供给能力综合分析

在得到各类公共产品的空间供给能力后，需将功能指数进行加总，统一成各地区综合的公共产品功能指数，主要思路是按照不同公共产品的社会使用成本（含个体付费、政府支出、间接成本等）进行赋权，并累加为综合公共产品供给指数。

在数据收集和处理过程中，在北京市范围进行累加和收集。对于"个体付费"数据按照本研究调查问卷收集到的相关数据进行平均化处理，得到人均付费额后乘以北京市人口数量形成整体付费额。考虑到数据可得性，政府支出将以2011年财政的实际支出额为依据进行汇总，由于北京地区医院、博物馆等公共设施存在国家直属和市属的区别，需要对国家直属公共设施进行累加。个体时间成本是综合考虑消费者机会成本后的实际支出额度，由于部分公共产品的个体付费和政府支出都较低，如公园绿地等，若不考虑消费者机会成本，将造成权重失真，因此在问卷中对各类公共产品的使用时间进行了统计，通过"人均时间×北京市人均小时工资×北京市人口数量"得到各类公共产品的个体时间成本。社会投资是考虑到上述公共产品中存在第三部门供给、自愿供给等行为，也将其视为社会总成本的部分纳入在内，最终形成的北京市六类公共产品的使用成本，如表 10-9 所示。

表 10-9 北京市各类公共产品社会整体使用成本

公共产品	直接成本		间接成本		人均付费额/元	人均消费时间/h
	个体付费/亿元	政府支出/亿元	时间机会成本/亿元	社会支付/亿元		
医院	29.03	75.2	14.55	2	236.72	4.47
博物馆	5.61	9	5.22	4	45.77	1.60
公园绿地	21.19	1.62	418.43	0	172.80	128.543
商超	199.21	0	291.89	30	1630.3	89.67
电影院	28.39	0	117.23	9	231.52	36.01

数据来源：作者根据数据资料分析计算而成。

上表数据均系公开获得，问卷数据系本研究专项调查取得，获得各分类公共产品的人均付费额、人均消费时间等数据；政府支出参照 2011 年度北京市财政拨款支出决算等相关数据提取，各分项数据来源如表 10-10 所示，其中政府支出类的编码为各级预算科目及其明细。

表 10-10 北京市城市公共产品成本测算数据来源

数据来源	政府支出	社会支付
医院	21002 公立医院	社会力量参与医院投资。本章研究涉及 32 家民间资本参与医院汇总
博物馆	2070205 博物馆；2180306 文物事业单位博物馆及其附属设施	博物馆存在分级管理、标准不统一的问题，为简化处理，博物馆按其官方简介进行汇总
公园绿地	2121302 城市环境美化	目前尚无公共意义的市民大型绿地，仅有多为社区范围内的俱乐部商品，故不纳入
学校	2050204 高中教育；2050304 职业高中教育	民间投资的各类国际高中、新型合作办学、国有民办等形式，调研学校按当年新增投资额进行累加
商超	无直接政府支出	商超类投资按 2011 年《中国零售和餐饮连锁企业统计年鉴》《中国连锁经营年鉴》等数据汇总
电影院	无直接政府支出	按照 2011 年《中国电影年鉴》《城市院线电影市场概况》进行测算

数据来源：作者根据相关资料分析整理而成。

最终形成北京市六类公共产品的整体使用成本及各自权重,见表10-11,所形成的权重用于计算北京市城六区各地公共产品的综合供给指数。

表10-11 北京市各类城市公共产品使用成本及权重

公共产品	整体使用成本/亿元	权重/(%)
医院	120.78	9.57
博物馆	23.83	1.89
公园绿地	441.24	34.98
商超	521.1	41.31
电影院	154.62	12.26

数据来源:作者根据相关资料分析计算而成。

在表10-11基于使用成本的各类公共产品权重的基础上,根据权重进行公共产品供给指数加总,并测度得到北京市城六区及海淀区31个街道的公共产品综合供给指数。北京市城六区公共产品综合供给指数见表10-12。

表10-12 北京市城六区公共产品综合供给指数

行政区划	综合供给指数/(%)
东城区	3.48
西城区	4.17
石景山区	6.30
丰台区	20.88
朝阳区	35.10
海淀区	30.09

数据来源:作者根据相关资料分析计算而成。

10.3 北京市城六区公共产品空间供给布局特征

在得到空间供给指数后,结合测度结果和ArcGIS地图来分析各类公共产品供给的空间布局特征。供给能力空间分布图根据测度出的供给指数进行排序,并以颜色深浅的不同来表示;单位面积供给指数示意图与单位人口供给指数示意图在考虑公共产品的承载能力后进行调整,形成基于公共产品供给数量(各类公共产品供给指数)、空间公平(各类公共产品单位面积供给指数)和社会公平(各类公共产品单位人口供给指数)的三维分析视角。

10.3.1 北京市城六区医院空间供给布局特征

总体上,北京市城六区医院空间供给布局呈现核心集聚(东城区、西城区、海淀区东南部、朝阳区西部)和外围集中的特点。在北京市西北、西南、正西三个方向存在着航天总医院、老年医院(三级医院)以及石景山区医院集中区的分布(中医科学院眼科医院、北大首钢医院等三级医院),高等级医院的存在使北京城市西部享有较高的医疗资源服务水平,但城市东部的医院供给能力明显偏弱。

由于供给指数与各行政区划缓冲区面积高度相关,可能存在土地面积较大的地区供给能力被高估,所以单位面积空间供给能力值得进一步关注。将城六区医院空间供给能力除以其面积,观察单位土地面积上的医院供给能力,发现考虑面积变量后的北京市城六区医院功能呈现中心高度集聚的特征。图 10-5、图 10-6 所呈现的差异化的空间分布情况,北京市医院单位面积的空间指数呈现"东高西低"的特点,启示需要综合考量北京市医院公共产品供给能力。

彩图 10-5

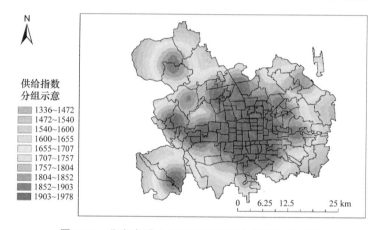

图 10-5　北京市城六区医院供给能力空间分布示意

彩图 10-6

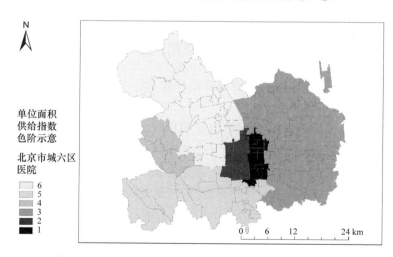

图 10-6　北京市城六区医院单位面积供给指数空间示意

医院属于基础保障性的公共产品,因此便捷可达的医院网点布局对民众及时诊疗意义重大,强中心分布可能导致空间不公平,需在衡量中心-边缘的供给结构和数量后进一步提出改善对策。

对照北京市医院网点分布结构发现,不同等级的医院之间存在着分工:基层卫生院、卫生站提供日常门诊;重大疾病则由三级医院、专业医院诊治。若基层卫生医疗网点的分布与辖区需求一一对应,则可认定基本医疗服务的供给初步实现了空间均等化。海淀区医院单位面积供给指数空间示意见图10-7。

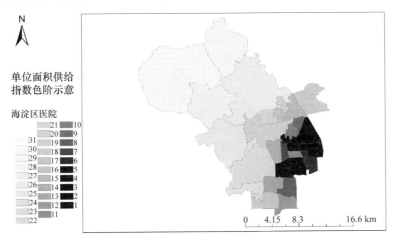

图 10-7　海淀区医院单位面积供给指数空间示意

医院作为拥挤型公共产品,门诊量、病床数存在承载量限制,在人口的高密度区域需匹配更高容量的医院设施。图10-8中,基于人口的北京市医院公共

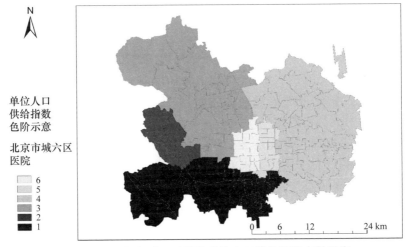

图 10-8　北京市城六区医院单位人口供给指数空间示意

产品供给指数分布呈现"中心弱、南部高"的态势,启示提供例如医院等拥挤型的公共产品时,需体现空间公平原则,充分考虑人口密度对病床数、医护人员等指标的影响,应对人口密集的地区有所倾斜,适度提高拥挤型医疗服务资源的布局。

本章发现,在海淀区范围内也呈现出单位人口供给指数"中心低、外围高"的分布格局(图10-9)。对急救中心、ICU病房等空间依赖性强、拥挤型的医疗公共产品总体上应重点考虑空间公平,在单位面积供给指数基础上纾解空间失配;对护理人员、病床数等拥挤型医疗公共产品,应重点考虑社会公平,在单位人口供给指数基础上纾解空间失配。

彩图 10-9

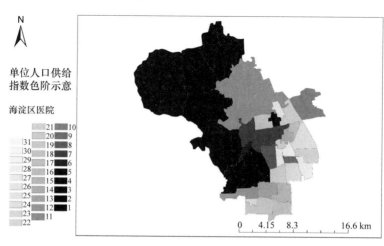

图 10-9　海淀区医院单位人口供给指数空间示意

10.3.2　北京市城六区公园空间供给布局特征

总体上,北京市城六区的公园供给呈现出一种相对分散的布局形态(图10-10)。供给指数最高的区域,在空间上大体形成了两条比较明显的分布带,一条西起丰台区中部,横贯石景山区南部、东城区、西城区直至朝阳区中部;另一条由石景山区北部沿四环线深入海淀区东南部地区。结合公园分布的散点图发现,这两条分布带与最高等级公园的分布大致吻合。整体上,除海淀区西北部之外,城六区大体享有较高水准的公园供给。

为了对各城区或街区进行横向比较,本章将供给指数除以面积折算为各城区或街区的单位面积供给指数,考察供给的空间公平性。图 10-11 显示,城六区的东、西部之间具有强烈的不均衡态势,东部的单位面积供给值明显高于西部,这与图10-10揭示的结果不同。

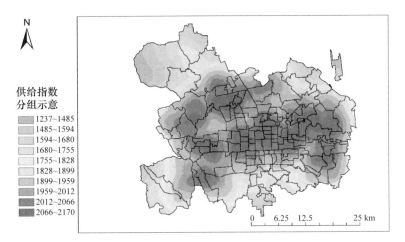

图 10-10　北京市城六区公园供给能力空间分布示意

为进一步了解各区公园供给的绝对量,本章继续考察公园分布散点图发现:① 海淀区拥有最多数量的高等级公园,但其西北部几乎没有公园分布,导致其成为单位面积供给能力最差的城区;② 除海淀区西北部之外,在城六区的范围内各等级公园的散布相对均匀,可以认为北京市城六区公园资源的分配初步实现了空间公平;③ 尽管海淀区公园绿地总面积最大,按照简单算术平均法海淀区的公园公共产品供给较为充分,但考察其公园等级结构和面积分布发现,海淀区的公园数量较少、单个公园面积较大,与朝阳区形成强烈反差。这种高等级公园的空间分布和结构不利于周边民众共享公园绿地资源,可达性较差。这样的结果为未来空间纾解策略提供了主要方向和依据。

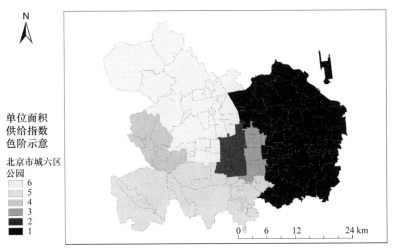

图 10-11　北京市城六区公园单位面积供给指数空间示意

图 10-12 展示了海淀区内部的公园单位面积供给指数的分布状况,与图 10-10 反映的情况相同,供给指数最高的区域恰是四环沿线的高等级公园分布带,但西北地区的指数很低。结合上述分析认为,海淀区西北部应该规划布局更多的公园设施,且公园在类型和等级上应该更多布局社区小型、微型公园,重在提供城市公共活动空间而非继续加大园林式绿地面积。

彩图 10-12

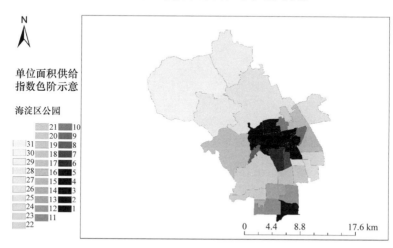

图 10-12 海淀区公园单位面积供给指数空间示意

公园是与居住区人口密切相关的公共产品,因此各城区或街区的人口数量也应成为公园布局的重要参考因素。北京市城六区的公园单位人口供给指数如图 10-13 所示,但与图 10-11 相反,总体呈现出西高东低的分布趋势。这说

彩图 10-13

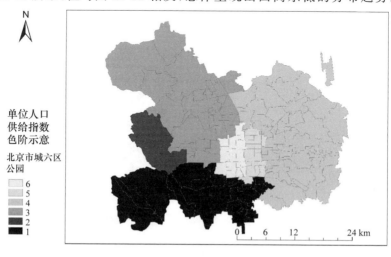

图 10-13 北京市城六区公园单位人口供给指数空间示意

明东城区、西城区及朝阳区的公园供给能力仍未能有效缓解人口高度集聚的压力。对上述几个城区，适度增加街心公园的布局可以缓解高密度人口对公园的迫切需求。在城区存量土地资源有限的情况下，可考虑借鉴苏州园林的设计经验，精细化地设计公园活动空间，提高承载容量，提升供给能力，为市民提供更多公共活动场地。

最后，从海淀区内部的公园单位人口供给指数分布发现（图 10-14），单位面积供给指数较高的地方，单位人口供给指数反而较低。高等级大公园的分布并不能满足其东南部人口的需求，应考虑在海淀区与西城区的交界范围内，布局一些街心公园来满足高人口密度地区对公园的日常需求。

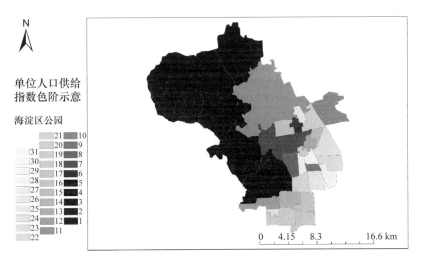

彩图 10-14

图 10-14　海淀区公园单位人口供给指数空间示意

10.3.3　北京市城六区博物馆空间供给布局特征

总体上，北京市城六区的博物馆供给呈现出明显的单中心集聚的空间形态（图 10-15）。集聚的核心大体位于东城区、西城区，及其各自与海淀区东南、朝阳区西北的交界处。结合博物馆布局的散点图，本章发现这片区域集中了北京城区的大部分博物馆。这种状况主要与老城区的历史遗留相关，大量有重要历史文化价值的皇城历史遗迹集中分布在以东城区、西城区为中心的老城区，外围城区仅有少量人物纪念或历史事件类的低等级博物馆分布。从集聚中心出发，博物馆的空间供给能力向四周递减，在城六区的西北和西南出现最低值。

彩图 10-15

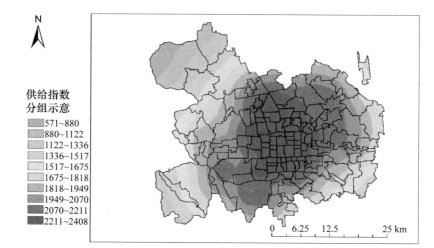

图 10-15　北京市城六区博物馆供给能力空间分布示意

为方便不同城区和街区的横向比较，本章引入面积变量，计算各个城区的单位面积供给指数。如图 10-16 所示，单中心的特点仍然明显，并且呈现出"东南高、西北低"的态势，这与图 10-15 中的趋势大体相同。从空间公平的角度看，北京市城六区的博物馆供给是不均质的。图 10-17 反映了海淀区内部的分布情况，不难发现其由东南向西北梯级递减的规律。西北郊区供给的极低水平是导致海淀区总体供给能力位列城六区最末一位的主要原因。

彩图 10-16

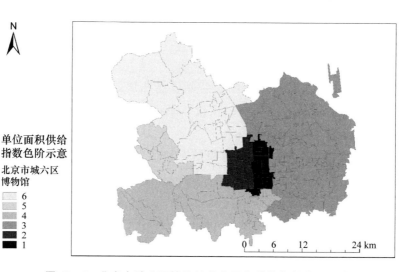

图 10-16　北京市城六区博物馆单位面积供给指数空间示意

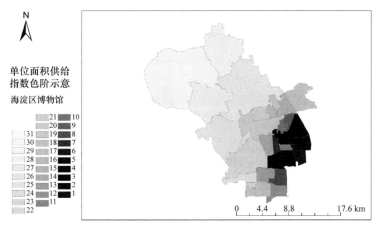

图 10-17 海淀区博物馆单位面积供给指数空间示意

博物馆是发展型的公共产品，空间公平并非其追求的主要标准。下面引入人口变量，考察城六区及海淀各街区的单位人口供给指数。如图 10-18 所示，东城区、西城区恰是单位人口供给能力最弱的地区，而丰台区、石景山区、海淀区的单位人口供给能力较强。在海淀区内部，博物馆的单位人口供给能力呈现出西北向东南递减的状况（图 10-19）。这与图 10-16 和图 10-17 反映的情况有所差异，启示应综合考虑不同类型的博物馆布局。将科普类、教育文化意义较强的博物馆视为基本供给，保障各地区民众有充分的接触机会，而专业性质的博物馆更应考虑人口密度，提高博物馆使用率，而不必拘泥于空间均质布局。

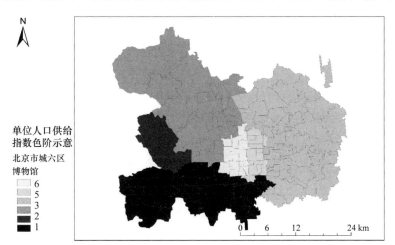

图 10-18 北京市城六区博物馆单位人口供给指数空间示意

事实上，博物馆并非生活服务性质的一般公共产品。一方面市民对博物馆的使用并不是经常性的；另一方面其使用者往往具有某些特定的属性，不能简单地用人口数量代表其潜在的受众或客流量。这些特征决定了其布局更应该考虑需求的区位,只有匹配不同地区的需求量及需求结构,才能更好地明确其布局的位置。这将在下一章的匹配分析中做进一步的考察。

彩图 10-19

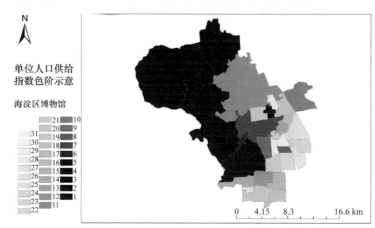

图 10-19　海淀区博物馆单位人口供给指数空间示意

10.3.4　北京市城六区商场空间供给布局特征

北京市城六区的商场供给呈现出中心集聚的分布形态,在东城区、西城区、海淀区东南部以及朝阳区西部 CBD 一带的连绵区域内形成供给核心区(图 10-20)。对比商场网点图发现,东城区、西城区中部至 CBD(地铁一号线沿线)集中布局了北京大部分的高等级商场。此外,由于石景山区万达广场、朝阳区时代名门购物中心等高等级商场的布局,在石景山区东南以及朝阳区西北部紧邻核心区的位置还形成了两个相对独立的集聚区。城六区的西北(海淀区西北)及西南部(丰台区西南)成为供给能力最弱的区域。

彩图 10-20

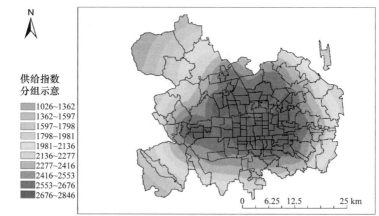

图 10-20　北京市城六区商场供给能力空间分布示意

为便于城六区与街区的比较,作者考虑将供给指数折算为不同街区的单位面积供给指数。如图 10-21 所示,其结果与图 10-20 具有高度的一致性,呈现出强中心的分布形态。东城区、西城区的单位面积供给能力最强;而海淀区、丰台区由于存在广阔的远郊地区,几乎没有任何商场的布局,成为最弱的城区。这种布局形态与基本认知是相符合的。图 10-22 显示了海淀区内部的单位面积供给指数分布,表现出从东南向西北郊区的梯级递减规律,再次印证了高度中心集聚的强中心布局形态。

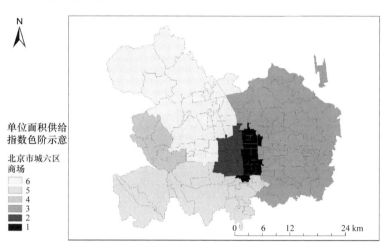

图 10-21　北京市城六区商场单位面积供给指数空间示意

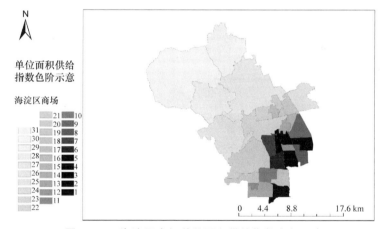

图 10-22　海淀区商场单位面积供给指数空间示意

当然对商场来说,单纯考虑空间公平意义有限。与一般型的便利店不同,商场作为市场化经营的发展型的公共产品,需要充分考虑布局的集聚效益。由于存在潜在市场,人口稠密地区可能成为商场,特别是高等级商场布局的重点。

下面引入人口变量,考察单位人口的供给能力。如图 10-23 所示,单位人口供给指数呈弱中心分布,与图 10-21 表现出相反的趋势。那些单位人口供给能力弱的地方更可能成为高端市场选择的对象。而一些低等级的商贸中心、批发市场,由于地价因素的影响,可能会向城市外围区域布局。

彩图 10-23

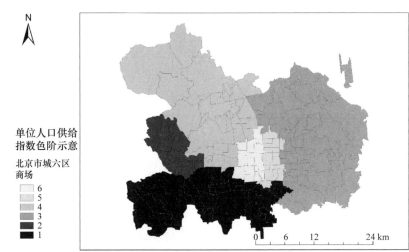

图 10-23　北京市城六区商场单位人口供给指数空间示意

图 10-24 展示了海淀区内部的单位人口供给能力布局,更加清晰地展现出弱中心的布局形态。由图 10-21 和图 10-23 可知,海淀区无论是单位面积还是单位人口供给指数都处于城六区的中下游。结合图 10-24 所显示的情况,本章认为海淀区东南部可能成为高等级商场布局的热点区域,而其外围地区可能受到低等级商场布局的关注。

彩图 10-24

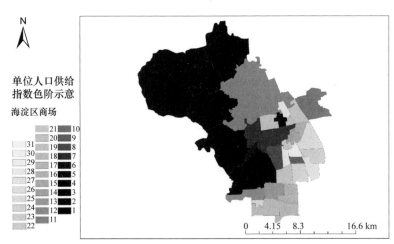

图 10-24　海淀区商场单位人口供给指数空间示意

10.3.5 北京市城六区电影院空间供给布局特征

总体上,北京市城六区的电影院供给呈现出双核集聚的强中心分布的特点(图10-25)。两个供给核心分别为东城区与朝阳区中西偏南区域,以及海淀区东南与朝阳区西北部的交界区域。对比电影院的网点图发现,这两个区域几乎集中了北京市各个等级的影院。而城六区西北(海淀区西北部)与西南(丰台区西南部)两处区域供给最弱。整体上,东部城区能享受到比较完善的电影院服务,而城市西部郊区的供给能力明显偏弱。

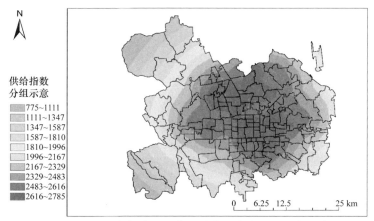

图 10-25　北京市城六区电影院供给能力空间分布示意

为方便不同城区以及街区之间的横向比较,作者考虑电影院的单位面积供给指数。不难发现,图 10-26 呈现出的情况与图 10-25 基本相同。东城区与朝阳区是电影院供给能力最强的城区,丰台区和海淀区由于西部及西北部远郊极低的

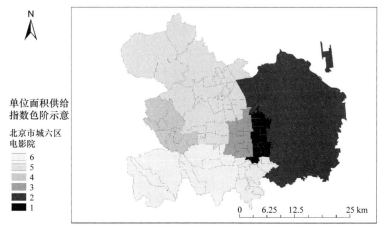

图 10-26　北京市城六区电影院单位面积供给指数空间示意

供给指数而成为供给能力最弱的城区。整个城六区的供给呈现出"东强西弱"的态势。作为一种准公共产品,电影院在人流密集、商业发达的中心城区集聚很大程度上是市场规律作用的结果。从图 10-27 也能看到海淀区内部呈现出的单位面积供给指数表现出由东南向西北阶梯递减的规律,与总体趋势相符。

彩图 10-27

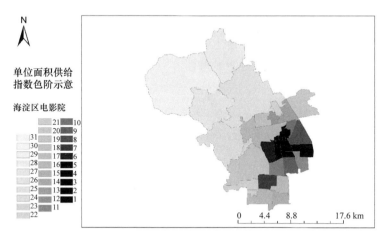

图 10-27　海淀区电影院单位面积供给指数空间示意

考虑到电影院目前仍是一种发展型的公共产品,需要满足较高层次的消费需求,同时又可作为市场化经营的产品,因而不应以单纯的空间公平原则来评判其布局合理性。对电影院来说,人口稠密地区存在潜在市场,更可能成为布局区域。图 10-28 反映了北京市城六区电影院的单位人口供给指数,但与前面的情况几乎相反,呈现出一种弱中心的分布形态:丰台区成为供给能力最强的区,而东城区、西城区成为最弱的区域,海淀区、朝阳区和石景山区的位次则基本不变。

彩图 10-28

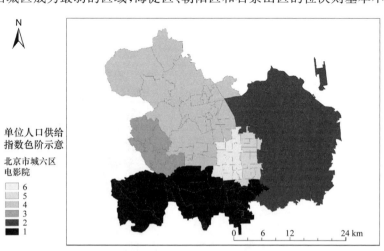

图 10-28　北京市城六区电影院单位人口供给指数空间示意

由此,作者提出以下纾解方向:东城区和西城区的单位面积供给指数都很高,但单位人口供给指数却很低,说明东城区、西城区密集的影院布局仍不能较好地缓解高密度人口的需求,潜在市场应引致更多投资。海淀区和石景山区无论是单位面积还是单位人口供给指数均处于中下游,这两个区也成为市场关注的重点。

再看海淀区内部的单位人口供给能力分布,可以发现弱中心的特点(图10-29)。西北地区的单位人口供给指数很高,而靠近城中心地区的却较低。未来布局的重点仍是东南部地区。外围地区居民的观影需求可以通过网络下载、中远距离出行以及布局一些低等级的电影院设施等来满足。

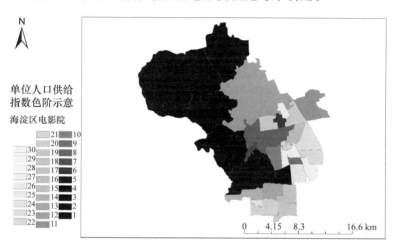

图 10-29　海淀区电影院单位人口供给指数空间示意

参考文献

[1] 樊丽明,石绍宾.公共品供给机制:作用边界变迁及影响因素[J].当代经济科学,2006(01):63-68.

[2] 贾海彦.公共品供给中的政府经济行为分析[D].济南:山东大学博士论文,2006.

[3] 江海燕,周春山,高军波.西方城市公共服务空间分布的公平性研究进展[J].城市规划,2011(07):72-77.

[4] 江曼琦.公共产品投入共享、交易成本节约与城市起源[J].华中师范大学学报(人文社会科学版),2007(05):43-48.

[5] 林康,陆玉麒,刘俊,等.基于可达性角度的公共产品空间公平性的定量评价方法——以江苏省仪征市为例[J].地理研究,2009(01):215-224.

[6] 刘小勇,丁焕峰.区域公共卫生服务收敛性研究——基于动态空间面板模型的实证分析[J].经济评论,2011(04):70-78.

[7] 陆军. 地方公共产品空间研究导论：一个即将的前沿领域[J]. 河北大学学报（哲学社会科学版），2010(5)：66-72.

[8] 王亭娜. 基于可达性的公共产品空间布局研究[D]. 南京：南京师范大学，2007.

[9] 叶文辉. 城市公共产品供给的市场化与公共服务的效率改善[J]. 江西社会科学，2004(04)：130-133.

[10] 尹鸿雁. 中国公共产品供给研究[D]. 长春：吉林大学，2010.

[11] 张馨，郝联峰. 我国公共产品最佳供应数量研究[J]. 管理世界，1997(03)：21-30.

[12] 赵农，刘小鲁. 区位性因素与公共品的最优供给[J]. 经济研究，2008(10)：93-103.

第 11 章　城市公共产品空间需求分析与测度

11.1　城市公共产品空间需求理论与方法

11.1.1　公共产品的需求均衡模型

20 世纪初,学术界开始关注公共产品需求研究。代表人物有庇古、林达尔和萨缪尔森等。

1. 庇古均衡模型

庇古以基数效用为基础,假定人们消费公共产品时产生正效用,也会因提供公共产品而征税产生负效用。令正效用为 $G(x)$,负效用为 $T(x)$,则总效用:

$$U = G(x) + T(x)$$

因为经济人追求效用最大化,所以必要条件为:

$$MU = \frac{dU}{dx} = \frac{dG(x)}{dx} + \frac{dT(x)}{dx} = MU_G + MU_T = 0$$

即消费公共产品的边际效益 MU_G 与为生产公共产品而纳税的边际效益 MU_T 之和为 0 时,总边际效用为 0,总效用达到最大。

图 11-1 中,GG 代表公共产品消费的边际效用,TT 表示税收的边际负效

用，NN 为 GG、TT 曲线的总边际效用。在 e 点，GG 的边际效用值与 TT 的边际负效用值之和等于零，总边际效用等于零，总效用达到最大。庇古利用税收的负效用评价个人的公共产品需求。但该理论以基数效用为基础，不能反映社会的公共产品需求，存在技术缺陷。

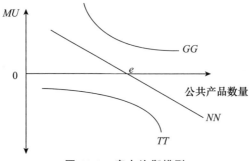

图 11-1　庇古均衡模型

2．林达尔均衡模型

林达尔均衡模型分析消费者在公共产品供给量与意愿承担的税收之间权衡取舍的经济行为，认为消费者将会表露其对公共产品的真实偏好，从而实现了公共产品的供需均衡。如图 11-2 所示，横轴代表公共产品数量，纵轴表示个人以税收形式负担的公共产品成本比例。如果 A 的税金比例为 h，则 B 的税金比例为 $1-h$。曲线 AA、BB 分别代表个人 A、B 的公共产品需求，其交点 E 表示林达尔均衡。

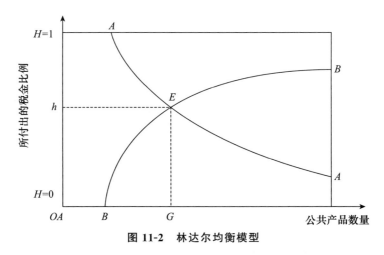

图 11-2　林达尔均衡模型

林达尔均衡模型通过个人公共产品需求曲线反映了税金比例与公共产品消费数量之间的关系。但其没有解释需求曲线如何形成，也未考虑公共产品与私人产品的关系,同时也回避了"搭便车"问题。

3. 萨缪尔森一般均衡模型

一般均衡分析将局部均衡限于单个公共产品的研究,扩展到多个公共产品与私人产品的关系范围。如图 11-3 所示,A、B 分别表示对私人产品 X 和公共产品 G 的无差异曲线,当 TT 与曲线 B 相切时,生产可能性曲线 FF 的斜率等于曲线 A、B 的斜率之和,达到帕累托最优。此时,A 消费 KG_0 的私人产品和 OG_0 的公共产品,B 消费 NG_0 的私人产品和 OG_0 的公共产品。

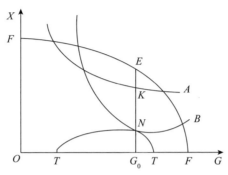

图 11-3　萨缪尔森一般均衡模型

相比局部均衡中的虚拟需求曲线,萨缪尔森的一般均衡模型利用公共产品与私人产品的替代关系评价公共产品更具现实意义。但该模型以序数效用为基础,且剩余曲线仍未摆脱个人评价简单相加得到社会总体评价的模式。

11.1.2　公共产品的偏好显示方法

数学分析工具的发展完善,使计量分析成为公共产品需求的主要研究方法。根据文献综述,公共产品需求偏好主要有三类显示方法:

1. 市场分析法

市场分析法通过观察市场交易中消费者的选择行为以及由此产生的机会成本来推导其对公共产品的偏好,包括享乐定价(hedonic model)和旅行成本(travel cost model)两类模型:① 享乐定价模型用于克服传统经济学处理非市场产品的能力不足,旨在厘清异质产品的差异特征与产品价格间的关系,其认为消费者的公共产品需求源于产品的特征或属性。Rosen(1974)、Griliches(1977)系统总结了享乐定价模型的理论框架,在居住环境研究中提出住宅价格模型。Tyrväinen(1996)利用芬兰某小镇的公寓销售数据,以公寓特征、地理位置、环境质量等为控制变量,运用享乐定价法实证分析了人们对该地区公共绿地的需求状况。② 旅行成本模型旨在通过游客旅行成本间接推断旅游目的地的游憩价值。Hotelling(1947)认为公园游客的休憩价值实际上是对该公共服务的支付意愿,通过数据调查建立游客旅行成本与旅游率模型,能推导公园休憩价格的需求函数,结合市场预期价值可以推算公共服务需求的支付意愿。Clarke(1998)运用旅行成本模型分析澳大利亚人对公共医疗服务的需求。Font(2000)利用旅行成本模型测度公共休闲服务地区的旅行价值,通过构建游客行为模型预测游客参与休闲服务的意愿和频率,以及服务替代成本。

2. 投票法

投票法将公共产品的供给成本与消费偏好结合起来揭示消费者的公共产品需求,尤其适用于地方公共产品需求研究。投票法主要有三个代表性模型:第一,蒂布特模型。蒂布特不同意萨缪尔森"不分权的定价制度可以用来确定集体消费的最适水平"的论断,认为居民将"用脚投票",按照异质性消费偏好的排序选择居住社区,以此方式可以揭示个体的公共产品需求。第二,俱乐部模型。Buchanan(1965)认为,具有相似偏好的消费者"人以群分",会自愿结社形成俱乐部,对不同人收取差异化费用能判断其对排他性公共产品消费强度的偏好。第三,中位投票人模型。模型指出,若投票者对公共产品的边际效益递减,那么中位选民偏好的公共产品供给水平将达成集体行动的稳定均衡状态。中位投票人模型是一种简化的均衡分析,但由于存在样本偏差,选择可能影响社会公平。

3. 经验调查法

广泛存在的外部性造成市场行为不足以完全确定个体的公共产品需求,于是衍生出来以问卷调查方式采集个体公共产品需求信息的方法。经验调查法中条件估值法(contingent valuation method)应用最广,该方法以调查问卷形式揭示居民对公共产品的真实支付意愿和需求偏好,估计居民的公共产品需求函数作为依据服务供给决策。

Ciriacy-Wantrup(1947)认为问卷调查能够追踪个体的公共产品需求,提出通过询问"愿意为连续增加的公共产品支付多少钱"来获取个体支付意愿。Davis(1963)用此方法衡量缅因州滨海森林宿营、狩猎的娱乐价值。此外,条件估值法依据微观调查数据,因此有助于确认公共产品需求的主要影响因素。Bergstrom、Rubinfeld、Shapiro(1982)在估计地方公共教育支出的需求函数时,纳入了税收、收入、就业状态、小孩个数等众多因素。Ahlin和Johansson(2001)运用单方程技术研究瑞典居民对地方公共教育需求的主要决定因素。条件估值法虽操作灵活、应用广泛,但由于建立在主观基础之上,估计结果存在诸多偏差,缺乏稳定性。

11.2 城市公共产品需求的影响因素

11.2.1 公共产品需求的影响因素

伴随经济社会的发展变迁,居民的公共产品需求水平持续提高,其需求结构也不断变化。20世纪末开始,学术界高度关注居民公共产品需求的影响因素及地方公共财政支出效率及居民福利增进的研究。McMillan 和 Tuffour(1991)运用超对数模型建立联立方程,研究澳大利亚农村与城市公共部门的支出需求,分析发现支出、价格与替代品需求弹性是导致城乡产生差异的关键因素。梁爽、姜楠、谷树忠(2005)研究发现家庭年均收入、环保意识、年龄、是否有非农收入以及受教育水平是影响支付意愿的主要因素。还有学者研究了城镇化过程中对公共基础设施的需求影响因素。孔祥智、涂圣伟(2006)以作为研究的基本环境假定,构建响应模型验证识别江苏淮安的调查数据,发现取消农业税后,城镇地区受访者的受教育年数、家庭可灌溉面积、家庭灌溉交费、户均水田面积与农田水利设施需求显著相关。

综上分析,城镇居民公共产品需求的影响因素包括:

1. 收入水平

在其他条件不变的情况下,理论上收入与消费呈正比。居民收入水平提高后,个人消费能力增强,对产品与服务的需求量增加,由于大部分私人产品的消费是依赖公共产品实现的,所以当居民收入水平提高、具备较高的消费能力时,对公共产品需求的数量与质量也随之增加。不同收入阶层的公共产品消费结构各不相同,在消费收入弹性高的公共产品时,需求量将围绕收入水平较大幅度波动,而对于收入弹性较为刚性的公共产品,不同收入人群的需求基本一致。通常高收入居民倾向于高层次的公共产品消费需求;中低收入居民则更偏好基础设施、基础教育和保障服务等生存需要型的公共产品。

2. 年龄结构

根据国际标准,65岁及以上人口比例超过7%标志已进入老龄化社会。2005年北京市1‰人口抽样调查数据公报显示,65岁及以上常住人口为166万人,占常住人口的比例为10.79%,比第五次全国人口普查数据上涨了2.37%。因此,北京已进入老龄化社会,且老龄化趋势愈加明显。此背景下,老年群体主要消费的公共医疗服务、公园绿地等公共产品的需求结构势必发生变化。

3. 教育水平

一般情况下,较高教育水平人群对生活质量的要求更高,多年的学习与实践形成不同的生活方式与消费观念,公共产品的消费结构将有更大比例倾向于发展型公共服务。除了环境与文化的因素之外,教育水平与收入水平也呈一定正相关性,接受过高等教育的人群普遍收入水平高于只完成义务教育或中等教育人群,因此对公共产品与服务的需求数量与质量也相对更高。

4. 职业与性别

居民的职业特点也会影响公共产品的需求。根据实证经验,企业高级管理人员更加关注身体健康,因此对体育场所与设施、体检与保健服务需求更高;由于年龄与生活环境,大学生对教育服务、文体娱乐类公共产品的需求较高。此外,职业层次与教育水平、收入水平也存在相关性,高端职业如金领的教育水平与收入水平都相对较高,对公共产品的需求质量与数量也相应更高。另外,男女的生活方式受文化风俗、生理与心理影响也存在不同,一般情况下男性更偏好体育健身相关产品与服务,女性更偏好商场与超市消费。

11.2.2 空间需求函数及分析工具

1. 空间因素的引入

根据蒂布特模型,居民以"用脚投票"方式选择适宜自身消费偏好的社区居住,同一社区的住民具有同质偏好。现实生活中,该模型假定虽过于苛刻,但同一空间范围内的居民总体上仍保持着偏好一致性。因此,公共产品需求可能会体现出空间自相关性,即空间区位相近的居民需求相似。在构建公共产品需求函数时,如果不考虑空间因素,利用传统最小二乘法,以需求指数为因变量,以需求影响因素为自变量进行多元回归,将违背最小二乘法两两样本之间互相独立的假设条件,因此有必要将空间因素纳入公共产品需求函数分析。当使用空间分析方法检验确定居民需求存在空间依赖性时,必须利用空间计量方法对原有回归进行纠正,以保证分析结果是准确的无偏估计。

2. 空间需求分析工具

(1) 空间自相关分析检验

空间自相关(spatial autocorrelation)是用来检验邻近位置属性相关程度的一种空间统计学研究方法。根据空间自相关的性质,它可以分为空间正自相关、空间负自相关和无空间自相关。空间正自相关表示位置邻近的事物同一属性值呈正相关,空间负自相关则属性值呈现负相关。许多经济现象由于在地理分布上具有连续性,因此在空间上具有一定相关性,并且距离越邻近相关性越大。探索性空间数据分析(exploratory spatial data analysis, ESDA)是判断空间自相关性的常用方法。该方法以空间关联性测度为核心,研究地理位置相关的数据间空间依赖性与异质性,其主要分析工具包括空间权重矩阵、局部和全局空间自相关以及 Moran 散点图等。

① 空间权重矩阵。

空间自相关的一个重要反映就是空间邻近性,因此可以通过定义一个空间权重矩阵(或空间邻接矩阵)来衡量。通过定义一个 $n \times n$ 的二元对称空间权重矩阵 W,来考察 n 个位置的空间区域的邻近关系。假设研究区域内有 n 个多边形,任意两个多边形之间都存在着空间关系,其一般形式如下:

$$W = \begin{bmatrix} W_{11} & W_{12} & \cdots & W_{1n} \\ W_{21} & W_{22} & \cdots & W_{2n} \\ \vdots & \vdots & & \vdots \\ W_{n1} & W_{n2} & \cdots & W_{nn} \end{bmatrix}$$

其中 $i=1,2,\cdots,n$；W_{ij} 表示区域 i 和区域 j 的邻近关系。

空间权重矩阵有各种不同的形式，目前较为常用的规则包括基于邻接概念的空间权重矩阵、基于距离的空间权重矩阵、距离衰减矩阵以及 K 值最邻近空间权重矩阵等。

② 全局空间自相关。

全局空间自相关是对整个区域空间特征属性的描述，可以判断某种地理位置或某一属性值在整个研究区域内是否存在空间集聚性。描述方法包括两种，一是利用变异系数（coefficient of variation，CV）对区域内空间属性值的相对差异进行测度，分析在现有空间结构下，整个区域属性值的相对差异变化，具体计算公式如下：

$$\mathrm{CV} = \frac{1}{\bar{y}} \left[\frac{1}{n} \sum_{i=1}^{n} (y_i - \bar{y})^2 \right]^{\frac{1}{2}}$$

然而由于 CV 忽略了每个产业或者经济体之间的空间联系作用，仅能反映整体的发展差异规律，因而描述往往粗略、不精准。

此外，也常用 Moran's I 与 Geary's C 两个全局指标来度量空间自相关和衡量空间要素之间的相互关系（张潇，2009）。其中，Moran's I 反映空间邻近或空间邻接的区域单元属性值的相似程度，通过使用一个单一的值反映一定范围内的自相关，来验证整个研究区域的空间模式。且 Geary's C 和 Moran's I 存在负相关关系。在实际的空间自相关分析与应用研究中，Moran's I 与 Geary's C 系数的作用大致相同，但大部分研究一般采用的是 Moran's I。

度量空间自相关的统计量最早由 Moran 提出。Moran's I 的定义为（吴玉鸣，2007）：

$$I = \frac{\sum_{i=1}^{n} \sum_{j=1}^{n} W_{ij} (Y_i - \bar{Y})(Y_j - \bar{Y})}{S^2 \sum_{i=1}^{n} \sum_{j=1}^{n} W_{ij}}$$

其中，$S^2 = \frac{1}{n} \sum_{i=1}^{n} (Y_i - \bar{Y})^2$，$\bar{Y} = \frac{1}{n} \sum_{i=1}^{n} Y_i$；$Y_i$ 为第 i 个地区的观测值；n 为截面观测单位的个数；W_{ij} 为空间权重矩阵；$i=1,2,\cdots,n$；$j=1,2,\cdots,n$。W_{ij} 一般是根据邻接标准或距离计算出来的，且往往邻近标准不同，W_{ij} 的计算方法也不

同。

Moran's I 的取值范围在[-1,1], 主要反映邻接空间或邻近空间区域单元属性值的相似程度。若 Moran's I 大于0, 表示该区域内各地区间空间呈现正相关; 若 Moran's I 小于0, 则表示该区域内各地区空间呈现负相关。若个人公共产品需求水平在空间位置上依赖, 即相邻区域具有相似属性值, 空间总体上会显示出正相关; 当空间位置上相邻区域呈现异质性时, 空间模式则表现出负相关; 若相邻区域间属性值表现出随机独立, 那么空间相关性为0。一般而言, Moran's I 越接近1, 整个区域空间差异越小, 而越接近-1, 整个区域空间差异越大。当且仅当 Moran's I 接近 $-1/(n-1)$ 时, 观测值之间相互独立, 不存在空间相关性, 在空间上呈现随机分布。

一般用标准化 Z 值来对空间自相关性进行显著性检验, 具体公式为:

$$Z = \frac{I - E(I)}{\sqrt{VAR(I)}}$$

基于正态分布的前提, 期望值 $E(I)$ 和方差 $VAR(I)$ 的计算公式为:

$$E(I) = \frac{-1}{n-1}, \quad VAR(I) = \frac{n^2 W_1 - n W_2 + 3(W_0)^2}{(W_0)^2 (n^2 - 1)} E^2(I)$$

其中

$$W_0 = \sum_{i=1}^{n} \sum_{j=1}^{n} W_{ij}^2, W_1 = \frac{1}{2} \sum_{i=1}^{n} \sum_{j=1}^{n} (W_{ij} + W_{ji}), W_2 = \sum_{i=1}^{n} \left(\sum_{j=1}^{n} W_{ij} + \sum_{j=1}^{n} W_{ji} \right)^2$$

计算 $E(I)$ 和 $VAR(I)$ 代入 Z 公式可算出检验统计量 Z, 并求得 Z 值的 P 值, 之后比较 P 值与显著性水平 α(一般取 $\alpha=0.05$)的大小, 以此判断区域是否存在空间自相关关系。如果 Moran's I 统计量在给定的显著水平下显著, 则可以认为 n 个区域单元的属性值之间存在空间自相关性, 否则不存在空间自相关性。

③ 局部空间自相关

全局空间自相关是对整个研究区域的空间模式进行描述的属性值, 此属性值假定空间是同质的, 默认整个区域内只存在一种趋势。由于假设条件过多, 常会导致全局空间自相关分析忽略了空间过程潜在的不稳定因素。因此会出现两种情况: 当研究样本全局空间自相关性显著时, 完全随机分布的样本子集就可能被忽视; 而当全局空间自相关性不显著时, 有可能存在显著局部相关的样本子集(孟斌、王劲峰, 2005)。

在实际研究中, 由于存在不同性质与水平的空间自相关性, 区域内部的空间异质性普遍存在。为了更加准确地把握该异质性, 有必要计算局部空间自相关值。通过分析某一属性值与邻近单元同一地理现象或属性值的相关程度或一个区域单元的某种地理现象(刘聪粉、张瑞荣,2009),考察区域内属性值是否存在局部空间集聚性以及全局空间自相关分析掩盖局部不稳定性的程度,以此来反映空间异质性。

一般采用空间联系的局部指标(local indicators of spatial association, LISA)来考察属性值的局部空间自相关性。LISA 一般需要满足以下两个条件:① 每个区域内的空间单元 LISA 主要描述围绕该空间单元与其属性值相同或相似的区域单元之间空间集聚程度的指标;② 区域内所有空间单元 LISA 的总和与整个区域的全局空间联系指标成比例。

局部 Moran's I 是把全局自相关分析计算得出的 Moran's I 值分解到各个局部空间上。对于某个特定局部空间 i,其计算公式为:

$$I_i = \frac{(Y_i - \overline{Y})}{S^2} \sum_{j=1}^{n} W_{ij}(Y_j - \overline{Y})$$

同样,也用 $Z(I_i)$ 来检验某个区域 i 是否存在局部空间自相关性。局部空间自相关的 $Z(I_i)$ 统计量计算公式为:

$$Z(I_i) = \frac{I_i - E(I_i)}{\sqrt{VAR(I_i)}}$$

如果局部 Moran's I 统计量在给定的显著水平下显著,则可以认为 n 个区域单元的属性值之间存在局部空间自相关性;反之,则不存在局部空间自相关性。

④ Moran 散点图

Moran 散点图常被用来研究局部空间的异质性,是根据可视化二元邻接矩阵确定的相邻单位平均值和变量的二维图示。其表现形式为笛卡尔直角坐标系,横坐标代表的是各空间单元标准化研究对象的属性值,纵坐标为标准化后的由空间邻接矩阵决定的相邻单元属性值的平均值(宋洁华、李建松、王伟,2006)。

Moran 散点图可以分为四个象限,分别表示四种区域单元与其邻近单元之间的局部空间联系形式。四个象限按其性质可以分为"高-高"(HH,第一象限)、"低-高"(LH,第二象限)、"低-低"(LL,第三象限)和"高-低"(HL,第四象限)。

把 Moran 散点图与 LISA 值相结合,在给定的显著性水平下,存在以下情况:

若 $I_i > 0$ 且 $Z(I_i) > 0$,表示区域单元 i 和其周围空间的属性值都较高,该单元及周围单元组成的子区域就是通常所说的热点区,则单元区域 i 位于 HH 象限;

若 $I_i>0$ 且 $Z(I_i)<0$,表示区域单元 i 的属性值较低,而其周围单元较高,则区域单元 i 位于 LH 象限;

若 $I_i<0$ 且 $Z(I_i)>0$,表示区域单元 i 的属性值较高,而其周围单元较低,则区域单元 i 位于 HL 象限;

若 $I_i<0$ 且 $Z(I_i)<0$,表示区域单元 i 和其周围单元的属性值都较低,该单元及周围单元组成的子区域就是通常所说的盲点区,则区域单元 i 位于 LL 象限。

落入 HL 和 LH 这两个象限的空间单元存在较强的空间负相关性,即异质性突出。

高伟丽(2012)借助 SPSS、Geoda095i、ArcGIS 等空间统计分析软件,综合运用因子分析、ESDA、空间统计模型等工具对我国 31 个省份旅游业的发展水平差异问题进行了统计分析。顾伟平(2010)采用 ESDA 方法,利用 Moran's I 统计量对省域制造业集聚进行了全局空间自相关性检验,总结出了影响我国制造业集聚的主要因素。王伯礼、张小雷(2010)采用投入产出分析与 ESDA 方法作为研究的主要技术和方法,结合 Geoda095i 和 ArcGIS 等软件,分析了 1997—2008 年新疆公路交通基础设施建设对经济增长的贡献,对揭示交通建设促进经济增长的作用机制及空间分异、空间相互作用具有一定的影响和启示。

(2) 空间经济计量模型

CSDA(confirmatory spatial data analysis)即证实空间数据分析,它与 ESDA 是区域空间数据分析的两个不同阶段。一般空间研究会通过 ESDA 的相关统计量进行空间自相关分析,初步发现隐含在数据中的空间关系和空间关联模式。而 CSDA 则是在一般空间研究的基础上研究如何将数据中的空间结构和空间关联模式嵌入到相应的空间回归模型中,并对相应模型进行检验和拟合,确定空间结构关联的性质,从而揭示空间结构模式的机理。CSDA 阶段模型的确立和评价主要基于 ESDA 的可视化工具和方法,且 CSDA 方法能够对 ESDA 阶段发现的空间结构做出比较合理的检验、评估和证实。经过 ESDA 的空间自相关检验后,若样本数据存在空间相关性,则应选择空间滞后模型(spatial lag model,SLM)和空间误差模型(spatial error model,SEM)等空间计量模型进行进一步的计量检验。

① SLM

当某个区域空间上的事物或现象与周围相邻位置上的事物或现象通过交流、扩散或溢出等方式产生相互联系与作用时,可以选择在模型中通过设置变量的空间滞后形式,形成 SLM。SLM 主要探讨各个变量在区域内是否存在扩散(溢出)效应。它揭示某个区域环境变化不仅与其自身内部条件相关,而且与周围区域有密切关系。基本模型如下：
$$y = \rho W y + X\beta + \varepsilon$$
$$y = (1-\rho W)^{-1} X\beta + (1-\rho W)^{-1}\varepsilon$$

其中,y 表示因变量观测向量,X 表示自变量矩阵,ρ 为空间自回归系数,W 为空间权重矩阵,Wy 是因变量的空间滞后,β 是 X 回归系数的向量,ε 为误差向量。在此模型中,一个空间位置的因变量不仅与该位置的自变量有关,还与相邻位置的因变量有关。若空间自回归系数 ρ 显著,则表明自变量之间确实存在空间依赖性,ρ 的大小代表了单元之间空间扩散或溢出的相互作用程度。

② SEM

当数据存在测量误差或在建模过程中考虑因素不周全时,就会产生空间依赖性。因此 SEM 就是将这种空间依赖性以误差项的形式设置在模型中,以此来度量模型中残差项之间的空间相关性,其一般表达形式为：
$$Y = X\beta + \varepsilon$$
$$\varepsilon = \lambda W\varepsilon + \mu$$

其中,λ 为空间误差项的空间回归系数,反映相邻地区观测值之间的相互影响方向和程度;W 是空间权重矩阵;ε 为随机误差项向量;$W\varepsilon$ 为误差项的空间滞后,μ 为满足正态分布的随机误差向量;参数 β 反映了自变量 X 对因变量 Y 的影响。若空间回归系数 λ 显著,则说明在建模过程中存在一些因素导致了误差项之间的空间自相关,比如建模过程中考虑的因素或数据存在测量误差,或者空间权重矩阵没有很好地表达空间关系等。

3. 城市公共产品的空间需求函数

公共产品需求的影响因素包括收入水平、教育水平、年龄、职业与性别等变量。由此设定公共产品空间需求函数的表达式为：
$$D = \alpha + \beta_1 income + \beta_2 age + \beta_3 \overrightarrow{edu} + \beta_4 \overrightarrow{job} + \beta_5 \overrightarrow{family} + \beta_6 sex + \varepsilon$$

其中,D 为公共产品空间需求函数,$income$ 指居民收入水平,age 指居民年龄,$\overrightarrow{edu}$ 指居民教育水平(由于采用虚拟变量,故利用向量表示,职业与家庭结构变量同理),$\overrightarrow{job}$ 指居民职业,$\overrightarrow{family}$ 指居民家庭结构,sex 指居民性别,α 是常数项,β 是控制变量系数,ε 是误差项。

假设该函数服从空间滞后模型,即因变量与自变量具有如下关系：
$$D = \rho W D + X\beta + \varepsilon$$

那么,控制变量系数值与传统最小二乘法求取结果不同,将调整为：
$$\hat{\beta} = (X'X)^{-1} X'D - \hat{\rho}(X'X)^{-1} X'WD$$

其中,$\hat{\beta} = (\hat{\beta}_1, \hat{\beta}_2, \hat{\beta}_3, \hat{\beta}_4, \hat{\beta}_5, \hat{\beta}_6)$,$X = (income, age, \overrightarrow{edu}, \overrightarrow{job}, \overrightarrow{family}, sex)$,$W$

是空间权重矩阵，ρ 是空间自回归系数。此时得到的公共产品空间需求函数满足了空间要求，所得系数是对各个影响因素的有效无偏估计。

11.3 城市公共产品空间需求的模型与测度

11.3.1 城市公共产品需求分布测度

为有效测度城市公共产品的空间需求，采用问卷调查方法，以北京市城六区为样本进行实证分析，包括统计人群属性与需求分布、确定公共产品空间需求函数等。通过随机样本采集方式，经过筛选，最终收回有效问卷811份。问卷涉及的个人属性问题包括年龄、性别、家庭结构（家庭在京常住人口）、住址、职业、文化程度、月收入、家庭人均月收入等；涉及的需求问题涵盖公园、商场、医院、电影院、博物馆五类公共产品，分别询问该五类公共产品消费者常去的具体对象与消费频率等。

首先描述个人属性方面。调查统计所得年龄、月收入和家庭人均月收入的统计性描述如表11-1所示。

表11-1 问卷被调查者年龄与收入情况统计性分析

统计量	年龄	月收入/元	家庭人均月收入/元
平均值	27.398 27	4812.513	11 893.11
标准误差	0.253 037	173.4468	782.1496
中位数	25	4000	7000
众数	24	0	10 000
标准差	7.205 995	4939.428	22 274.1
方差	51.926 37	24 397 944	496 135 680.248
峰度	6.0596 81	40.696 83	98.937 22
偏度	1.887 929	4.222 186	8.5299 06
区域	61	70 000	359 500
最小值	17	0	500
最大值	78	70 000	360 000
求和	22 220	3 902 948	9 645 309
观测数		811	

数据来源：作者根据数据资料计算而成。

除了年龄、月收入与家庭人均月收入外，其余变量均为虚拟变量。性别方面，男性352人，女性459人；家庭结构方面，一口之家289人，两口之家146

人,三口之家262人,四口及以上之家114人;居住地区方面,东城区127人,西城区136人,海淀区176人,朝阳区148人,石景山区119人,丰台区105人;职业方面,工人11人,家庭主妇6人,教师29人,军人4人,离退休人员6人,普通公司职员267人,政府工作人员36人,企业管理人员111人,学生230人,专业技术人员98人,其他职业13人;文化程度方面,小学及以下1人,初中1人,高中或中专44人,大专130人,大学本科468人,硕士148人,博士19人。

其次描述个人公共产品需求情况。消费频率方面,公园、商场、电影院的统计单位为次·月$^{-1}$,医院、博物馆的统计单位为次·年$^{-1}$,五类公共产品消费频率的统计性描述如表11-2所示。

表11-2 北京市城市公共产品消费频率

统计量	公园 /(次·月$^{-1}$)	商场 /(次·月$^{-1}$)	医院 /(次·年$^{-1}$)	电影院 /(次·月$^{-1}$)	博物馆 /(次·年$^{-1}$)
平均	3.160 703	3.069 297	2.411 036	1.502 355	1.816 708
标准误差	0.160 771	0.107 932	0.098 751	0.047 164	0.089 135
中位数	2	2	2	1	1
众数	1	2	1	1	1
标准差	4.578 453	3.073 689	2.812 245	1.343 132	2.538 388
方差	20.962 24	9.447 562	7.908 721	1.804 004	6.443 415
峰度	12.787 23	12.7103	16.936 74	8.392 482	29.671 34
偏度	3.355 37	2.987 606	3.401 755	2.189 853	4.463 331
区域	30	25	24	10	25
最小值	0	0	0	0	0
最大值	30	25	24	10	25
求和	2563.33	2489.20	1955.35	1218.41	1473.35
观测数			811		

数据来源:作者根据数据资料计算而成。

11.3.2 不同类型公共产品的空间需求测度

基于理论基础、方法工具与问卷调查结果,分别对各类公共产品的需求进行探索性空间分析与空间计量分析。在分析之前,先对模型控制变量与因变量进行统一说明。

控制变量是调查者的需求相关属性,包括年龄、性别、收入、所处家庭结构、职业、文化程度、住址等。其中,年龄是离散变量,用 age 代表;性别是二值变量,用 $male$ 代表,如果被调查者为男性,则该变量值为1,否则为0;收入是一个连续变量,由于尚在学校没有收入或收入微薄的被调查者家庭条件不一定落后,因此单从个人月收入来衡量一个人的消费水平不太合适,所以研究将取个人月收入与家庭人均月收入的最大值来代表一个人的收入水平,用 $income$ 代表;所处家庭结构是虚拟变量,涵盖了一口之家、两口之家、三口之家、四口及以上之家四种类型,故而引入三个虚拟变量 one、two、$three$ 分别代表一口之家、两口之家、三口之家,即如果该被调查者处于两口之家,则变量对应取值为(0,1,0),如果该被调查者处于四口及以上之家,则变量对应取值为(0,0,0);职业同样是虚拟变量,研究合并了相似生活条件的职业,引入了四个虚拟变量 $worker$、$student$、$professor$、$boss$,其中 $worker$ 代表工人、军人、普通职员,$student$ 代表学生,$professor$ 代表教师、专业技术人员,$boss$ 代表企业管理人员、政府人员等,如果被调查者职业为普通职员,则该组变量对应取值为(1,0,0,0),如果被调查者职业不包含在上述职业中,则对应取值为(0,0,0,0);文化程度与职业类似,也是虚拟变量,同样进行了合并,引入了三个虚拟变量 $undergrad$、$postgrad$、phd,其中 $undergrad$ 代表本科学历,$postgrad$ 代表硕士学历,phd 代表博士学历,如果被调查者文化程度为博士,则该组变量对应取值为(0,0,1),如果被调查者学历在本科以下,则变量对应取值为(0,0,0);住址是空间变量,利用 SLM 对所有被调查者居住地点进行描点来确定其空间关系,在 M 中用 W 表示,在 SEM 中用 $lambda$ 表示。

模型的因变量是空间需求指数,该指数包含了两个维度的考察,需求质量与需求数量。一般情况下,产品质量越高,需求层次越高,表示需求水平越高;消费越频繁,需求数量越高,也表示需求水平越高。因此,空间需求指数在需求质量与需求数量两个维度上都满足序数效用。调查问卷采集了五类公共产品的经常消费产品的具体名称以及消费频率,前者经过等级划分与赋值处理代表了需求质量,后者代表了需求数量。为简化起见,令公共产品空间需求指数为这二者乘积的开方值。公园、商场、医院、电影院、博物馆五类公共产品的需求指数分别用 $parkdem$、$marketdem$、$hospdem$、$cinemadem$、$museumdem$ 表示。

为了进行 ESDA 与空间计量回归分析,还需要设定空间权重矩阵。根据被调查者居住区位的 GIS 描点结果与北京市空间经验,采用基于距离的空间权重矩阵形式,设置门槛距离,利用 GeoDa 软件生成空间权重矩阵,统一作为五类公共产品空间需求分析的基础。下面分别对医院、商场、公园、电影院、博物馆进行空间需求分析。

本章定义的公共产品需求函数如下:

$$D = \alpha + \beta_1 income + \beta_2 age + \vec{\beta_3}\overrightarrow{edu} + \vec{\beta_4}\overrightarrow{job} + \vec{\beta_5}\overrightarrow{family} + \beta_6 sex + \varepsilon \quad (11\text{-}1)$$

在前述分类空间需求测度中,按照不同类公共产品进行了各项参数的信度、效度检验,在该基础上形成了不同类型公共产品空间需求函数。考虑到模型的有效性,此处将5%显著性水平下显著的各项参数取信。

1. 医院的空间需求分析

首先对医院需求进行 ESDA,判断被调查者的需求同质性与集聚情况。基于统一设定的空间权重矩阵,利用 GeoDa 软件进行 Moran's I 统计分析,计算得到该值为 0.0113。如图 11-4 所示,虽然斜率很小,落点不很集中,但经过随机化 499 次迭代检验的结果显示,p 值为 0.058,结果基本显著,因此可以验证北京市城六区对于医院的空间需求存在空间依赖性。

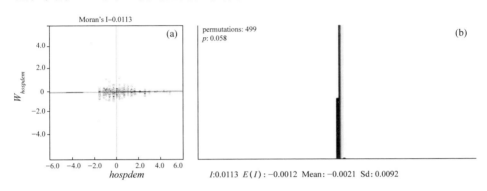

图 11-4 北京市城六区医院的空间需求相关性

然后对医院需求进行 LISA 统计分析。从 LISA 显著性水平图中可以看出,出现空间自相关性的区域比较零散,主要分布在城市中心、石景山区东部、海淀区南部、朝阳区南部等地区。从 LISA 集聚图中可以发现,整体上并没有出现大面积的集聚现象,在市中心与石景山区东部出现高-高集聚现象,在海淀区南部、朝阳区南部出现低-低集聚现象。

基于上述分析,经典多元回归假设被打破了,必须利用空间计量方法进行回归分析。采用 SLM、SEM,以需求指数为因变量,以年龄、性别、家庭结构、职业、文化程度、收入为自变量进行回归分析。回归结果如表 11-3。

表 11-3 医院 SLM 与 SEM 回归结果

自变量	SEM	SLM
$constant$	1.558 474** (0.627 701 9)	1.111 81 (0.780 891 5)
age	0.051 701 22*** (0.014 064 7)	0.051 678 7*** (0.014 053)

续表

自变量	SEM	SLM
male	0.048 055 5 (0.170 375 6)	0.048 203 59 (0.170 489 3)
one	−0.891 672 1*** (0.272 703 2)	−0.887 254 3*** (0.272 700 4)
two	−0.181 204 2 (0.294 404)	−0.187 790 6 (0.294 616 8)
three	0.492 705 1* (0.261 964 8)	0.490 184* (0.261 916 1)
worker	0.636 356 3 (0.390 203 6)	0.637 331 3 (0.390 410 9)
student	0.882 418 6** (0.429 077 8)	0.901 572 1** (0.429 143 8)
professor	0.559 005 2 (0.420 441 6)	0.574 177 8 (0.420 112 9)
boss	0.493 996 3 (0.412 541 3)	0.497 938 1 (0.412 773 7)
undergrad	0.374 078 6* (0.212 612 7)	0.381 297 5* (0.212 631 3)
postgrad	0.792 103 7*** (0.273 036 9)	0.804 555*** (0.272 745)
phd	−0.093 459 8 (0.574 873 5)	−0.067 393 01 (0.574 763)
income	1.12×10^{-6} (3.79×10^{-6})	$-1.066\,418 \times 10^{-6}$ $(3.789\,704 \times 10^{-6})$
lambda	0.106 543 1 (0.126 733 6)	NA
$W_{hospdem}$	NA	0.113 858 (0.120 394 6)
R^2	0.099 384	0.099 643
Log likelihood	−1832.487 194	−1832.39
Akaike info criterion	3692.97	3694.79
Schwarz criterion	3758.75	3765.26

数据来源：作者根据数据资料计算而成。***表示在1%显著性水平下显著，**表示在5%显著性水平下显著，*表示在10%显著性水平下显著，下同。

自变量对应单元格中包括上下两行数字，每格中上行是回归系数，下行括号里的数字是标准差（下同）。可以发现，各变量关系最显著的是年龄，年龄越大对于医院的需求也越大。性别和收入的影响十分不显著。家庭结构方面,相对四口及以上之家,一口之家对于医院的需求显著较小,三口之家的需求则显著较大。职业方面,学生的需求显著最大,其余职业的需求略小且不显著。文化程度方面,相比本科以下学历人群,本科与硕士学历人群的需求显著且较大,博士学历人群的关系并不明显。总体上,对于医院的需求体现了基础保障性的特点,即收入、职业等对于需求的影响有限,年龄才是影响此类需求的关键因素。

2. 商场的空间需求分析

对商场需求进行 ESDA,判断需求的相关性与集聚情况。基于统一设定的空间权重矩阵,利用 GeoDa 软件进行 Moran's I 统计分析,计算得到该值为 0.0284。如图 11-5 所示,落点基本集中于第一象限和第三象限,经过随机化 499 次迭代检验的结果显示,p 值为 0.002,即结果是非常显著的,因此可以说明北京市城六区对于商场的空间需求存在明显的空间自相关性。

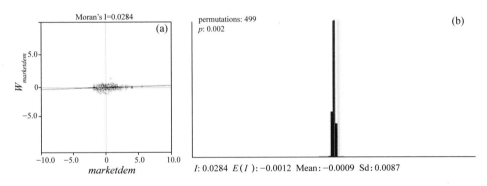

图 11-5 北京市城六区商场的空间需求相关性

然后对商场消费需求进行 LISA 统计分析。从 LISA 显著性水平图中可以看出,集中出现了几个空间自相关性很高的区域,主要分布在 CBD 附近区域、石景山区东部、海淀区中北部、朝阳区东南部等地区。从 LISA 集聚图中可以发现,CBD 附近与石景山区东部区域出现了大面积的高-高集聚现象,在海淀区中北部、朝阳区东南部出现了稍小面积的低-低集聚现象,其余零散显现高-低或低-高集聚。

同理进行因变量为商场需求指数的空间计量回归(表 11-4)。结果显示,家庭结构、文化程度对于商场需求的影响很不明显。年龄越大,商场需求显著越小。女性消费需求明显大于男性。收入越高,需求也就越大。职业方面,企业管理人员对于商场消费的需求显著最高,其余职业的需求规律不明显,平均意义上学生的需求最小。另外,商场的空间需求依赖作用十分明显。总体上,实证结果非常符合现实日常生活经验,年轻人与女性群体对于购物具有更高的偏好,即消费频率较高,而企业管理人员的购物消费水平一般较高,即需求质量较高,因此这些人群的需求关系更为明显且更高。其他属性或类型人群则根据自身喜好不同而得不到统一显著的规律。

表 11-4 商场 SLM 与 SEM 回归结果

自变量	SEM	SLM
$constant$	4.265 437*** (0.535 262)	3.176 475*** (0.663 713 9)
age	−0.028 975 2** (0.011 888)	−0.028 429 9** (0.011 895 56)
$male$	−0.326 000 6** (0.143 628 8)	−0.335 670 5** (0.144 276)
one	−0.339 228 3 (0.230 311 1)	−0.327 523 2 (0.230 801 7)
two	0.082 624 22 (0.248 126)	0.071 678 24 (0.249 331 3)
$three$	0.332 093 3 (0.221 146 6)	0.307 581 9 (0.221 669 2)
$worker$	0.292 375 9 (0.328 740 8)	0.308 881 1 (0.330 396 3)
$student$	−0.249 957 9 (0.362 313 7)	−0.185 851 4 (0.363 244 7)
$professor$	0.180 866 1 (0.355 064 3)	0.213 646 1 (0.355 538 7)
$boss$	0.666 025 3* (0.347 591)	0.687 958 2** (0.349 311 5)
$undergrad$	0.096 405 68 (0.179 368 7)	0.104 423 3 (0.179 960 8)
$postgrad$	0.080 970 05 (0.230 870 7)	0.105 863 6 (0.230 850 2)
phd	0.137 614 8 (0.485 639 2)	0.167 721 9 (0.486 449 9)
$income$	4.15×10^{-6} (3.21×10^{-6})	$4.371\,023 \times 10^{-6}$ ($3.207\,258 \times 10^{-6}$)
$lambda$	0.322 733 5*** (0.106 701 5)	NA
$W_{marketdem}$	NA	0.286 598 7*** (0.106 100 5)

续表

自变量	SEM	SLM
R^2	0.066 534	0.064 217
Log likelihood	−1697.424 259	−1698.08
Akaike info criterion	3422.85	3426.16
Schwarz criterion	3488.62	3496.63

数据来源：作者根据数据资料计算而成。

3. 公园的空间需求分析

接下来对公园需求进行探索性空间数据分析。利用 GeoDa 软件进行 Moran's I 统计分析，计算得到该值为 0.0215。如图 11-6 所示，第四象限明显落点相对较少，经过随机化 499 次迭代检验，p 值为 0.012，即结果是很显著的，因此可以验证北京市城六区对于公园的空间需求存在空间依赖性，有必要进行空间计量分析。

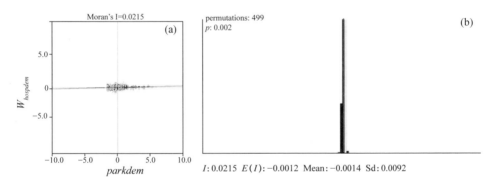

图 11-6　北京市城六区公园的空间需求相关性

然后对公园需求进行 LISA 统计分析。从 LISA 显著性水平图中可以看出，空间自相关显著区域主要集中在城六区北部与西部，海淀区中北部大部分区域同质性非常明显。从 LISA 集聚图中可以发现，海淀区中北部大部分区域呈现明显的低-低聚集现象，北部与西部另有零散地区呈现高-高聚集或高-低聚集、低-高聚集现象。

同理进行因变量为公园需求指数的空间计量回归。结果如表 11-5 所示，可以看出，性别和文化程度与公园需求的关系并不明显。公园需求随着年龄和收入的增长而不断扩大。家庭结构方面，三口之家对于公园的需求明显高于其他家庭结构人群，而一口之家的需求则明显低于其他家庭结构人群。职业方面，均值意义上学生的需求最小，企业管理人员的需求最高，显著性上只有企管理人员的关系最为明显,其余职业对于公园消费的影响较为模糊。上述结果符合生活经验,中年人尤其是老年人对于散步或慢跑健身的需求相对较高,因此对公园的需求明显较高;收入水平越高,需求层次则越高;而三口之家一般生活较为规律稳定,散步遛弯的生活习惯相比单身或情侣要普遍得多,所以对公园的需求也相对较高。

表 11-5 公园 SLM 与 SEM 回归结果

自变量	SEM	SLM
$constant$	2.805 937*** (0.653 428 2)	2.171 781*** (0.799 944 4)
age	0.025 219 65* (0.014 613 2)	0.026 002 58* (0.014 605 56)
$male$	0.262 128 2 (0.176 888 2)	0.244 012 6 (0.177 171 2)
one	−0.596 684 3** (0.283 272 9)	−0.573 112 4** (0.283 594 5)
two	−0.338 321 1 (0.305 635 2)	−0.345 462 (0.306 133 6)
$three$	0.513 755 7* (0.272 091 9)	0.513 748* (0.272 167 1)
$worker$	0.250 379 9 (0.405 093 7)	0.286 417 9 (0.405 682 2)
$student$	−0.040 475 68 (0.445 723 2)	0.017 483 92 (0.446 288 7)
$professor$	0.234 602 9 (0.436 781 6)	0.262 299 2 (0.436 541 1)
$boss$	0.983 502** (0.428 288 6)	1.021 54** (0.428 924 8)
$undergrad$	−0.051 319 37 (0.220 793 5)	−0.040 716 5 (0.221 000 9)
$postgrad$	0.122 184 4 (0.283 723 3)	0.123 585 5 (0.283 505 3)
phd	−0.680 340 9 (0.597 169 6)	−0.670 079 1 (0.597 454 7)
$income$	7.65×10^{-6} (3.94×10^{-6})	$7.778\,885 \times 10^{-6}$** $(3.937\,84 \times 10^{-6})$
$lambda$	0.165 525 6 (0.121 712 2)	NA

续表

自变量	SEM	SLM
$W_{parkdem}$	NA	0.146 71 (0.114 452 9)
R^2	0.108 411	0.108 117
Log likelihood	−1863.573 550	−1863.62
Akaike info criterion	3755.15	3757.25
Schwarz criterion	3820.92	3827.72

数据来源：作者根据数据资料计算而成。

4. 电影院的空间需求分析

首先对电影院需求进行探索性空间数据分析，判断被调查者的需求同质性与集聚情况。同样利用 GeoDa 软件先进行 Moran's I 统计分析，计算得到该值为 0.0249。如图 11-7 所示，落点相对集中在第三象限，经过随机化 499 次迭代检验的结果显示，p 值为 0.002，即结果是非常显著的，因此可以验证北京市城六区对于电影院的空间需求存在空间依赖性。

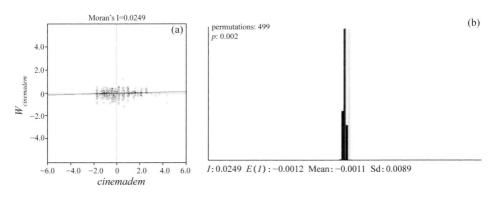

图 11-7　北京市城六区电影院的空间需求相关性

然后对电影院需求进行 LISA 统计分析。从 LISA 显著性水平图中可以看出，市区南部显著性普遍较高，北部地区则未出现明显规律。从 LISA 集聚图中可以发现，城六区南部及朝阳区南部与丰台区出现大片低-低集聚现象，中部区域主要集中在市中心与石景山区东部附近出现了高-高集聚现象，其余区域需求特征比较分散。

同理以电影院需求指数为因变量进行空间计量回归（表 11-6）。结果表明，年龄对电影院消费的影响非常显著，年龄越高对其消费需求越小。女性相比男性对于电影院消费的需求更大。高收入人群需求略高于低收入人群。家庭结构上,两口之家的需求显著高于其余类型,其次为三口之家,处于四口及以上之家的人群需求最小。职业变量整体上与电影院消费的相关性较小,均值意义上企业从业人员的需求相比更高。文化程度方面,硕士学历人群的需求显著高于其他学历人群,本科学历其次,本科及以下学历人群需求最小,博士学历人群的需求关系不明显。电影院消费需求的空间依赖性非常显著。年轻人是电影消费者的主要群体,而情侣看电影的情况非常普遍,这与实证结果恰好吻合,完全符合市场规律。

表 11-6　电影院 SLM 与 SEM 回归结果

自变量	SEM	SLM
$constant$	3.598 451*** (0.429 117 4)	2.881 354*** (0.528 737 8)
age	−0.051 314 43*** (0.009 569 1)	−0.051 407 03*** (0.009 555 078)
$male$	−0.218 347 1* (0.115 724 7)	−0.218 329 1* (0.115 923)
one	0.199 231 5 (0.185 442 5)	0.196 136 2 (0.185 367 4)
two	0.468 604 5** (0.199 936 9)	0.467 226 8** (0.200 321 1)
$three$	0.305 481* (0.178 096 3)	0.311 635 7* (0.178 079 3)
$worker$	0.319 997 8 (0.264 970 1)	0.333 261 7 (0.265 436 4)
$student$	−0.034 972 36 (0.291 776)	−0.016 174 68 (0.291 574 2)
$professor$	0.278 572 9 (0.285 935 6)	0.304 842 5 (0.285 645 7)
$boss$	0.416 254 3 (0.280 149 8)	0.432 397 3 (0.280 647)
$undergrad$	0.237 494 1 (0.144 487)	0.232 115 1 (0.144 575 1)
$postgrad$	0.454 169 4** (0.185 815 9)	0.458 648 55** (0.185 445)
phd	0.067 449 07 (0.390 964 7)	0.059 932 35 (0.390 762 4)
$income$	3.48×10^{-6} (2.58×10^{-6})	$3.601\ 637 \times 10^{-6}$ ($2.576\ 722 \times 10^{-6}$)

续表

自变量	SEM	SLM
$lambda$	0.240 522** (0.114 845 7)	NA
$W_{cinemadem}$	NA	0.248 844 2** (0.111 863 9)
R^2	0.074 564	0.075 486
Log likelihood	−1520.594 980	−1520.25
kaike info criterion	3069.19	3070.51
Schwarz criterion	3134.97	3140.98

数据来源：作者根据数据资料计算而成。

5. 博物馆的空间需求分析

对博物馆需求进行探索性空间数据分析，判断被调查者的需求相似性与集聚情况。如图 11-8 所示，先进行 Moran's I 统计分析，计算得到该值为 0.0162；经过随机化 499 次迭代检验的结果显示，p 值为 0.018，结果是很显著的。因此可以验证北京市城六区对于博物馆的空间需求存在空间一致性。

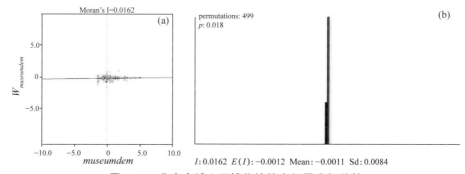

图 11-8　北京市城六区博物馆的空间需求相关性

然后对博物馆需求进行 LISA 统计分析。从 LISA 显著性水平图中可以看出，出现空间自相关性的区域主要集中在市区偏东的区域，尤其是中东部空间自相关显著性很高。从 LISA 集聚图中可以发现，东城区东部与朝阳区中西部，即 CBD 周围区域出现了明显的高-高集聚现象，朝阳区北部与南部区域则出现了低-低集聚现象，其余区域规律并不显著。

进行因变量为博物馆需求指数的空间计量回归（表 11-7）。通过结果可以发现，收入水平越高，对于博物馆的需求越大。文化程度方面，硕士学历人群的需求显著较高。除了收入与文化程度之外，其余变量对于博物馆需求的影响效果都不明显，人群消费存在较高的同质性与空间依赖性。

表 11-7　博物馆 SLM 与 SEM 回归结果

自变量	SEM	SLM
$constant$	2.701 947*** (0.661 031)	2.017 511*** (0.762 883 9)
age	−0.003 535 4 (0.014 767)	−0.003 437 028 (0.014 752 74)
$male$	0.190 434 6 (0.178 687)	0.183 767 2 (0.178 973 2)
one	−0.080 526 8 (0.286 228)	−0.076 984 1 (0.286 222 6)
two	−0.304 693 2 (0.308 733)	−0.308 990 1 (0.309 296 1)
$three$	−0.064 871 6 (0.274 915)	−0.049 082 25 (0.274 933 9)
$worker$	0.307 273 9 (0.409 188)	0.337 767 2 (0.409 821 4)
$student$	0.519 228 2 (0.450 369)	0.535 145 6 (0.450 215 5)
$professor$	0.014 414 58 (0.441 345)	0.045 197 85 (0.441 019 6)
$boss$	0.618 601 3 (0.432 622)	0.643 123 6 (0.433 293 7)
$undergrad$	0.356 937 8 (0.223 064)	0.353 363 5 (0.223 220 2)
$postgrad$	0.768 583 3*** (0.286 733)	0.761 726 8*** (0.286 334 4)
phd	−0.014 466 8 (0.603 414)	−0.023 969 85 (0.603 350 8)
$income$	6.85×10^{-6} (3.98×10^{-6})	$7.038\,816 \times 10^{-6}$* ($3.978\,322 \times 10^{-6}$)
$lambda$	0.195 424 7 (0.119 039)	NA
$W_{museumdem}$	NA	0.194 63* (0.117 725 8)
R^2	0.032 634	0.032 727
Log likelihood	−1872.192 201	−1872.15
Akaike info criterion	3772.38	3774.3
Schwarz criterion	3838.16	3844.77

数据来源：作者根据数据资料计算而成。

11.3.3 城市公共产品空间需求综合分析

调查问卷的最后一个环节测度了消费者对于五类公共产品的消费偏好程度，根据对 811 份问卷的平均处理，最终标准化得到北京市城六区消费者对于医院、商场、电影院、博物馆、公园的偏好比例为 0.2087、0.3597、0.2183、0.1024、0.1109。下面将五类公共产品分为基础保障型与享受发展型两类分别进行研究。根据公共产品特性，医院与商场归为基础保障型公共产品，电影院、博物馆、公园归为享受发展型公共产品。

首先分析基础保障型公共产品的需求函数。根据问卷调查结果，医院与商场的偏好比例标准化结果为 0.3671、0.6329。按照此比例关系加权医院与商场的空间需求函数的自变量系数，可以估计得到基础保障型公共产品的需求函数各项自变量系数，如表 11-8 所示。

表 11-8 基础保障型公共产品需求函数自变量系数

自变量	SLM 自变量系数	SEM 自变量系数
W	0.223 179	0.243 362
$constant$	2.418 464	3.271 615
age	0.000 981	0.000 644
$male$	−0.194 74	−0.188 67
one	−0.533 02	−0.542 05
two	−0.023 58	−0.014 24
$three$	0.374 622	0.391 06
$worker$	0.429 467	0.418 663
$student$	0.213 38	0.165 777
$professor$	0.346 01	0.319 694
$boss$	0.618 195	0.602 867
$undergrad$	0.206 074	0.198 349
$postgrad$	0.362 378	0.342 052
phd	0.081 403	0.052 779
$income$	2.37×10^{-6}	2.21×10^{-6}

数据来源：作者根据数据资料计算而成。

其中，各变量名称与在公共产品各自空间需求分析中的含义相同，W 统一指空间变量（下同）。根据结果可以看出，除了性别、家庭结构中的一口之家与两口之家的控制变量系数为负，其余变量与空间需求均呈正相关关系。年龄越高,相对对于基础保障型公共产品需求越高,但影响效果很小。家庭结构方面,三口之家的需求相对最高,其次为四口及以上之家,一口之家对基础保障型公共产品的需求相对最小。职业方面,企业管理人员的需求相对最高,其次为企业普通人员、教师等职业。文化程度方面,硕士研究生的公共产品需求最高。收入越高,对于基础保障型公共产品的需求也越高。

其次分析享受发展型公共产品的需求函数。根据问卷调查结果,电影院、博物馆与公园的偏好比例标准化结果为 0.5057、0.2373、0.2570。按照此比例关系加权电影院、博物馆与公园的空间需求函数自变量系数,可以估计得到享受发展型公共产品的需求函数各项自变量系数,如表 11-9 所示。

表 11-9　享受发展型公共产品需求函数自变量系数

自变量	SLM 自变量系数	SEM 自变量系数
W	0.209 73	0.210 546
$constant$	2.494 005	3.182 035
age	−0.020 13	−0.020 31
$male$	−0.004 09	0.002 14
one	−0.066 38	−0.071 71
two	0.074 168	0.077 72
$three$	0.277 987	0.271 13
$worker$	0.322 291	0.299 086
$student$	0.123 298	0.095 119
$professor$	0.232 298	0.204 59
$boss$	0.633 817	0.610 059
$undergrad$	0.190 765	0.191 608
$postgrad$	0.444 45	0.443 452
phd	−0.147 6	−0.144 18
$income$	5.49×10^{-6}	5.35×10^{-6}

数据来源:作者根据数据资料计算而成。

根据结果可以看出,年龄、家庭结构中的一口之家、博士学历三个变量与需求负相关,性别与因变量相关性不确定,其余变量均与享受发展型公共产品呈正相关关系。与基础保障型公共产品相对比,可以发现以下规律:一是享受发展型公共产品需求与年龄明显呈负相关关系,而基础保障型公共产品则关系不明显;二是性别方面,基础保障型公共产品的消费需求上男性明显低于女性,但在享受发展型公共产品消费中则规律不明显;三是家庭结构上,两口之家的基础保障型公共产品需求仅高于一口之家,而享受发展型公共产品需求则仅次于三口之家;四是随着收入增长,相比基础保障型公共产品,享受发展型公共产品需求增长更快,收入弹性相对更高。最后,对公共产品总体需求进行综合分析。根据问卷调查的医院、商场、电影院、博物馆与公园的偏好比例标准化结果,可以估计得到公共产品综合需求函数各项自变量系数,如表11-10所示。

表11-10 公共产品综合需求函数自变量系数

自变量	SLM 自变量系数	SEM 自变量系数
W	0.217 374	0.229 197
$constant$	2.451 072	3.232 947
age	$-0.008\,13$	$-0.008\,4$
$male$	$-0.112\,44$	$-0.106\,3$
one	$-0.331\,59$	$-0.339\,02$
two	0.018 613	0.025 458
$three$	0.332 908	0.339 29
$worker$	0.383 203	0.367 046
$student$	0.174 495	0.135 277
$professor$	0.296 924	0.270 008
$boss$	0.624 939	0.605 972
$undergrad$	0.199 465	0.195 439
$postgrad$	0.397 806	0.385 823
phd	$-0.017\,45$	$-0.032\,24$
$income$	3.72×10^{-6}	3.57×10^{-6}

数据来源:作者根据数据资料计算而成。

总体上,年龄对于公共产品空间需求的影响较弱;男性的消费需求相比女性略低;一口之家的消费需求最低,其次为四口及以上家庭,三口之家消费需求最高;职业方面,企业管理人员的需求最高,其次为普通公司职员与教师等,再次为学生;文化程度方面,硕士研究生的公共产品需求最高,其次为本科生,博士研究生的关系不明显;收入越高,对于公共产品的消费需求也就越大。该结果与日常生活经验非常吻合,体现出北京市城六区公共产品需求的空间性、异质性与阶层性。

我们取北京市城六区上述各项数据,原始数据主要来源于北京市第六次人口普查、各区人口公报等,部分数据为推算。见表11-11。

表 11-11　北京市城六区居民人口普查数据

行政区划	户均家庭人口	性别构成	文化程度	年龄构成
东城区	2.55	男性为45.4万人;女性为46.5万人。常住人口性别比为97.6	具有大学(指大专及以上)程度的33.6万人;具有高中(含中专)程度的25.6万人;具有初中程度的20.9万人;具有小学程度的7.4万人	0~14岁的人口为6.9万人;15~64岁的人口为73.7万人;65岁及以上的人口为11.3万人
海淀区	2.39	男性为169.5万人;女性为158.6万人。常住人口性别比为106.9	具有大学(指大专及以上)程度的154.5万人;具有高中(含中专)程度的61.7万人;具有初中程度的74.6万人;具有小学程度的22.9万人	0~14岁的人口为25.3万人;15~64岁的人口为275.3万人;65岁及以上的人口为27.5万人
朝阳区	2.26	男性为182.5万人;女性为172.0万人。常住人口性别比为106.1	具有大学(指大专及以上)程度的129.3万人;具有高中(含中专)程度的75.2万人;具有初中程度的105.1万人;具有小学程度的27.6万人	0~14岁的人口为26.8万人;15~64岁的人口为297.1万人;65岁及以上的人口为30.6万人
西城区	2.75	男性为62.3万人;女性为62.1万人。常住人口性别比为100.2	具有大学(指大专及以上)程度的49.69万人;具有高中(含中专)程度的30.81万人;具有初中程度的27.68万人;具有小学程度的10.06万人	0~14岁的人口为9.5万人;15~64岁的人口为99.1万人;65岁及以上的人口为15.8万人
石景山区	2.48	男性为31.6万人;女性为30.0万人。常住人口性别比为105.3	具有大学(指大专及以上)程度的21.4万人;具有高中(含中专)程度的15.1万人;具有初中程度的15.9万人;具有小学程度的5.6万人	0~14岁的人口为5.5万人;15~64岁的人口为50.1万人;65岁及以上的人口为6.0万人
丰台区	2.82	男性为107.8万人;女性为103.4万人。常住人口性别比为104.3	具有大学(指大专及以上)程度的63.4万人;具有高中(含中专)程度的51.7万人;具有初中程度的63.4万人;具有小学程度的20.1万人	0~14岁的人口为18.5万人;15~64岁的人口为174.0万人;65岁及以上的人口为18.7万人

数据来源:北京市各区第六次人口普查数据,《北京区域统计年鉴》(2012)。

商场空间需求测度表示为:

$$D_{商场} = \beta_2 age + \beta_6 sex$$

公园空间需求测度表示为:

$$D_{电影院} = \beta_5 one + \beta_4 boss$$

电影院空间需求测度表示为：

$$D_{电影院} = \beta_2 age + \beta_5 two + \beta_3 postgrad$$

博物馆空间需求测度表示为：

$$D_{博物馆} = \beta_3 postgrad$$

在代入上述值并经无量纲化处理后，以北京市城六区各类公共产品的总提供量为100%，则北京市城六区各类公共产品的需求比例如表11-12。

表11-12 北京城六区各类公共产品的需求比例

行政区划	博物馆/(%)	医院/(%)	公园/(%)	商场/(%)	电影院/(%)	综合需求指数/(%)
东城区	7.4354	8.1977	3.9190	7.7363	7.5111	6.94
西城区	10.9960	10.7836	7.8210	10.3979	10.1543	10.61
石景山区	4.7357	5.1775	4.8651	5.2776	5.2025	5.04
丰台区	14.0300	16.5223	16.1691	18.2340	17.1756	17.80
海淀区	34.1897	29.2458	29.3689	28.0764	29.4173	29.66
朝阳区	28.6132	30.0731	37.8569	30.2779	30.5392	29.95

数据来源：作者根据数据资料计算而成。

参考文献

[1] 高伟丽. 基于因子分析和ESDA的我国旅游业发展差异性及其影响因素研究[D]. 南京：南京理工大学，2012.

[2] 顾伟平. 我国制造业集聚及其影响因素的空间统计研究[D]. 蚌埠：安徽财经大学，2010.

[3] 孔祥智，涂圣伟. 新农村建设中农户对公共物品的需求偏好及影响因素研究——以农田水利设施为例[J]. 农业经济问题，2006（10）：10-16.

[4] 梁爽，姜楠，谷树忠. 城市水源地农户环境保护支付意愿及其影响因素分析——以首都水源地密云为例[J]. 中国农村经济，2005（2）：55-60.

[5] 刘聪粉，张瑞荣. 云南省地区经济差异的空间统计分析[J]. 区域经济与发展，2009(3)，118-126.

[6] 孟斌，王劲峰. 基于空间分析方法的中国区域差异研究[J]. 地理科学，2005，25(4)：393-400.

[7] 宋洁华，李建松，王伟. 空间自相关在区域经济统计分析中的应用[J]. 测绘信息与工程，2006，31(6)：11-13.

[8] 王伯礼，张小雷. 新疆公路交通基础设施建设对经济增长的贡献分析[J]. 地理学报，2010，65(12)：1522-1533.

[9] 吴玉鸣. 大学、企业研发与区域创新的空间统计与计量分析[J]. 数理统计与管理，

2007,27(2):318-324.

[10] 武剑. 基于 ESDA 和 CSDA 的京津冀区域经济空间结构优化分析[D]. 长沙：湖南大学,2009.

[11] 张潇. 基于空间自相关的中国旅游空间格局分析[D]. 西安：西北大学,2009.

[12] AHLIN A, JOHANSSON E. Individual demand for local public schooling: Evidence from Swedish survey data [J]. International Tax and Public Finance, 2001, 8(4): 331-351.

[13] ANSELIN L. Rao's score test in spatial econometrics[J]. Journal of Statistical Planning & Inference, 2001, 97(1): 113-139.

[14] BERGSTROM T C, RUBINFELD D, SHAPIRO P. Micro-based estimates of demand functions for local school expenditures [J]. Econometrica, 1982, 50: 1183-1206.

[15] BUCHANAN J M. An economic theory of clubs [J]. Economics, 1965, 32(125): 1-14.

[16] CIRIACY-WANTRUP S V. Capital returns from soil conservation practices [J]. Journal of Farm Economics, 1947, 29: 1181-1196.

[17] CLARKE P M. Cost-benefit analysis and mammographic screening: A travel cost approaches [J]. Journal of Health Economics, 1998, 17(6): 767-787.

[18] DAVIS R K. Recreation planning as an economic problem [J]. Natural Resources Journal, 1963, 3: 239-249.

[19] FONT A R. Mass tourism and the demand for protected natural areas: A travel cost approach[J]. Journal of Environmental Economics and Management, 2000, 39(1): 97-116.

[20] GRILICHES Z. Estimating the return to schooling: Some econometric problems [J]. Econometrica, 1977, 45: 1-22.

[21] HOTELLING H. Multivariate quality control illustrated by air testing of sample bombsights[M]//ETSENHART C, HASTAY M W, WALLIS W A. Techniques of Statistical Analysis, New York: McGraw Hill, 1947.

[22] MCMILLAN M L, TUFFOUR J A. Demands for local public sector outputs in rural and urban municipalities [J]. American Journal of Agricultural Economics, 1991, 73(2): 313-325.

[23] ROSEN S. Hedonic prices and implicit markets: Product differentiation in pure competition[J]. Journal of Political Economy, 1974, 82(1): 34-55.

[24] TYRVAINEN L. Urban forest benefits and property prices: An application of hedonic pricing method[C]//SAASTAMOINEN O, TIKKA S. Proceedings of the Biennial Meeting of the Scandinavian Society of Forest Economics. Mekrijärvi: Scandinavian Forest Economics 36, 1996.

[25] WAUGH F V. Quality factors influencing vegetable prices[J]. Journal of Farm Economics, 1928, 10: 185-196.

第12章 北京市城市公共产品空间适配综合评价

12.1 宏观分析：城市公共产品耦合协调度评价

鉴于数据的可获得性，本章选取北京市各区、各街道公共产品供给指数作为评价供给情况的指标，并以调查问卷汇总数据得出需求指数作为衡量北京市各区供给发展情况的指标。将这些指标标准化后分别代入公式，得出对公共产品供给和需求的综合评价指标：城市公共产品供给指数 $Z(x)$、城市公共产品需求指数 $H(y)$。将 $Z(x)$ 与 $H(y)$ 通过公式分别得到耦合度 C、综合评价指数 P 和协调度 R。指标计算结果见表 12-1。

表 12-1 北京市公共产品供给指数与需求指数空间耦合度

行政区划	博物馆	医院	公园	商场	电影院	综合
东城区	0.642 001	0.457 968	0.966 627	0.564 299	0.616 500	0.626 690
西城区	0.468 194	0.392 216	0.630 657	0.473 201	0.497 871	0.430 775
石景山区	0.947 545	0.958 210	0.928 292	0.968 233	0.983 764	0.951 524
丰台区	0.823 108	0.932 436	0.926 389	0.980 730	0.993 196	0.974 878
海淀区	0.961 366	0.995 028	0.998 012	0.997 468	0.999 988	0.999 793
朝阳区	0.950 961	0.989 405	0.990 694	0.977 021	0.955 293	0.975 163

数据来源：作者根据数据资料计算而成。

耦合度反映城市公共产品的供给与需求相互协调的作用情况,表 12-1 显示了不同区域、不同公共产品的供需耦合度。其中,东城区在公园类公共产品方面耦合度较高,其供给需求较为协调;西城区各类公共产品耦合度都较低,存在较为严重的空间失配。其他四区整体上的各类公共产品耦合度均较高(普遍高于 0.9),但这仅表明供需较为协调,并不意味着其各类公共产品供需已经达到空间适配。因为这种协调可能是高水平协调,也可能是低水平协调,需要进一步对协调度进行相应测算与分析。

按照前述章节中的方法,测算了协调度的具体数据,参见表 12-2。

表 12-2　北京市公共产品供给指数与需求指数空间协调度

行政区划	协调度	$Z(x)/H(y)$
东城区	0.180 695	0.501
西城区	0.178 422	0.393
石景山区	0.232 274	1.250
丰台区	0.434 214	1.173
海淀区	0.546 524	1.014
朝阳区	0.563 180	1.172

数据来源:作者根据数据资料计算而成。

在上述两类耦合发展体系的评判划分中,需同时考虑各地区公共产品供需发展程度,在借鉴耦合度相关概念与方法的基础上,以城市公共产品供给指数、城市公共产品需求指数和耦合度、协调度为基础,提出城市公共产品供需空间失配的基本类型和评判标准,见表 12-3。

表 12-3　城市公共产品供需空间失配的基本类型和评判标准

协调度取值范围	协调度分类	耦合度取值范围	耦合度分类	$Z(x)/H(y)$	发展类型
$R<0.2$	协调度较低,严重失调	$C<0.4$	低耦合度	$Z(x)/H(y)>1.2$	严重失调需求损益型
				$0.8 \leqslant Z(x)/H(y) \leqslant 1.2$	严重失调对抗型
				$Z(x)/H(y)<0.8$	严重失调供给损益型
$0.2 \leqslant R<0.5$	磨合阶段,初级协调	$0.4 \leqslant C<0.6$	初步耦合	$Z(x)/H(y)>1.2$	初级协调需求滞后型
				$0.8 \leqslant Z(x)/H(y) \leqslant 1.2$	初级协调同步型
				$Z(x)/H(y)<0.8$	初级协调供给滞后型
$0.5 \leqslant R<0.8$	磨合阶段,相对协调	$0.6 \leqslant C<0.8$	中等耦合	$Z(x)/H(y)>1.2$	中级协调供给主导型
				$0.8 \leqslant Z(x)/H(y) \leqslant 1.2$	中级协调同步型
				$Z(x)/H(y)<0.8$	中级协调需求主导型

续表

协调度取值范围	协调度分类	耦合度取值范围	耦合度分类	$Z(x)/H(y)$	发展类型
$0.8 \leqslant R < 1$	协调阶段，优质协调	$0.8 \leqslant C < 1$	高耦合度	$Z(x)/H(y) > 1.2$	优质协调供给主导型
				$0.8 \leqslant Z(x)/H(y) \leqslant 1.2$	优质协调同步型
				$Z(x)/H(y) < 0.8$	优质协调需求主导型

数据来源：作者根据数据资料计算而成。

在表 12-3 中耦合发展类型划分的基础上，结合前述所得数据，能够形成北京市城市公共产品耦合协调度的整体评价。

表 12-4　北京市城市公共产品耦合协调度的整体评价

行政区划	耦合水平	耦合发展类型	明显滞后领域
东城区	磨合阶段，相对协调	低耦合度中级协调需求主导型	医院、商场、电影院
西城区	磨合阶段，初级协调	低耦合度初级协调供给滞后型	医院
石景山区	协调阶段，优质协调	初级耦合优质协调供给主导型	公园、博物馆
丰台区	协调阶段，优质协调	初级耦合优质协调同步型	博物馆、医院、公园
海淀区	协调阶段，优质协调	中等耦合优质协调同步型	无
朝阳区	协调阶段，优质协调	中等耦合优质协调同步型	无

数据来源：作者根据数据资料计算而成。

综合五类公共产品的耦合度，能够发现分地区、分类的公共产品空间失配现状，城市公共产品空间适配的目标是高耦合、优质协调、同步发展，使供给和需求均保持高水平的彼此耦合。而不同的耦合发展类型将为我们揭示出纾解方向：对于低耦合度地区，应以调节当地供给（需求）数量为主，使其供需尽快相适应；对于中耦合度地区，应以改善当地供给（需求）结构为主，调整当地现有各类公共产品供需结构，使之更为合理；对于高耦合度地区，应以提升当地供给（需求）质量为主，使低等级的均等化供给向满足异质化的公共产品消费需求转型。

12.2　中观分析：城市公共产品供需比例匹配评价

在测度了北京市分地区、分种类、分项目的城市公共产品供给指数和需求指数之后，能够进行逐项匹配，并自上而下形成供给需求对接的思路。在北京城六区公共产品供需偏离系数的基础上，完成按照不同地区现有各类公共产品供给比例与需求比例之间的对比分析。

将供需单元占其上一级行政区域的比例分别记为 $A_{mn,供}$ 和 $A_{mn,需}$，其中 m 为地理单元名称，本章涉及北京市城六区及 31 个街道、乡镇单位，共 37 个；n 为公共产品种类，本章涉及五类单项公共产品供需比例及综合比例，共 7 个。计算上述供需单元占上一级行政辖区的比例后，设 K_{mn} 为偏离系数，则有：

$$K_{mn}=A_{mn,供}/A_{mn,需}$$

表 12-5 中，东城区博物馆类公共产品偏离系数为 0.51，表示东城区博物馆类公共产品供给在空间层面上占北京市博物馆类公共产品的比例与其博物馆类公共产品需求占北京市博物馆类公共产品需求的比例之比。东城区相对北京市其他城区而言，博物馆类公共产品供小于求，相当于北京市平均水平的 51%。需指出的是，表 12-5 中的丰台区博物馆类公共产品偏离系数为 1.56，相当于北京市平均水平的 156%，但并不意味其在绝对数量上供过于求，而是指丰台区博物馆类公共产品的供给能力相对于北京市的整体情况较为理想，在公共产品空间失配纾解次序上可以相对靠后。

表 12-5　北京市城六区各类公共产品供需比例偏离系数

行政区划	博物馆	医院	公园	商场	电影院	综合偏离系数
东城区	0.51	0.41	0.83	0.47	0.50	0.501
西城区	0.41	0.37	0.50	0.42	0.43	0.393
石景山区	1.26	1.23	1.32	1.20	1.14	1.250
丰台区	1.56	1.30	1.32	1.15	1.09	1.173
海淀区	0.82	1.07	1.05	1.05	1.00	1.014
朝阳区	1.25	1.11	0.91	1.16	1.24	1.172

数据来源：作者根据数据资料计算而成。

上述分析揭示了城市公共产品空间失配的各类问题并给定纾解方向。第一，对于北京市特定一类公共产品，要缓解空间失配带来的效率和福利损失，就需将重点投向偏离系数最低的地区，在该地区投入 1 单位公共支出，能带来更好的纾解效果。第二，对北京市下辖的行政区划，应在多项公共产品之间确定优先级、分配有限财政资金，并根据不同类别公共产品的相对缺口安排资金比例。第三，不同地区综合偏离系数描绘出地方财政为提升本地区公共服务水平所需的后续努力，综合偏离系数远低于 1 的地区需提升财政汲取能力，通过申请专项资金、加大转移支付力度、调整本地财政支出结构等途径缓解公共产品相对不足，而对综合偏离系数高于 1 的地区则需审视当前是否存在公共产品过度供给，并重点关注提高财政支出效率、优化财政支出结构和提供居民合意的公共产品。第四,分地区和分种类的复合分析视角能够嵌套使用,对应于我国当前财政体制中不同类公共产品供给条块分割的现状,各类财政供给资金应向亟须纾解的地区和公共产品流动。按照分析过程,本章给出不同资金来源下北京市城市公共产品供给的优先级及其比例(表 12-6)。

表 12-6 北京城市公共产品空间失配纾解的优先级

博物馆		医院		公园	
优先级	比例/(%)	优先级	比例/(%)	优先级	比例/(%)
西城区	46.83	西城区	51.64	西城区	65.79
东城区	38.89	东城区	48.36	东城区	22.37
海淀区	14.29	海淀区	已高于平均水平	朝阳区	11.84
朝阳区	已高于平均水平	朝阳区	已高于平均水平	海淀区	已高于平均水平
石景山区	已高于平均水平	石景山区	已高于平均水平	丰台区	已高于平均水平
丰台区	已高于平均水平	丰台区	已高于平均水平	石景山区	已高于平均水平

数据来源:作者根据数据资料计算而成。

需明确的是,表 12-6 中的优先级和分配比例是为满足公共产品空间适配目标,而对增量资金去向及用途进行界定,使北京城市范围内公共产品供给趋于空间匹配。根据空间失配的严重程度,将增量资金优先投向偏离系数较低的地区,当地公共产品供给小于实际需求。在表 12-6 中看到,中心城区基础保障型和社会发展型公共产品已经呈现较高布局密度,但相对中心城区的人口密度,公共产品供给实际上仍显不足。

12.3 微观分析:城市公共产品拥挤度评价

12.3.1 城市公共产品拥挤度测度:以北京市城区为例

拥挤度以公共产品的微观供需分析为基础,一是通过确定各类公共产品的拥挤系数 $\gamma(N)$,给出各类公共产品在纯公共产品与私人产品谱系上的位置;二是根据公共产品中不同等级的拥挤系数重新绘制半径不等的服务范围,明确其有效服务半径;三是结合各公共产品的空间位置和周边人口密度,折算出覆盖范围和供给缺口,归纳北京市城市公共产品空间失配的具体问题。

按照第 4 章提出的方法,对辖区内政府提供的公共服务总量 Q 和中位收入居民消费量 q_m 以及北京市城市各类公共产品调查数据进行汇总,在此基础上形成公共产品的 $\gamma(N)$。选取 2012 年北京市公布的 29 609 元为中位收入,考虑到样本容量和置信度,筛选出人均月收入 2800~3200 元的人员为代表,取出 71 个样本,观察其对各类公共产品的消费量并计算出中位收入居民消费量(时间)q_m,这里反映了能代表社会平均偏好的居民的消费习惯,将各类公共产品的中位收入居民消费时间(北京市城市居民人均消费时间)除以各类公共产品的总供给量,得到不同公共产品的拥挤系数(表 12-7)。

表 12-7　北京市各类公共产品拥挤系数

统计量	博物馆	医院	公园	商场	电影院
Q	66 528 000	190 291 200	188 892 000	2 538 000 000	1 144 800 000
q_m	49 334 230	112 418 342	172 755 288	930 467 232	486 648 864
$\gamma(N)$	0.741 556	0.590 770 1	0.914 571 8	0.366 614 355	0.425 095 094

数据来源:作者根据数据资料计算而成。

按照卢洪友、卢盛峰、陈思霞(2011,2012)以省级数据进行的拥挤系数测度,其中教育服务的拥挤系数为 0.5283,医疗卫生服务的拥挤系数为 0.6784,抚恤和社会福利救济服务的拥挤系数为 0.4736,社会保障服务拥挤系数为 1.4592,行政管理服务拥挤系数为 0.0636,社会治安服务拥挤系数为 0.1498。本章的结果与之比较接近,考虑到北京市城市公共产品的特殊性,这种方式计算的拥挤系数可供采信,并绘制出所涉及公共产品的公共性谱系。

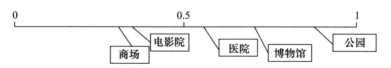

图 12-1　北京市各类公共产品的公共性谱系示意

在确定北京市城市公共产品的拥挤系数后,就能够按照各类公共产品中不同等级的拥挤系数重新绘制出半径不等的服务范围。按照拥挤系数的定义和公共产品的辐射半径,拥挤系数越高的公共产品有效供给半径(最佳辐射半径)越小,反之亦然。前述研究确定的五类公共产品的供给半径之比为:

表 12-8　北京市城市公共产品有效供给半径比例

公共产品	公园	博物馆	医院	电影院	商场
有效供给半径比例	1	1.23	1.54	2.15	2.49

数据来源:作者根据数据资料计算而成。

在公共产品需求研究中,作者采用基于距离的空间权重矩阵形式,其中门槛距离分析将按照确定的千人指标值、最小规模,结合北京市城六区人口分布和密度特征,推算各类公共产品有效服务的门槛面积,再采用六边形面积公式求得最小服务半径。

参考相关成果,对公园的门槛距离看法不一。现有研究对不同类型的公园服务,认为其门槛距离多集中于 500 m 到 1933.41 m。作者关注的城市公共产品强调基本公共服务的均衡化供给,因此公园类公共设施旨在满足市民最基础的休憩需要,其门槛距离可取较大值。故本章选取公园类有效供给半径为 1933.41 m。

表 12-8 中,以公园类公共产品的有效供给半径为基准,博物馆类公共产品的有效供给半径是公园类公共产品的 1.23 倍,其他公共产品的最佳辐射半径按照表 12-8 中测算的比例依次类推。在拥挤度分析中考虑了不同公共产品自身特点,因此以公园类公共产品为基准,将各类公共产品的有效供给半径按表 12-8 的比例确定如表 12-9[①]。

表 12-9　北京市各类城市公共产品的有效供给半径

公共产品	公园	博物馆	医院	电影院	商场
有效供给半径比例/m	1933.41	2378.10	2977.46	4156.84	4814.20

数据来源:作者根据数据资料计算而成。

12.3.2　北京市城市公共产品拥挤度评价

将 12.3.1 的结果代入 GIS 底图,得到覆盖效果为:公园属于拥挤度较高的公共产品,承载量有限,因此有效供给半径较窄,在北京市城六区内形成了部分空白,主要包括北三环到北四环之间、海淀区南部、丰台区西南部等几处(图 12-2)。与传统认知不同,公园绿地作为基础公共产品在北京市核心城区空间供给并不充裕,东直门附近也存在着少量供给空白区,需要通过各类手段加以纾解。

博物馆呈现中心充裕、次中心稀疏、整体空间覆盖较低的特点,尤其是西南三环和东南四环地带向内凹进,且北京市城六区东、南、西、北四个边缘地带空间供给有限,不利于均等享有该项公共服务(图 12-3)。

---

① 该 3252 m 的门槛距离值来源于步行距离的直接可达性,也是加权平均值。以调研问卷的汇总数据为基础,在分解为分类公共产品门槛距离时依不同比例进行回归加权求和,因此拥挤度高的公共产品将呈现较小半径,反之亦然。相关研究参阅:严玲 等,2011;张京祥 等,2012。

彩图 12-2

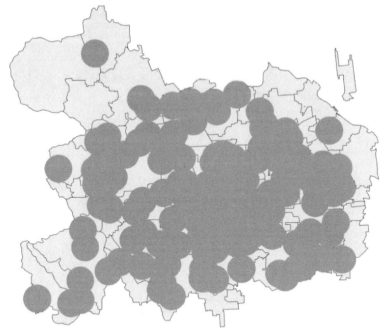

图 12-2　北京市公园类公共产品空间拥挤度示意

彩图 12-3

图 12-3　北京市博物馆类公共产品空间拥挤度示意

医院作为一项基本公共服务,在北京市城六区范围内供给较为充分,由于目前我国医疗卫生体系涵盖了从基层卫生院到其上的一级、二级、三级医院,在北京市城六区范围内共存在901个医院,在有效供给半径方面较为充裕。但医院类公共产品在北京市城六区存在两项突出特征需特别考虑:第一,北京集聚了全国最好的专科和综合性医院,优质医院内病患由全国各地汇聚而来,因此只从有效供给半径观察可能不够全面;第二,由于存在承载量限制,在公园、博物馆等公共产品角度体现为拥挤带来效用损失,医院表现为床位紧张、排队时间较长、无法及时诊治等问题,北京市医院拥挤度匹配分析的结果低估了空间失配的严重程度。但从中也发现,海淀区温泉镇西北方向存在医院覆盖不足等情形。

12.4 北京市城市公共产品空间失配的纾解策略

12.4.1 北京市城市公共产品的调节思路

本章从宏观、中观、微观三个层次,分析城市公共产品的空间匹配情况。其中,宏观的耦合协调度分析重点考察各地区及其下辖区域公共产品供需的同步性和阶段性,揭示需关注的区域及其公共产品供需发展水平。中观的供需比例匹配分析,以各区域占其上级区域的相对比例为基准,从区域和公共产品分类两个维度,探查空间失配的具体问题并给出纾解的优先级及增量投资比例。微观的拥挤度分析以各公共产品网点布局为基础,在考虑容量和周边人口密度情况下得到各类别、各等级公共产品网点的有效供给半径,确定当前公共产品供给中存在过度或不足的具体区域,以有效供给半径所作的圆中重合部分为标志,为存量资源和财政资金的优化组合提供依据。

在宏观层面,城市公共产品空间适配的目标是高耦合、优质协调、同步发展,使供给和需求保持高水平耦合,不同耦合发展类型将揭示出纾解方向:低耦合度地区将以调节当地供给需求数量为主,使其供需相适应;中耦合度地区以改善供给需求结构为主,调整当地各类公共产品供需结构,重点实现各类公共产品之间、同类公共产品不同等级之间的结构匹配;高耦合度地区以提升当地供给需求质量为主,使低等级的均等化供给向满足异质化公共产品消费需求转型。

在中观层面,城市公共产品空间适配目标是各级地理单元(行政区划)对整体公共资源的消耗比例与其需求比例大体一致,以基本公共服务均等化保障公平。因此需要从区域和分类公共产品两个维度探查空间失配的具体问题并给出纾解优先级及比例。

在微观层面,公共产品空间适配的目标是公共产品有效服务周边区域。"有效服务"既包括空间可达性,也需考虑该公共产品的承载量和周边人口密度。在各类公共产品的有效供给半径范围内,根据表 12-9 给出的具体距离,考察该类公共设施的承载量是否满足有效服务半径范围内的居民基本公共服务需求。当部分区域在有效供给半径以外时,说明这部分区域需要增加公共服务布点、填补空白;当部分区域在有效供给半径以内,但附近区域人口密度较高时,现有公共产品的承载量①可能无法满足周边居民需求,因此应提升服务容量和优化公共设施布局。表 12-10 中简要给出城市公共产品空间适配的调节思路,可结合具体城市的公共产品空间分布、消费特征,提出有针对性的政策做法。

表 12-10 城市公共产品空间适配调节思路

宏观:耦合协调度分析		中观:供需比例匹配分析		微观:拥挤度分析	
现象	调节方法	现象	调节方法	现象	调节办法
低耦合度	以调节当地供给(需求)数量为主	本地需求比例大于供给比例	增量资金按比例全部投入	部分区域可达性不足	加密网点、新增公共设施、延伸服务范围
中耦合度	以改善当地供给(需求)结构为主	本地供给比例大体等于需求比例	提升内部存量结构、优化布局	部分区域承载量有限	疏散人口、提高各服务容量
高耦合度	以提升当地供给(需求)质量为主	本地需求比例小于供给比例	考虑合并服务网点、引入外部需求	部分区域承载量高于实际需求	承接外部公共需求、优化布局、合理归并

数据来源:作者根据数据资料计算而成。

12.4.2 北京市城市公共产品空间适配策略

最终得出的结论如表 12-11。

---

① 本研究中按照不同等级、不同类型的公共服务设施确定有效承载量,如医院类公共产品按照一级、二级、三级等医院的标准床位数、医护人员数量确定有效承载量,公园类公共产品按照面积和等级确定有效承载量。这里确定的承载量并不是按照每个医院(如海淀医院、积水潭医院)分别确定的,而是按照评级统一指定。与实际情况相比存在少量误差,但从实际操作情况来看,分别确定每个医院、公园的承载量工作量大,缺少操作性,作为一项探索性研究上述处理过程能够接受。

表 12-11　宏观分析：北京市城市公共产品发展类型及滞后领域

行政区划	耦合水平	耦合发展类型	滞后领域
东城区	磨合阶段,相对协调	低耦合中级协调需求主导型	医院、商场、电影院
西城区	磨合阶段,初级协调	低耦合初级协调供给滞后型	医院
石景山区	协调阶段,优质协调	初级耦合优质协调供给主导型	公园、博物馆
丰台区	协调阶段,优质协调	初级耦合优质协调同步型	博物馆、医院、公园
海淀区	协调阶段,优质协调	中等耦合优质协调同步型	无明显滞后,商业网点略不足
朝阳区	协调阶段,优质协调	中等耦合优质协调同步型	无明显滞后,电影院、医院不足

数据来源：作者根据数据资料计算而成。

按照上述分析内容,在宏观层面公共产品空间失配纾解方向如表 12-12 所示。

表 12-12　宏观政策：北京市城市公共产品空间失配的改进方向及重点投向领域

行政区划	改进方向	重点投向领域
东城区	减少当地公共产品空间需求数量	医院、商场、电影院
西城区	提高当地公共产品空间供给数量	医院
石景山区	调节当地公共产品需求结构为主	公园、博物馆
丰台区	同时调节当地公共产品供需结构	博物馆、医院、公园
海淀区	同步提升当地公共产品质量	商场
朝阳区	同步提升当地公共产品质量	电影院、医院

数据来源：作者根据数据资料计算而成。

对区级财政投入的资金,将按照上述领域开展重点投放。具体来说,东城区宜减少当地医院、商场、电影院公共产品的空间需求数量,包括与邻近城区跨区供给,以分流人群、尝试进行人口空间疏散等方式减少核心城区人员数量等策略。西城区需要提高当地医院的供给数量,重点在于增加可达性强、便利度高的基本卫生服务和基层卫生站。

中观的供需比例匹配分析以各区域占其上一级区域的相对比例为出发点,从区域和分类公共产品两个维度探查空间失配的具体问题并给出纾解优先级及比例,为专项资金(条管的增量资金)[①]投向提供依据。中观分析的北京市城市公共产品优先级及纾解比例如前述表 12-6 所示。

---

① 专项资金(条管的增量资金)主要指国家或有关部门或上级部门下拨的具有专门指定用途或特殊用途的资金。这种资金都会要求进行单独核算、专款专用,不能挪作他用。实务中的专项资金,是指扣除经常性经费以外的,由财政安排或追加以及上级单位拨付的财政资金,全部作为专项资金。

优先级和分配比例是为满足公共产品空间适配目的,而对增量资金的去向及用途的界定。在公共财政投入上,对于博物馆类公共产品与基期预算相比的增量部分,应坚持向纾解效果明显的地区和最为短缺急需投入的领域进行投入,将博物馆类公共财政增量资金按照46.83%、38.89%、14.29%的比例在西城区、东城区、海淀区之间进行分配。类似的,将医院类公共财政增量资金按照51.64%、48.36%的比例在西城区、东城区之间进行分配;将公园类公共财政增量资金按照65.79%、22.37%、11.84%的投入比例在西城区、东城区、朝阳区之间进行分配。

在北京市各类公共产品的选址和布局调整的重点范围内,通过基于空间的拥挤度分析,在GIS地图上进行缓冲区设置,具体结论如表12-13所示。

表12-13 微观分析:北京市各类公共产品选址、布局调整的重点范围

行政区划		博物馆	医院	公园	商场	电影院
东城区	重点范围	左安门区域可达性低	空间承载量有限	东直门以东区域	空间供需适度	空间供需适度
	政策手段	在其附近新建、改建	提升卫生站容量	改扩建绿地公园	优化结构	提升现有院线等级
西城区	重点范围	右安门南侧供给不足	空间承载量不足	德胜门外大街西侧	空间供需适度	空间供需适度
	政策手段	将附近学校所属博物馆对外开放	提高现有医院床位数	变社区绿地为公共空间	改进为高端业态	引进高端院线
石景山区	重点范围	古城、鲁谷人均密度低	苹果园以西地带	西六环以西	古城以西	老山附近
	政策手段	扩大现有博物馆容量	在其附近新建、改建	老山附近改建山地公园	加密便利店网点	分流到鲁谷商圈
丰台区	重点范围	西红门以西可达性差	郭公庄以南区域	永合庄以南	西南片区	西南片区、玉泉营以西
	政策手段	在附近新建综合文化馆	将附近卫生站升级	扩建湿地公园	完善社区商业	依托大型超市设置影院
海淀区	重点范围	海淀区西北存在盲区	上庄与苏家坨镇交接区	温泉镇、苏家坨镇	苏家坨镇	除中关村东南方向外均不足
	政策手段	在其附近新建、改建	新建卫生站或医疗点	在森林公园开辟休憩地	依托社区建商店	将各单位内部电影院对外开放
朝阳区	重点范围	南北两翼分布均少	望京西北片区	滨河路以北区域	常营以东区域	豆各庄东南向
	政策手段	迁移部分博物馆到两翼	改建为三甲医院	新建街心公园	开设中型商超	引入小型影院、录像厅

数据来源:作者根据数据资料计算而成。

在微观分析上形成北京市各类公共产品选址和布局调整的重点对策,有利于各级城市管理者提高针对性和实效性。在东城区内部,博物馆类公共产品在左安门区域形成了相对盲点,光明桥、左安门桥到天坛东路围成的区域附近博物馆资源相对匮乏,无法较好地满足附近居民需求;医院类公共产品存在着整体上空间承载量小等特点,尽管从医院布点和通达性来看能实现空间范围内的覆盖,但考虑到该区人口密度高,人均享有的公共产品存在拥挤度过高的情况,且北京市大型医院很大程度上承担着为外埠人口进京看病,消耗了核心城区医疗资源。东城区医院在全区范围内都存在空间承载有限的问题。

综合北京市城市公共产品供需空间匹配分析,可以提炼出一系列对策问题:例如,当前北京市的社会发展阶段是超前还是滞后?当前北京市城市公共产品是绝对不足还是相对不足?当前公共产品的失配问题是在供给端还是需求端?城市内部公共产品的改进方向及重点投向领域?哪些地方和哪类公共产品需要提升?多类公共产品之间财政支持的比例?各类公共产品选址及布局调整的重点范围?公共产品的选址、扩建和优化的具体做法和操作过程?这些问题亟待认清并解决。

参考文献

[1] 晁毓欣. 公共品政府供给绩效评价:机理与运用[D]. 济南:山东大学,2011.

[2] 陈文荣. 区域公共管理视角下公共产品的有效供给[J]. 西安石油大学学报(社会科学版),2007(02):47-50.

[3] 樊丽明,石绍宾. 公共品供给机制:作用边界变迁及影响因素[J]. 当代经济科学,2006(01):63-68.

[4] 黄利会,叶慧. 我国农村生产性公共产品供给效率评价[J]. 统计与决策,2009(12):51-53.

[5] 江海燕,周春山,高军波. 西方城市公共服务空间分布的公平性研究进展[J]. 城市规划,2011(07):72-77.

[6] 江曼琦. 公共产品投入共享、交易成本节约与城市起源[J]. 华中师范大学学报(人文社会科学版),2007(05):43-48.

[7] 林康,陆玉麒,刘俊,等. 基于可达性角度的公共产品空间公平性的定量评价方法——以江苏省仪征市为例[J]. 地理研究,2009,28(1):215-224.

[8] 刘小勇,丁焕峰. 区域公共卫生服务收敛性研究——基于动态空间面板模型的实证分析[J]. 经济评论,2011(4):70-78.

[9] 刘志林,王茂军,柴彦威. 空间错位理论研究进展与方法论评述[J]. 人文地理,2010,25(1):1-6.

[10] 卢洪友,贾智莲. 中国地方政府财政能力的检验与评价——基于因子分析法的省

际数据比较[J].财经问题研究,2009(05):82-88.

[11] 卢洪友,卢盛峰,陈思霞."中国式财政分权"促进了基本公共服务发展吗?[J].财贸研究,2012(06):1-7.

[12] 卢洪友,卢盛峰,陈思霞.中国地方政府供给公共服务匹配程度评估[J].财经问题研究,2011(03):96-103.

[13] 陆军.地方公共产品空间研究导论:一个即将的前沿领域[J].河北大学学报(哲学社会科学版),2010,35(5):66-72.

[14] 牟永福.城市公共物品供给的"空间失配"现象及其优化策略分析[J].福建论坛(人文社会科学版),2008(006):126-130.

[15] 钱瑛瑛,陈哲,徐莹.基于空间失配理论的上海市中低价位商品房选址研究[J].现代城市研究,2007(3):31-37.

[16] 宋旭阳.我国各地区综合财政能力与公共品供给能力差异分析[D].上海:复旦大学,2012.

[17] 孙钰,姚晓东.城市公共物品配置过程与效应研究[J].山西财经大学学报,2001(06):1-4.

[18] 王晶.论城市公共品的界定及其有效供给[J].现代财经:天津财经学院学报,1999(002):5-9.

[19] 王婷娜.基于可达性的公共产品空间布局研究[D].南京:南京师范大学,2007.

[20] 徐靖.我国城市公共产品的有效供给研究[D].上海:上海社会科学院,2011.

[21] 许淑萍.论现阶段中国政府公共服务的供给标准建设[J].学习与探索,2010(1):68-68.

[22] 严玲,赵义华,刘安生,等.常州市城乡基本公共服务设施布局均等化研究[J].江苏城市规划,2011,(09):14-17.

[23] 姚永玲.北京郊区化进程中的"超非均衡"空间结构[J].经济地理,2011,31(9):1458-1462.

[24] 叶强,曹诗怡,聂承锋.基于GIS的城市居住与商业空间结构演变相关性研究——以长沙为例[J].经济地理,2012,32(5):65-70.

[25] 叶文辉.城市公共产品供给的市场化与公共服务的效率改善[J].江西社会科学,2004(04):130-133.

[26] 尹鸿雁.中国公共产品供给研究[D].长春:吉林大学,2010.

[27] 张京祥,葛志兵,罗震东,等.城乡基本公共服务设施布局均等化研究——以常州市教育设施为例[J].城市规划,2012(02):9-15.

[28] 张馨,郝联峰.我国公共产品最佳供应数量研究[J].管理世界,1997(03):21-30.

[29] 赵农,刘小鲁.区位性因素与公共品的最优供给[J].经济研究,2008(10):93-103.

[30] 郑思齐,龙奋杰,王轶军,等.就业与居住的空间匹配——基于城市经济学角度的思考[J].城市问题,2007(6):56-62.

[31] 周江评. "空间不匹配"假设与城市弱势群体就业问题：美国相关研究及其对中国的启示[J]. 现代城市研究, 2004(09)：8-14.

[32] 周林刚, 朱昌华. 服务型政府建设中的城市公共产品供求问题分析——基于深圳市的问卷调查[J]. 深圳大学学报：人文社会科学版, 2008(06)：74-78.

[33] ARNOTT R. Economic theory and the spatial mismatch hypothesis [J]. Urban Studies, 1998(35)：1171-1185.

[34] DEMSETZ H. The private production of public goods[J]. Journal of Law and Economics, 1973, 16(2)：413-415.

[35] HARVEY D. Social Justice and the City[M]. London：Edward Arnald, 1973.

[36] HOUSTON D S. Methods to test the spatial mismatch hypothesis[J]. Economic Geography, 2005, 81(4)：407-434.

[37] IHLANFELDT K R, SJOQUIST D L. Job accessibility and racial differences in youth employment rates[J]. The American Economics Review, 1990, 80(1)：267-276.

[38] KAIN J F. A pioneer's perspective on the spatial mismatch literature[J]. Urban Studies, 2004, 4(1)：7-32.

[39] MANI A, MUKAND S. Democracy, visibility and public good provision[J]. Journal of Development, 2007, 83(2)：506-529.

[40] OFFNER P, SAKS D H. A note on John Kain's "Housing segregation, Negro employment and metropolitan decentralization"[J]. The Quarterly Journal of Economics, 1971, 85：147-160.

[41] RAY D, VOHRA R. Coalitional power and public goods[J]. The Journal of Political Economy, 2001, 109(6)：1355-1384

[42] SQUIRES G D, KUBRIN C E. Privileged places：Race, uneven development and the geography of opportunity in urban America[J]. Urban Studies, 2005, 42(1)：47-68.

[43] WILSON W J. When work disappears：New implications for race and urban poverty in the global economy[J]. Ethnic & Racial Studies, 1999, 22(3)：479-499.

第13章 城市公共产品生产运营的国际经验

西方发达国家在公共产品和公共服务设施的规划、建设和管理方面积累了丰富经验,可为构建中国公共产品空间政策体系提供重要参考和借鉴。

1. *提升政府财政能力,扩大公共产品供给*

公共产品非竞争和非排他的属性,使市场供给难以满足全部需求,需扩大政府供给力度。西方国家已形成多元化的财政收入渠道,例如,美国、荷兰征收固体废物处理税弥补固废处置成本(赵蕾,2012)。美国采用税收增量融资模式(TIF)为建设大型购物中心 Gallery Place 筹资。日本通过征收城市规划税来为城市规划工程和土地区划整理筹资(王德,2001)。瑞典、挪威、俄罗斯、巴西等国家征收土地费来提供公共服务。英国、法国、美国则发行彩票筹集发展资金(李刚,2012)。新加坡使用港口营业收入和铁路建设回收资金,新建港口和铁路。20世纪90年代英国对私有化的垄断性国有企业股票上市的溢价征收22%暴利税来建设公共设施。此外,发放市政债券、进行抵押贷款、开辟地方筹融资平台、财政担保进行股权融资等,也是发达国家开拓融资渠道建设城市基础设施的常用工具。例如,在债务收入上,1996年美国新泽西州运用资本证券化发展电力和能源行业(苗纪江,2005)。美国发行市政债券建设公共设施,仅2011年达2946亿美元(陈杰、顾巧明,2013)。在社保基金上,美国加利福尼亚州公务员退休基金(CalPERS)的3%用于基础设施投资,加拿大安大略省市政雇员退休金计划（OMERS）与澳大利亚养老基金则通过子公司投资基础设施项目（长江养老合规与风险管理部，2009）。智利养老基金通过购买电力、电信和医疗企业股票及债券来参与基础设施投资（庞楠楠，2012）。日本成立"开发银行"向国内基础设施建设提供长期低息贷款（刘春杰，2005）。

2. 完善预算体系，优化公共产品配置

财政预算是保证经费合理分配、统筹优化建设基础设施和供给公共服务的重要工具。完善预算体系应以各级政府的财权事权匹配为前提，采取差异化原则实现各地区公共产品的充足与均衡供给。公共产品预算原则包括央地分担、差异对待等。例如德国测算各州居民平均税收额，以平衡地区财政及公共产品供给差异（王玲、兰庆高、于丽红，2008）。美国联邦、州、县三级政府间划定事权和财权，依据收益范围原则和效率原则分担公共产品建设。

在预算实施上，各国主要采取财政转移支付、财政专项资金两种方式，来保障公共产品的供需匹配和地区平衡。例如1964年美国通过《城市公共交通法》规定城市交通规划项目均可获得高达总投资2/3的联邦政府拨款（李瑞敏，2002）。加拿大采用财政收入能力为依据的转移支付体系，开展"健康转移支付项目"的专项转移支付（石光，2011）。日本执行地方交付税与国库交付金相结合的转移支付制度（陈岁红，2012）。德国实行工资所得税横向转移支付，以实现公共服务均等化分布。德国联邦政府对州政府的高等教育、道路建设等公共服务项目给予规定用途的拨款补贴（刘晓玲，2011）。

在预算管理上，国际普遍推行参与式预算，实现政府预算的公开化、透明化，并进行预算绩效考核，保障公共产品预算资金用到实处。例如，澳大利亚、新西兰以中期预算代替一年的前期预算，提高预算的编制和决策水平（王桂娟，2007）。1989年巴西施行参与式预算帮助穷人和社区获得更多公共投资（陈家刚，2007）。20世纪90年代，美国推行参与式预算，扩大公民预算影响力，保障支出合理化（李明，2007）。智利、秘鲁建立现代化的财政监控体系，实时了解财政资金等分配、拨付、使用和结算等（李治义，2010）。美国、澳大利亚、新西兰、加拿大等国开展绩效预算管理制度，提高支出效率和公共服务水平（刘明园，2012）。

3. 拓宽公共产品空间规划，促进空间配准

发达国家普遍重视公共基础设施优先的原则，依据不同地区的人口、公共设施分布的实际情况，采取差异化规划方案，增加基础设施建设，实现资源利用效率的最大化。例如日本城市规划确定了"基础设施先行"的战略。日本将全国划分为"过密地区""整治地区""开发地区"三类，从规划角度实现公共产品差异化供给（张玉亮，2010）。

在规划执行上,各国均出台了一系列制度来保障基础设施布局规划落地。例如美国曾采取赠予土地的优惠方式,鼓励交通设施建设。在日本,停车场建设享受城市基础设施优惠政策,有些区域还减免土地出让金。日本每五年对开发区域进行人口、产业等基础调查,预测并补充配备新的公共设施。新加坡实行细化到邻里单位的公共设施规划,以保障公共服务的均等化分布(郭素君、姜球林,2010)。

4. 采取项目融资,提高公共产品供给效率

项目融资通过引入市场机制来提高资源配置效率,同时努力解决政府主导的城市基础设施投融资模式,在资金规模和运营管理上的资源短缺和管理不善等问题。20世纪90年代,几乎所有国家都在城市基础设施建设领域推行项目融资,开展管理权改革。例如英国的Dartfold桥、巴基斯坦的Hab River电厂等工程项目均采取"建设-经营-移交"(BOT)模式(王璐,2003)。泰国则以"建设-移交-运营"(BTO)方式建设电信网,建成后所有权为"移交-经营-移交"(TOT)模式,民营组织获得一定利润(晓音,2003)。以色列海水淡化工程的建设和融资模式采取"建设-转让-经营"的BOO模式。柬埔寨铁路采取"建设-租赁-移交"(BLT)模式,项目公司资金回收依靠政府或指定机构的租金收入(王喆、王玮,2012)。泰国曼谷的高架铁路项目融合了BOT与TOT模式,采取铁路建设与沿线土地开发相结合的融资模式(刘晓君、张宏,2005)。

除扩充基础设施之外,发达国家在公共设施维修、管理权转让、存量开发与质量提升等方面做了很多创新。例如20世纪60年代,美国纽约创立了开发权转让制度(TDR),鼓励私人部门参与旧城历史地段和建筑保护。法国在铁路、供水、污水处理、供暖、照明、交通设施、高速公路等领域采取"委托管理"模式。此外,也经常使用冠名、广告权的转让。日本大阪府泉佐野市面临财政破产危机时,也拟出售城市冠名权。美国地方政府出售公共设施广告权,以增加财政收入。

5. 吸引私人及社会力量,拓宽公共产品供给

倡导"小政府、大社会"发展理念,采取公私合营和第三方参与等方式,解决公共财政资金匮乏和效率低下问题。例如英国在交通、教育、监狱和医疗等领域,采取公司伙伴关系(PPP)模式,节约了17%的资金。1998年法国世界杯足球场和2000年悉尼奥运会主体育馆均采取了PPP建设模式(刘志,2005)。除了投资参与公共设施及服务供给外,私人资本常以慈善形式,通过组建非政府组织(NGO)与非营利组织(NPO)等公益组织募集社会资金建设公共设施。例如悉尼成立社区服务中心为孤寡老人提供日常生活、医疗服务,以及为双职工家庭看护小孩(周洪宇,2003)。美国采取合作承包、政府购买等方式,实现

42%的社区公共事务服务由NPO提供(车峰,2012)。美国、德国、日本均通过税收减免来鼓励捐款。美国是"志愿者国度",到2010年共有超6000万,约占总人口26.3%的美国人参与志愿服务,服务时间累计81亿小时,价值近1730亿美元(张燕玲、张晓红,2012)。

6. 开展区域合作,提高公共产品供给范围及效率

伴随社会经济持续发展、交通运输条件改善和人口流动速度加快等因素,城市公共产品的供求半径已突破行政区划。区域合作有利于提高地区公共产品的供给总量,降低城市公共支出,提升公共产品使用效率,促进地区间要素流动。提高区域公共产品有效供给的主要措施包括:一是在区域内的地方政府和机构之间形成合理的职能定位和专业化分工。二是在地方政府和机构之间开展统一行动或者形成协调地区政府关系的相关行动机制。三是在城市群、大都市区等区域内,就公共产品和公共服务的联合供给目标,形成有效的区域合作制度。除了建立区域合作制度之外,要实现区域公共产品的供给平衡,还需要在联合规划、资金保障和社会力量参与等方面的支撑保障,共同协助政府优化区域公共产品配给。

7. 以价格机制调节公共产品需求总量及分布

公共产品在消费上具有非排他性,容易出现过度使用、总量供给不足、使用效率低下等问题,造成社会资源浪费。公共产品定价应兼顾效率和公平目标。一方面将价格控制在居民合理负担的范围内;另一方面以价格形成补偿机制,保障公共产品供给主体,具有持续的人力、财力和物力的投入能力。

应根据公共产品的不同特性和不同目的制定不同的定价原则。对纯公共产品应采取零价格。对邮政、电力、电信等基本公共服务,应根据损益平衡原则,采用边际成本定价或平均成本定价法。美国、英国、智利等很多国家都形成了基于生产边际成本的有效电价(王冰,2004)。丹麦、荷兰和挪威的铁路运输定价采取边际成本定价(李岱安,2006)。德国、法国、比利时等铁路运输采取平均成本定价法。美国电信行业采取平均成本定价法,将全部成本合理分摊给不同业务(李晓军,2003)。对私人投资的基础设施,应依据收益原则,使用消费者效用定价,保障投资者获得稳定回报。日本医疗服务采取利润最大化方式,激励医生提供最佳的医疗服务(崔佳、李志红,2011)。日本的铁路、自来水、煤气等采取合理回报的公共产品定价方式,保证投资获得社会平均报酬率(陈小安,2002)。很多基础设施具有自然垄断特性,应推出最高限价法来保障公民利益。美国对煤气、电力、电话通信、铁路等采取最高收费标准,规避垄断价格,保护消费者权益(曹炳洲,1999)。英国的定价采取最高限价模型(PRI-X)(杨华,2007)。美国设定医疗服务费率,制定最高价格确保医院以合理价格提供医疗

服务(李丽、王传斌,2008)。对城市的道路、环境、自然资源等公共设施进行收费,有助于调节设施生产、优化供需匹配结构和防止过度消费产生拥挤现象。例如征收道路拥堵费、停车费来缓解城市交通拥堵;通过水电费的阶梯价格减少居民资源浪费。2003年伦敦征收道路拥堵收费,使得进入收费区的交通流量下降了18%,拥挤水平下降20%~30%(东方、阴炳成、魏星,2012)。东京政府则依据白天、夜晚车流差异,采取"地同价不同"的收费机制,改善停车场供不应求状况(李晓菲,2011)。德国对燃气的家庭用户和小型用户采取两步制定价法(程鹏,2008)。澳大利亚城市采取递增阶梯水价,美国采取电力次定价政策(方燕,2012)。

8. 财政补贴公共产品消费,提升居民福利

政府通常对贫富差距显著的城市采取补贴补助形式,来保障居民公平享受公共服务,减少不同人群的福利差异。主要包括两类补贴方式:一是收入补贴。主要面向无收入的老年人、失业人员以及低收入者等弱势人群,旨在提升居民对公共产品与服务的支付能力与消费水平。二是公共服务专项补贴。主要面向医疗、住房、教育、交通等服务领域,旨在运用财政手段直接调节居民对特定公共产品及服务的消费需求。例如德国设置联邦补贴金,向无力自助和无法获得资助者提供社会救济,补贴按家庭人口发放,不同州发放水平不同。英国建立国家卫生服务制度(NHS),资金82%来自财政拨款,在基本医疗全民免费之外,对特定群体实施医疗救助。德国政府面向加入医疗保险有困难的人群,出资设立医疗救助(赵福昌、李成威,2011)。美国针对贫困者和老年人设立了医疗保险和医疗补贴项目,针对儿童,提供专门的医疗补贴,总金额高达2000亿美元。美国出台存量住房计划,对低收入群体租房进行补贴。德国对低收入居民进行房租补贴,根据家庭人口、收入及房租支出情况确定数额(宋博通,2002)。美国、加拿大实行免费义务教育,中小学课本由学校购买,供学生借用(周林洁,2003)。1992年美国《国家能源政策法》规定,企业雇主可向职工提供每月60美元的免税福利,用于支付交通费用。

政府补贴公共设施建设企业,鼓励设施建设和企业提供服务。补贴方式包括直接补贴企业、政府购买、税收减免及贷款优惠等。通过补贴降低企业经营成本,提高企业服务市场的能力,激励企业推进基础设施建设。日本政府对31个城市的56个批发市场建设者提供补贴资金,数额达到130.7亿日元(宋则、王水平,2012)。德国、北欧和南欧的公交企业享受10%~30%的财政补贴,澳大利亚、加拿大、意大利和葡萄牙比例高达50%,法国则对公交企业进行全额补贴(李瑞敏,2002)。美国通过税收优惠,例如减免外国投资者的资产受益税,鼓励外资投向基础设施建设。英国对完成财政部核定每年减排目标的企业,减

免80%的气候变化税。美国《住房和经济恢复法案》拨款3000亿美元建立专项基金,向约40万户申请30年期固定利率房贷的购房者提供担保。美国金融当局对清洁能源项目提供贷款担保和其他资金支持。

9. 运用居民偏好显示机制,实现公共产品供需匹配

实现公共产品供需匹配的首要问题,是探究城市居民对公共产品与公共服务的真实需求及偏好信息。有效的偏好显示机制需要一定的制度安排或机制设计作为前提。基于市场机制的价格和补贴及蒂布特"用脚投票"模型都是显示需求偏好的有效工具。例如,美国在教育上实行凭单制度,允许学生异地就学,但居住地学区要向学校所在学区转移一定资金。美国对失业工人的培训也采取凭单制(李永琳,2005)。政府通过公众听证会、公民调查等一系列机制,获取居民需求和意见,设计科学的公共产品配置方案。美国可对费率和公共事业服务价格举行听证(rate making hearing)。德国的《联邦德国行政程序法》充分规范和保证公民申请并参与价格听证的权益。1992年德国哈根(Hagen)政府开展调查,研究民众实际需求,提高居民现实福利。美国开展民意调查了解公众需求及对政府的态度变化。意大利设置改革创新部,每年对政府公共服务进行面上调查和专题调研。随着信息技术的应用普及,政府工作信息化成为大势所趋,并产生了电子政务系统,为显示需求状况提供了窗口与平台。行业组织为公民发声,并就公共产品供给与政府进行协商博弈。英国政府重视电子政府建设,了解居民公共产品需求,实现公共产品高效率供给(张克兢,2003)。政府必须签订公交、地铁等城市交通合同,规定交通费用和利润水平;行业协会规定上浮幅度,地方政府根据预算确定价格。

10. 以政府行政手段直接分配公共产品

当公共产品和公共服务供不应求时,政府依靠强制力,采取行政手段进行直接分配,可以保证产品供给和公共设施的充分利用,发挥社会效应。例如,为缓解城市交通拥挤,新加坡采取汽车限额和限行制度,公开进行牌照拍卖,并规定不同车牌不同时间上路。罗马为保障市内交通顺畅,采取限行措施,不允许外地私家车驶入罗马中心。然而,经验表明,行政直接分配手段将产生很强的副作用,造成社会不公平和配置效率低下。因此行政性配置仅能作为公共产品供求缺口过大时的过渡处理手段。政府主导和市场机制相辅相成,供需两端同时对接推进,才是纾解公共产品空间失配问题的根本之道。

参考文献

[1] 白彦锋,叶菲.中期预算:中国模式与国际借鉴[J].财政金融研究,2013(1):

76-85.

[2] 曹炳洲.美国公用事业价格管制与借鉴（续）[J].中国物价,1999(9):36-39.

[3] 长江养老合规与风险管理部.养老金投资基础设施的国际经验[J].上海国资,2009(8):88-89.

[4] 车峰.我国公共服务领域政府与NGO合作机制研究[D].北京:中央民族大学,2012.

[5] 陈家刚.参与式预算的国际经验[J].中国改革,2007,9:28-29.

[6] 陈杰,顾巧明.美国市政债券市场监督的经验与启示[J].管理现代化,2013(2):120-123.

[7] 陈杰.市政债券融资的国际经验与借鉴[J].现代管理科学,2012(12):64-67.

[8] 陈岁红.公共服务均等化的财政制度保障研究[D].长沙:湖南大学,2012.

[9] 陈小安.准公共产品供给与定价的理论和实践研究[D].成都:西南财经大学,2002.

[10] 程鹏.两部制定价的理论与实例[J].煤气与热力,2008,9:52-56.

[11] 崔惠玉,孙靖.公共服务均等化:国际经验与借鉴[J].地方财政研究,2010,2(2):70-75.

[12] 崔佳,李志红.日本经验与医疗服务定价[J].中共浙江省委党校学报,2011(6):30-34.

[13] 东方,阴炳成,魏星.国外城市道路拥挤收费与公共交通发展关系研究[C]//中国城市规划学会.公交优先与缓堵对策——中国城市交通规划2012年年会暨第26次学术研讨会论文集,2012.

[14] 杜霞.区域公共产品提供中的行政协调机制研究[D].南京:南京理工大学,2013.

[15] 方燕.递增阶梯定价理论[D].北京:中国社会科学研究生院,2012.

[16] 费尔南多.墨西哥国家水法[J].水利水电快报,1997,12:8-12.

[17] 福克斯.水电站改造的ROT模式[J].水利水电快报,2002,11(22):4-8.

[18] 郭素君,姜球林.城市公共设施空间布局规划的理念与方法——新加坡经验及深圳市光明新区的实践[J].规划师,2010(4):5-12.

[19] 郭晓丹.混合产品领域公共财政供给的广度与深度研究[D].北京:首都经济贸易大学,2011.

[20] 何鹏程.教育公用服务体系构建体系[D].上海:华东师范大学,2012.

[21] 胡振,刘华,牛德华.日本PFI事业发展及政府管制问题研究[J].建筑经济,2007,6:110-113.

[22] 李岱安.我国铁路路网成本与定价问题的研究[D].北京:北京交通大学,2006.

[23] 李刚.中国彩票业现状的实质分析及未来发展对策的研究[D].上海:复旦大学,2012.

[24] 李丽,王传斌.美国医疗服务价格规制演变及对我国的启示[J].中国卫生事业管理,2008(6):429-431.

[25] 李明.美国地方政府预算参与：理论与实践[J].金陵科技学院学报,2007,3(1)：58-62.

[26] 李瑞敏.国外城市公共交通财政补贴政策研究[J].城市发展研究,2002,3(3)：62-65.

[27] 李晓菲.东京、纽约、伦敦,看看国外停车费怎么收[J].决策探索,2011(12)：68-70.

[28] 李晓军.电信产业的价格管制研究及其实质性应用[D].北京：对外经济贸易大学,2003.

[29] 李永琳.美国公共产品的提供机制及其对中国的启示[D].长春：吉林大学,2005.

[30] 李治义.财政专项资金信息化监管模式研究[D].秦皇岛：燕山大学,2010.

[31] 刘春杰.国内外城市基础设施建设融资经验借鉴[J].浙江经济,2005,10：25-27.

[32] 刘明园.我国地方政府绩效预算管理问题与对策研究[D].南京：南京师范大学,2012.

[33] 刘晓君,张宏.基础设施项目,运营 TBT 融资方式的风险管理[J].建筑经济,2005,1：63-65.

[34] 刘晓玲.国外基本公共服务均等化借鉴[J].特区实践与理论,2011(6)：58-63.

[35] 刘志.公共服务领域中的应用和分析[J].建筑经济,2005,7：13-19.

[36] 苗纪江.城市基础设施资产证券化融资研究[D].上海：同济大学,2005.

[37] 庞楠楠.养老基金投资基础设施的方式及其风险管理措施[D].成都：西南财经大学,2012.

[38] 石光.促进基本公共服务均等化的财政转移支付制度研究[J].特区经济,2011,5：150-152.

[39] 宋博通.20 世纪美国低收入阶层住房政策研究[J].深圳大学学报,2002,9(3)：65-72.

[40] 宋宏海.电力普遍服务资金运作模式研究[D].北京：华北电力大学,2007.

[41] 宋秀丽,赵文胜.中外体育馆冠名权开发比较[J].体育学刊,2006,3(2)：47-50.

[42] 宋则,王水平.流通领域公共产品的界定及供给方式[J].中国流通经济,2012,12：24-29.

[43] 王冰.竞争性电力市场中有效电价的形成机制研究[J].中国软科学,2004(8)：136-145.

[44] 王德.日本基础设施建设财政制度[J].国外城市规划,2001(2)：27-30.

[45] 王桂娟.从公共产品到绩效预算的经济学分析[J].财政研究,2007(9)：2-6.

[46] 王玲,兰庆高,于丽红.借鉴国外经验完善中国农村公共产品供给[J].世界农业,2008,5：14-17.

[47] 王璐.BOT 模式及其主要形式比较研究[J].国际经济合作,2003(1)：43-46.

[48] 王楠楠,孙华,魏康宁.PFI 模式在英国公共工程领域的应用与借鉴作用[J].项目管理技术,2011(11)：57-63.

[49] 王喆,王玮.中国企业参与柬埔寨某铁路建设项目开发模式研究[J].工程管理学报,2012,12(6):75-80.

[50] 吴海西.基于基础设施项目特征的 BOT 模式匹配研究[D].大连:大连理工大学,2011.

[51] 晓音.泰国电信业改革概况[J].通信世界,2003,8:32.

[52] 许金峰.资产证券化在中国铁路融资中的应用研究[D].上海:上海交通大学,2009.

[53] 杨宏山.发达国家的大都市区管理模式及其启示[J].中山学刊,2005,1(1):99-103.

[54] 杨华.城市公共事业公共定价与绩效管理[J].中央财经大学学报,2007(4):21-25.

[55] 臧雷振.比较视域下志愿服务事业发展的政府政策因应[J].中国非营利论评,2012(001):142-160.

[56] 张克兢.我国城市公共物品有效供给实现途径研究[D].上海:上海师范大学,2003.

[57] 张燕玲,张晓红.国外志愿服务发展趋势[J].北京城市学院学报,2012,6:25-32.

[58] 张玉亮.国外政府公共服务均等化实践及其对我国的启示[J].当代经济管理,2010,10(10):31-35.

[59] 赵福昌,李成威.国外医疗保险与医疗救助制度及其衔接情况与启示[J].经济研究参考,2011(46):52-60.

[60] 赵蕾.我国的环境税收体系建设研究[D].北京:首都经济贸易大学,2012.

[61] 周洪宇.发达国家的社区建设及其启示[J].华中师范大学学报,2003(1):20-26.

[62] 周林洁.德国住房保障制度值得借鉴[J].城市开发,2003,6:22-24.

第14章 城市公共产品空间失配的纾解策略

14.1 纾解空间失配的思路与目标

本书研究的空间失配表现为公共产品在空间分布上存在规模和供求不匹配的结构。若公共产品供给过多,公共服务和设施对居民生活的福利增加出现边际递减,设施利用率下降,造成财政浪费。解决公共产品空间失配是公共服务均等化的内在要求,是提升居民生活水平的重要前提。

纾解城市公共产品空间失配的基本思路包括:第一,侧重供给与需求的双向调节,对供不应求地区,依据城市居民的实际总需求,通过地方财政支持、吸引私人资本、鼓励志愿服务等多种途径,增建基础设施,扩大公共产品及服务供给,弥补供给缺口。第二,统筹运用市场价格手段、财政补贴方式、税收调节机制等,优化城市公共产品与服务需求总量及结构,引导居民公共产品与服务需求流动,鼓励"用脚投票",优化资源配置及利用效率,实现公共产品匹配。第三,进一步优化城市管理机制,加快城市政府职能从管理型向服务型转变,提高政府工作人员的服务意识和服务观念,巩固公共产品法律法规、政策制度,搭建监督评价体系,从根本上保障公共产品的水平与质量。城市公共产品空间失配的纾解措施的目标为保障所有地区均等实现公共产品与服务的供需平衡,最大化地提升公共产品对所有居民的福利水平。

14.2 加快城市公共财政预算体系改革

市场经济条件下,公共财政旨在弥补市场失灵,解决外部性问题,实现社会资源合理配置,保障经济良性运行并兼顾社会公平。现实中,公共财政预算改革的指向就是缓解政府公共财政资源的有限性与公共需求的无限性之间的矛盾(徐珂,2010)。

在公共产品供给上,公共财政预算的作用极其重要。一方面持续的财政资金投入是公共产品供给的基础保障。财政是保障政府实施资源配置的根本性制度安排。对财力规模尚未具备完全满足居民日益增长的公共产品需求能力的地方政府而言,必须充分利用公共财政预算、政府性基金预算和国有资本经营预算,统筹形成资金合力,促进财力资源的统筹管理和优化配置,保障公共产品供给。另一方面要制订完备的、具有前瞻性的规划,保证各类型公共产品的充分供给。公共预算应与城市的总体规划、发展方向和基本策略紧密结合,充分考虑城市的动态发展趋势、人口情况和空间布局等因素,综合对基础性公共设施、公共产品和公共服务等制订规划,避免低水平、重复性建设和浪费资金,保证对需求收入弹性较大的公共产品的有效供给。

在公共产品供给支持上,城市公共财政要实现几个重要的预算原则:① 参与性。公共财政要保证满足全体社会成员公共需要的公共开支在全部财政支出中占较大比重,还要保障公众参与财政政策制定(冯俏彬,2005)。为了加强政府与公众合作,实现公众的知情权、表达权、参与权和监督权(冉文伟,2011),公共预算流程应由原来的"两上两下"、代表审议的预算过程变为公众参与式预算。此外,公民还应通过多种方式监督政府的公共支出行为和预算执行绩效(陈家刚、陈奕敏,2007)。② 完整性。预算内容的完整程度是实现预算目标的基本前提,预算编制内容要覆盖政府的全部收支范围。③ 精细化。在预算编制上,应采取自下而上的编制程序,细化到具体支出项目;同时按部门进行划分,财政部门审核汇总,由各部门预算共同构成一级政府总预算(张青,2005)。④ 透明化。预算目标、预算程序和预算实施过程等信息应对外公开。

相比于发达国家的财政预算体系,北京市的财政预算体系比较简单。预算收入主要来自市级地方财政收入、中央返还及补助、区县上解和上年专项政策性结转使用。公共预算支出主要用于一般公共服务、教育、文化体育与传媒、社会保障与就业、交通运输、资源勘探电力信息等事务、商业服务业等事务和其他支出项目,财政支出的覆盖面广,但重点尚不突出。在预算监督方面,一个财政年度结束后,财政局会选择一些预算项目分析考核,进行事后评价,考察预算支出是否达到预期目标。这种绩效评价方式对预算是否科学、实施方案是否精细、资金效益是否显著等问题,无法进行有效的判断。参考发达国家公共财政预算的经验,北京市城市公共预算体系要加快推进一系列改革措施。

当前北京市公共财政覆盖面虽然广泛,但分配机制还不够健全,特别是缺少一个高效的公共财政资源配置机制,对公共财政资源进行有效组合和利用,导致部分政府部门的某些环节出现公共财政资源结构性的供给过剩或不足。

由表14-1看出,2011—2012年北京市在公共产品领域的投入占财政预算支出的34.66%,其中占比最大的是教育,其次是科学技术,这两项投入占北京市公共产品投入的33.04%。在公共产品项目中,文化体育与传媒增速最快,比上年增长86.3%,其次是医疗卫生,比上年增长31.9%。未来,北京市财政支出结构的优化和调整方向包括:一是在保证财政法定性支出、稳定性支出的基础上,应加大对教育、卫生、社会保障等领域的公益性支出倾斜。二是政府应推进公共产品投入的市场化进程,逐步利用价格杠杆机制,引进社会投资。三是明确支出需求,细化部门预算编制。一方面将经常性、资本性和转移性三类支出全部列入预算草案,预算不留缺口;另一方面明确政府序列中的所有部门、直属特设机构、直属机构,分别制定预算金额和明确支出去向。四是根据项目的重要程度确定预算安排的优先性。五是对预算实行限额控制管理,严格预算约束,兼顾部门自主性支出。六是设立支出基金预算项目,针对紧急情况和应急需求,允许各部门提出追加预算申请。七是建立有效的监督与绩效评估机制,向社会公开衡量公共财政管理系统的评价方法、过程和考核结果。八是对部门预算执行绩效进行制度化、规范化的考核,结合考核结果建立奖惩机制。九是增强财政政策的透明度和可预期性,实行滚动式编制中期预算。十是完善财政转移支付制度,保障各级政府逐步实现基本公共服务均等化。

表14-1 2011—2012年北京市财政在公共产品领域的投入情况

项目	2011年/亿元	2012年/亿元	同比增速/(%)	占年度预算/(%)
教育	241.24	291.9	21.0	7.41
科学技术	139.96	159.1	13.6	4.04
文化体育与传媒	50.24	93.6	86.3	2.38
社会保障和就业	102.35	126.5	23.6	3.21
医疗卫生	75.21	99.2	31.9	2.52
节能环保	49.38	63.3	28.2	1.61
城乡社区事务	48.59	60.4	24.3	1.53

续表

项　目	2011年/亿元	2012年/亿元	同比增速/(%)	占年度预算/(%)
农林水事务	69.58	78.7	13.1	2.00
交通运输	100.93	108.3	7.3	2.75
资源勘探电力信息等事务	70.50	74.8	6.1	1.90
商业服务业等事务	23.92	24.3	1.6	0.62
公共安全及国防	99.90	103.1	3.2	2.62
一般公共服务	79.80	81.4	2.0	2.07

数据来源：北京市财政局.关于北京市2012年预算执行情况和2013年预算草案的报告[EB/OL].[2021-03-25].http://www.beijing.gov.cn/gongkai/caizheng/czbg/ysbg/201906/t20190612_93562.html.作者整理得到.

14.3　公共产品空间失配的供给侧纾解

根据不同公共产品运营组织的性质差异，公共产品可划分为政府供给、市场供给、政府市场联合供给和第三部门供给四类机制。目前，政府供给是北京市公共产品供给的主要模式。近几年，市场供给、政府市场联合供给模式在政策扶持下出现较快发展。但与发达国家城市相比，涉及的范围仍比较局限。北京市第三部门供给的发展则相对缓慢，模式的灵活度偏低。总体上，北京市公共产品供给模式的创新性不足，多元化程度仍需提高，新模式仍需相关政策法规的规范与支持。

本章发现，北京市公共产品中，大部分的学校、医院、博物馆由政府供给；商场、超市、私立医院、私立学校和一部分小型博物馆由市场上的私人组织提供；一部分医院、公园常采用政府与市场联合供给的方式提供。第三部门供给则常出现在教育及医疗卫生领域内的公益学校、公益教育或医疗基金等方面。未来，北京市城市公共产品的市场供给组织与建设重点包括：

（1）坚持以政府供给保障城市居民基本需求

政府直接供给或政府企业供给主要指向投资大、回收期长、盈利率低、社会性强的公共产品及公共服务，尤其是具有自然垄断性的服务领域。未来，北京市在医院、学校、公园绿地、博物馆、文化娱乐设施等保障居民基本生活需求的领域应不断提升财政预算支出保障，增加公共产品供给，同时要加大城市民生领域的市场化改革力度，提升公共产品的质量和服务范围。

（2）推进市场化改革，满足居民多元化和个性化需求

伴随生活水平提高，城市居民对公共产品的多元化和个性化需求不断增

加。相对而言,企业、私人部门的经营模式更加灵活,产品更具创新性。北京市的市场供给模式起步较晚,目前允许私人部门进入的领域相对有限。北京市的市场供给多集中在商场、超市、电影院等盈利能力较高的项目上。近年来,学校、医院等领域对民间资本的限制有所放宽。未来政府应发挥市场供给模式的优势,以适当收费形成回报,来满足社会福利最大化。但政府要对市场供给模式与市场竞争行为进行监管,避免公共产品或服务质量参差不齐,损害消费者权益。

(3) 发挥社会和民间资本作用,鼓励联合供给

政府市场联合供给公共产品的模式主要包括政府采购、政府补贴、特许经营等。目前北京市各级学校、医院、博物馆、公园的基础运营设备、物业服务、保洁服务、绿化项目常通过政府采购方式来提供。这种方式有助于在公共产品生产领域引入公平竞争机制,打破公共产品生产垄断,提高公共产品质量和供给效率。为满足群众对休闲娱乐、文化生活不断高涨的需求,2006年起北京市通过政府补贴和专项资金方式,免费开放一些公园、博物馆。此外,公共交通企业、污水处理厂、垃圾处理厂、节能环保公司等,也是北京市政府补贴发展重点领域单位。

(4) 以特许经营模式推进公共产品分类生产

2004年《市政公用事业特许经营管理办法》出台,2006年《北京市城市基础设施特许经营条例》出台,特许经营权逐步从城市供水、供气、供热、公共交通、污水处理、垃圾处理等行业,拓展到城市基础设施领域。未来,除公共交通、污水处理、垃圾处理等传统投资领域之外,北京市应积极支持民间资本参与基础设施、公用事业、社会事业等公共领域。特别是在轨道交通、电信业务、博物馆、教育机构、卫生机构等领域,积极鼓励公私合营的PPP模式。北京市应在严格的政策引导和运营监管下,提供法律保障,培育公众意识,适当推进社会团体、基金会、公益组织等第三部门参与青少年发展、环保公益、教育医疗等服务供给。

(5) 鼓励城市公共产品跨区域联合供给

囿于公共财政支出责任划分不清,以及公共产品跨区域提供容易产生"搭便车"和负外部效应等问题,对公共产品的跨区域供给制度保障不够充分,导致合作体系发育滞后。未来北京市应将基本公共服务均等化水平作为政绩考核依据,让各辖区认清压力,明确服务资源均等化配置责任,形成外向合作的内在激励;在制度层面上,市政府应发挥均衡调节作用,建立鼓励机制、援助机制、协调机制,运用多样化方式形成资源共享、收益分享、社会规模经济效应的新理念,保障地方政府在市域内、区域内两个层面的跨区合作,联合生产公共产品。

14.4 公共产品空间失配的需求侧纾解

(1) 建立城市公共产品消费需求调查系统

通过需求调查可以归集城市居民对公共产品的偏好、需求意向、偏好强度等重要信息和数据,这是预测城市公共产品需求、实现供需平衡的重要依据。建立一个科学的公共产品居民需求调查系统,对城市公共决策至关重要。目前,我国民众缺乏表达公共产品需求的适当渠道(洪源,2004),对消费者的真实需求和购买力无从得知;而且居民对公共决策的参与度很低,许多民众对于公共产品的需求表达机制也并不清楚(吕健垂、李兴华,2008)。这造成了公共产品供给决策系统性较差、政策不连贯、供求均衡无法实现等一系列弊端,进而影响了公共产品供给分配和产品定价(闵琪,2011)。长此以往,会造成我国居民缺乏需求表达的意识,对侵害其利益的公共产品也采取忍耐的应对方式,逐渐形成消极的思维模式(任勤,2007)。更重要的是,需求信息缺失导致公共产品决策成为"上传下达"的行政决策,决策的指令性强,对不同发展水平、不同条件的地区也常采取"一视同仁"的供给方式(汪志芳,2006),造成公共产品供需严重脱节,社会资源严重浪费。

因此,亟待加快建设我国城市公共产品的需求调查和决策信息平台。一是要延聘信息调查和统计分析专家,科学合理地设计调查内容。由于公众需求调查涉及调查者对公共产品的主观评价,且通常涉及经济学、心理学、消费者行为学等多方面的知识,综合性较强(裴飞,2007),调查内容必须全面易懂,不能因为公众专业知识水平各有差异导致信息失真,或者难以标准化。二是调查内容的设计要逻辑清晰,调查问题排序恰当,先易后难、先简后繁、先具体后抽象,以避免因被调查者对问题的疑惑(粟斌,2012),提高回答的顺畅度。三是调查实施应高效便捷,尽量借助高效便捷的电子工具、网络平台等以保障调查实施过程中的效率和可行性。四是在调查问题的设计上,选取可量化指标,保证需求调查内容与结果的应用价值。

(2) 尽快完善城市公共产品价格调节机制

价格是消费者的直接使用成本。生产成本固定时,价格机制决定了公共产品的净收益,促使供给方为降低成本而提高生产技术和供给效率。同时,价格的市场调节机制,可以通过影响公共产品的数量、结构与空间的关系来实现,一方面调整消费者与企业的行为,另一方面通过市场均衡来缓解空间失衡。总之,价格机制要完成提升有效供给、抑制过度需求和缓解市场扭曲三个目标。一是以市场均衡价格避免垄断价格抑制消费者福利增长,激励市场主体改善供给的数量和质量;二是以政府补贴来控制投资回报率,间接发挥价格的杠杆调节作用;三是将成本以价格形式分摊给公共产品消费者,对不同公共产品确定不同的分摊比例,引导居民需求;四是公共产品价格比较稳定,应完善动态调整机制,缓解因非差异化定价和较低的限制性价格造成供不应求,应保障公共产品消费的有序分流。

(3) 加快公共产品价格调整机制的应用

对北京市而言,未来在教育、医疗、养老、公共交通等重点领域,应加快建立价格调节机制。除了与投入成本紧密相关,上述公共部门的服务质量还受到当地教育水平、人才密度、居民素质、文化环境、政府政策、实施水平等综合因素的影响,由于不同地区之间存在着巨大差异,这些领域中可能出现高投入低产出的情况。为了实现服务水平的均等化目标,要对有些地区提供补贴或制定保护性价格。还要加快建立规范、激励各方多元参与的定价程序和参与机制,逐步约束政府的公共产品定价行为,在政府、公共产品生产者、消费者三者间实现良好的互动议价机制和差异化定价机制,保证定价方法的合理性,实现市场竞争环境和消费者福利的"双维护"。此外还应加快将公共产品定价行为纳入法制化轨道,对国家关于服务定价的政府指导文件与实际价格管理中边界模糊的地带,以及项目设置不合理的地方,尽快以法律法规的形式予以规范,实现城市公共产品和服务定价程序、定价目录的公正性、科学性和可操作性。还要重视通过多元化的社会资金参与,改变我国政府过度垄断城市公共产品定价环节的缺陷,引入社会资本和竞争机制,实现公共产品价格调整的公正性。

参考文献

[1] 白彦锋,叶菲. 中期预算:中国模式与国际借鉴[J]. 经济与管理评论,2013(01):78-87.

[2] 庇古. 福利经济学[M]. 金镝,译. 北京:华夏出版社,2007.

[3] 陈家刚,陈奕敏. 地方治理中的参与式预算——关于浙江温岭市新河镇改革的案例研究[J]. 公共管理学报,2007,4(3):76-83.

[4] 陈伟强,章恒全. PPP与BOT融资模式的比较研究[J]. 价值工程,2003(02):4-6.

[5] 冯俏彬. 国家分配论、公共财政论与民主财政论——我国公共财政理论的回顾与发展[J]. 财政研究,2005(4):8-11.

[6] 韩建. 我国公共产品供给方式探讨[J]. 现代商贸工业,2011(8):52-52.

[7] 洪源. 农村级公共品供给模式创新[J]. 山西财政税务专科学校学报,2004(3):64.

[8] 黄歌,蒙鹏程. 关于BT模式在我国运用的探讨[J]. 工程建设,2007,39(004):56-60.

[9] 江耀睦,徐文辉,林朝仙,等. PPP模式在医院运行机制改革中的实践[J]. 中华医

院管理杂志, 2012, 28(003): 163-166.

[10] 金昊. PFI 项目融资模式在基础设施建设中的应用[J]. 建筑经济, 2003(9): 21-22.

[11] 吕健垂, 李兴华. 基于农民需求意愿的农村公共产品供给决策制度创新[J]. 农业科技管理, 2008(5): 74-75.

[12] 孟宪超. BOT 与 PPP 项目融资模式的实证分析[J]. 水电与新能源, 2012(100): 70-73.

[13] 闵琪. 从公共品需求到公共品供需均衡[D]. 济南: 山东大学, 2011.

[14] 裴飞. 如何设计中国顾客满意指数调查问卷[J]. 世界标准化与质量管理, 2007(10): 28-31.

[15] 冉文伟. 论中国地方公共预算中的公众参与——一个社会资本的视角[J]. 徐州工程学院学报(社会科学版), 2011, 26(4): 28-31.

[16] 任风玲, 李玉英. PFI 模式与基础设施供给[J]. 石家庄经济学院学报, 2004, 27(004): 421-423.

[17] 任勤. 完善和创新农村公共产品的需求表达机制与决策机制[J]. 福建论坛: 人文社会科学版, 2007(09): 30-33.

[18] 粟斌. 调查问卷设计的注意事项[J]. 日常应用写作, 2012(21): 39-42.

[19] 孙丰旋, 吴贤国. BOT 与 PFI 融资模式的比较研究[J]. 价值工程, 2006(11): 130-132.

[20] 田振清, 任宇航. 北京地铁 4 号线公私合作项目融资模式后评价研究[J]. 百家论坛, 2011(12): 6-9.

[21] 汪志芳. 农村公共产品需求表达机制研究[D]. 武汉: 华中科技大学, 2006.

[22] 王闯. 关于 BT 投资模式的探讨[J]. 财政研究, 2005(011): 40-42.

[23] 徐珂. 论推进我国公共财政预算改革[J]. 广东行政学院学报, 2010(04): 10-14.

[24] 杨斌, 唐建兵. 我国公共产品经营部门投融资研究[J]. 中共四川省委省级机关党校学报, 2004(2): 47-50.

[25] 杨美英. 统筹中国公共产品供给研究[D]. 长春: 东北师范大学, 2008.

[26] 张军, 蒋维. 改革后中国农村公共产品的供给: 理论与经验研究[J]. 社会科学战线, 1998(1): 36-44.

[27] 张青. 论公共预算的特征和原则[J]. 中国农业银行武汉培训学院学报, 2005(03): 82-83.

[28] 周龙. PPP 模式在公共基础设施建设中的应用[J]. 河南师范大学学报, 2010(37): 127-129.

[29] 卓成刚, 曹伟. 试论公共产品的市场供给方式[J]. 中国行政管理, 2005(4): 51-54.

[30] COASE R H. The lighthouse in economics[J]. Journal of Law & Economics, 1974, 17(2): 357-376.

[31] SAMUELSON P A. The pure theory of public expenditure[J]. Review of Economics and Statistics, 1954, 36(4): 387-389.

第15章 纾解城市公共产品空间失配的保障措施

15.1 公共产品需求选择的公民表决机制

城市不同利益相关主体以游说、诉求、呼吁等方式直接表达偏好,或者通过社会舆论、执政满意率、选票等形式选择代理人,间接表达公共产品诉求,两个途径均是保障公共产品有效供给的制度起点。完整的公民表达机制包括民众知情、民众参与、代言人表述以及反馈制度四个方面,如图15-1所示。

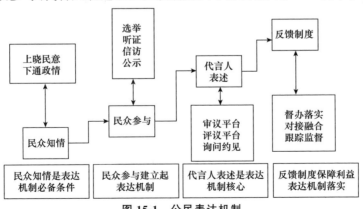

图 15-1 公民表达机制

现代社会中,公共产品需求选择的公民表决机制包括以下重要方面:

保持公民表达参与渠道畅通。扩大公众有序参与政治和公共生活的渠道是公民表达机制的前提。充分尊重民意,利用新技术打造公民利益表达的新窗口和平台,依托各类媒体,保证各方表达意见和充分交流。广泛发扬民主,对各利益涉及方进行听证,有助于城市居民直接参与公共产品决策,并实现决策的透明化、民主化和科学化。受理公共产品领域中的民众意见,将信访制度作为压力释放口,从源头上抓住影响公共产品供求的民意基础。推行公示制度,对涉及的利益相关方的重要信息进行集体告知。

保障公民的基本知情权利。政府应通过各种途径,建立公共产品供求重大决策事项前的公民政策愿望收集机制。在公共产品的供给工作中尊重和保障地方民众知情权,从通政情和晓民意两个方面入手保障城市居民享有利益表达机制。应真实、准确、完整和及时地转达公共产品的供给现状、问题和其他重要信息,引导政府和民众双方密切沟通,提高公共产品需求表达的针对性、准确性。

构建居民对公共产品的表达平台。现代社会中,利益分配格局日益复杂,导致公民表达机制多元化,应建立有效的工作方式和制度,通过正式制度、非正式制度以及隐性权力等,构建居民对公共产品供求的表述平台,让各阶层和不同利益主体充分表达意愿。城市政府可以通过市长信箱、公共设施论坛、官员在线问答、微博等多种形式与公众进行互动。除正式表达渠道外,社会利益表达还可以通过中介组织、社团、协会等社会组织进行。

落实反馈制度的后续保障。一方面建立落实相应的反馈制度是公共产品供给中公民表达机制的一个后续保障;另一方面加强利益诉求的跟踪监督,可以保持公共产品规划建设工作的连续性。在城市政府公共产品供给工作的内容中,主要通过督办落实、对接融合、跟踪监督等形式强化反馈制度,保障公民表达权利和利益诉求。重点与对应部门加强联系沟通,明确职责内容,制定工作流程,加强制度对接和融合。将公民代表书面意见的督办工作作为维护群众利益、保障民主权利的重要内容。建立信访监督制度,提高信访工作的规范化、制度化。

15.2 推进城市政府转变公共服务职能

政府包办全部城市公共产品和社会福利的传统供给模式,不仅令政府背负了巨大的财政支出负担,更重要的是导致了低效率。理论与实践的发展表明,政府工作重心已经转变为建设服务型政府,为社会、市场和民众提供充足、均衡的公共产品与服务。企业、社会和个人的共同参与和分担是现代城市公共产品的重要生产模式。通过提供优质的公共产品,政府较好地平衡了经济效率与社会公平之间的关系。为搭建服务型政府,需做好以下重点工作:

(1) 公共产品供给应实现财权、事权分级分类匹配

地方政府有权自主决定财政预算支出规模和结构。北京市在公共产品的供给上应做到财权、事权分级分类匹配,注重提升财政管理效率和社会服务效益。首先,各级政府部门要遵循适度分权、受益、职能优势原则,对各级政府的职能和事务范围进行清晰的划分和界定。其次,在公共产品供给领域,按照事权划分原则,明确下属各级政府间的事权关系,以此确定彼此承担的公共事务,合理确定分担比例。最后,以法制制度限制各级政府间的权力边界,规范其行使事权的行为。

(2) 建立政府引导下的多元化供给体系

创新公共服务模式是政府职能转型的必然结果。消除城市公共产品由政府单一主体供给的弊端,加强政府、社会和市场三者互助协作;制定政策法规吸引民营企业参与城市公共产品供给。同时,制定完善相关法律、政策,保证民间组织的运行效率。

(3) 增强公共财政提供能力

政府的财政支出主要负责提供市场无效率、投资额度高和具有正外部效应的公共产品与服务。积极改善政府财政汲取能力,拓展各类市场化融资的工具使用。同时合理安排支出结构和比例,确保重点领域的资金需要,保证公共服务供给的规模和质量。

(4) 建立健全公共服务绩效管理评估机制

未来城市应加快建立以公共服务为取向的政府绩效管理评估机制,避免重复建设、资源浪费。将基本公共服务供给后的公众满意度,作为干部政绩考核体系的一个重要指标。在完善指标体系和测量方法的基础上,健全公共服务绩效评价机制,推动公共服务绩效评价的长期化、制度化和规范化;同时,综合运用间接管理、跟踪管理和事后监督管理等手段,提高政府服务效能。

(5) 在公共服务领域引入市场机制

激烈的竞争引发服务型政府的转型发展潮流,在公共事务的具体操作和运营中开始重视引入市场机制。公共服务的市场化使得公民以最直接的方式参与到行政过程中。应推进公共产品供给与市场接轨,运用市场机制和工具采取多种方式进行灵活管理,促进政府提供高效服务职能。

15.3 调整城市土地利用规划政策

在消除公共产品空间失配问题的目标下,城市空间规划和土地利用政策的任务是规范公共产品空间布局、实现公共产品供需均衡、提升公共产品空间利用效率和维护社会公平职责。未来,北京市城市公共产品的空间规划和土地利用政策建议应包括:

(1) 引流中心区公共产品,形成多中心供给结构

北京市的医院、学校、养老院等公共产品向心集聚的特征非常显著,供给强度和质量由中心区向外围逐渐下降。未来的城市空间规划和土地政策,要引导公共产品向中心区外围扩散。规划要为提供公共产品预留空闲用地,尤其重视布局在交通节点,以扩大辐射的覆盖范围,减少消费者时间成本。同时以土地优惠政策,吸引民间投资,生产短缺的公共产品,形成多中心的城市供给结构,并规定配套设施的规模和标准。

(2) 保持公共产品存量土地的动态平衡

伴随社会经济基础、城市化进程、政策导向等因素的不断变动,城市的人口结构、人口密度和人口流动也处于持续的变动中,对城市公共产品的需求量和需求结构产生了不确定性。因此,应建立基于人口变动的城市公共产品需求的动态监控机制,以保证城市土地存量与公共产品建设总量的动态平衡。此外,长期以来北京市在公共产品存量土地上并无固定指标,对不同类型公共产品也无分配比例,且在公共项目审批过程中,对土地用量多采用暂行规定。未来应尽快扭转以上不利局面,将公共产品用地列为总体规划中的固定项目;同时对公共产品的土地需求作出规模、区位、开发时序的前瞻性规划。

(3) 围绕新增公共产品布局,优化用地审批过程

在优化城市存量公共产品供给的区位布局的基础上,未来以新增公共产品的选址和土地利用为重点,在人口聚集区、交通节点处,以及不同行政区域交界处,布局公共产品的增量供给中心。对北京市而言,应在总体规划的基础上,结合交通发展规划、产业发展规划、住宅建设规划,综合分析制定公共设施专项规划,在市域范围内形成多个围绕城市副中心、住宅组团、产业集聚区的公共产品的服务职能中心。在用地审批过程中,为公共产品建设开通专项通道,制定倾斜政策。未来,可以在区级层面上选择试验区、试点区,因地制宜,探索布局优化原则,完善用地的审批过程,制定政策文件,并向全市逐步推广。

(4) 加强空间规划和土地政策的监察工作

在城市土地政策的执行过程中,应针对公共土地转让后的使用情况、土地

是否最大化地提升公共福利，以及公共产品的建设用地是否存在非法转让用于其他商业用途的行为等，严格开展督查和核查。尽快建立城市土地利用的反馈机制，对公共产品土地利用过程中存在的浪费行为，向城市规划的行政管理部门及时反馈，不断优化公共产品的土地利用。还应推进内部监督、舆论监督和第三方监督相结合，针对城市公共产品和公共服务设施用地政策中存在的问题和疏漏形成督查机制，及时出台补充性政策措施和解决办法。有条件的城市应建设独立的公共产品建设用地规划的第三方调查机构和监督信息反馈平台，负责出具专业和准确的调查报告和政策建议。

（5）完善城市公共空间补偿机制

应遵从兼顾公平和效率、社会总收益最大化的原则，严格界定和衡量公共空间转变过程中的公共利益的得失。当政府征用私有土地用于扩充公共空间时，基于损失和影响程度确定补偿的标准，考虑对受影响者提供土地补偿和费用补偿，对私人的补偿额度和补偿方式必须是公开透明的，严格按照具体的补偿条款执行。同时在公共空间向其他用途转化时，探索形成与周边地区的土地使用者共同协商的机制。针对服务范围相对较大、对周边居民的生活质量产生负外部性影响的公共产品，开展严格的过程管控和绩效评价工作。

15.4　建设城市公共产品治理体系

构建城市公共产品的社会多元治理体系、创新模式，改善效率是公共产品空间失配的根本解决之道。在发挥政府主导作用的同时，发达国家经由市场化改革，充分发挥市场机制的配置资源功能，引入私人资本与企业增加公共产品供给，采取多形式的公私合营方式供给和管理跨区域的公共产品，建立公共产品多元化供给与治理体系。例如，德国地方政府将文化设施的供给和生产转移给私人部门或非政府组织。法国采取建立混合经济体和特许经营的多种公私合营方式，允许私人资本进入博物馆、剧院、运动馆、旅游设施等城市公共产品项目工程建设。美国则采取补贴方式支持公共产品市场化供给，如在医疗服务方面采取凭单制方式直接补贴消费者。此外，美国第三部门以会费收入和捐赠作为主要资金来源，直接参与教育、研究、文化设施等公共产品的供给。法制化是地方公共产品治理体系的重要保障。发达国家通过法律法规来规范公共产品的供给渠道、保障多种利益主体参与供给决策、理顺跨地区的公共事务处理、完善公共产品联合管理行为等。针对公共产品供给的决策、市场化工具、资金使用以及后期管理维护等，发达国家通过建立全方位的监督机制，提供了制度保证。

对北京市而言,当前几乎所有公共产品的生产、分配与消费都处于政府严格的管制和行政审批制度下,公共产品治理以政府垄断模式为主,私人资本难以进入公共产品生产领域。这种模式不仅导致政府部门之间缺乏竞争,且因需求大于供给,政府存在巨大资金缺口,极大地降低了城市公共产品的供给效率。此外,北京市各区的经济发展、财政收入、社会需求等存在较大差异,导致公共产品和服务的现状基础和供给质量地区间不平衡,而且目前尚未形成有效的地区间协调合作机制,极大地影响了地区基本公共服务的均等化水平。目前北京市还存在着各类社会组织发育滞后、社会认可度较低、参与公共产品供给的力度不足的问题,亟待形成完善的激励和治理对策。总体上,北京市城市公共产品治理体系的建设重点应包括:

(1) 建立多元化治理体系

建设面向城市公共事务的多元化治理体系的关键,是解决好多元主体博弈的资源配置问题。首先,政府发挥公共产品供给的主导作用,但重点是将决策与执行职能分开,政府主要承担引导、组织、监督和保护的职责,主要采用行政许可方式,明确准入门槛,审核企业资质,发放许可证,公开招标信息等。其次,政府主导完成好诸如对私人部门的激励制度、对项目的产权界定、保护私人投资者的合法权益、完善价格机制、激发社会公德等相应的政策设计和制度创新。最后,社区是城市居民生活的基本地域单位,要发挥社区在公共产品提供方面的重要作用。一方面,社区居民共建共享社区公共服务设施,逐步实现社区居民的自我管理和自我发展;另一方面,与周边社区形成联合供给、利益共享的公共产品和服务设施利用机制。并且从资金和公信力两个方面,适当支持以社会公益为取向的第三方组织发展。一方面,加强各级政府补贴力度,给予非营利组织税费优惠;另一方面,借鉴发达国家非营利组织的管理经验,引入商业行为和营利性机制,令其在社会各界监督下独立运作。

(2) 健全内部协调合作机制

参照国际经验,设置区域性的合作机构,协调跨辖区的公共事务管理工作。例如在美国,类似职能的主要机构包括区域规划委员会、政府联合会、城市联邦制、区域性管理局等。日本就老年福利、医疗事务、教育等领域,依靠广域行政来协调组织跨区域的部分公共事务。此外,建立协议会、跨区域政府联合等多元化利益相关者的共同参与机制,专门处理跨区域的事务沟通和协调。对北京市而言,一方面各区之间经济基础和发展水平存在差异,另一方面各区之间更多是基于自身利益而非北京市的整体角度来考量制定公共产品决策,导致域内会出现公共产品供给问题。其他利益相关者参与的深度和广度都不足,因此,需要在弥补制度和法律法规缺失的基础上,从职能、权限、冲突解决程序等环节入手,解决好内部协调的职责不明确、互相推诿和合作协调困难等问题,不断满足社会各方的需求。协调的重点在于整合各方利益。为此,要及时公布有关政策和管理程序,增强公众在整体规划、建设和管理上的知情权、参与权和管理权。同时,增强公民和社团意愿的参与和表达机制,对社会机构加强管理和监督,共建跨地区的对话平台和协调组织。

(3) 强化供给的法制保障

当前,北京市关于公共产品的多元协同治理,主要通过行政性政策和一些规章来实现,法律基础比较薄弱,各方的权利、责任和利益相对模糊,机制性的公共产品合作供给的稳定框架难以形成。因此,未来亟待从法律角度,加快去除市场进入壁垒,保障公平财产权,同时,规范合作各方解决冲突的方式和程序,对损害社会公共利益的行为,建立其必需的问责及惩罚体系。此外,尽快从法律维度,完善非营利组织参与社会公共产品供给和公共服务运行管理的法律规范,制定有关其申请、成立、运营和监督的详细规则,还可以通过出台新的税收优惠措施和完善继承法等办法,增加非营利组织的资金来源。

(4) 建立多元化考评和监管制度

目前,北京市应加快完善和构建完善的监管考评制度。构建涵盖经济指标、效率指标和效能指标的公共产品供给效果的评价指标体系,对满足城市公共产品供求均衡的投入和成本、内部结构优化程度、投入产出比例进行衡量,以确认居民享受的公共产品是否公平、公共产品生产效率是否合理、消费者的福利是否得到增加。同时逐步建立包括居民听证会、对使用者随机抽样调查、入户问卷访谈在内的考核数据调查系统。此外要建立覆盖政府、公司、个人、社区、第三方组织的多元化考核主客体系统。还要通过完善考核评价体系的信息公开制度:一方面政府对公共产品招标信息、采购信息、合同承包信息等予以公示,保障监督;另一方面对外客观公正地反映各方利益的评估结果,保障民众的知情权和监督权。

15.5 优化城市区域空间组织结构

(1) 编制落实城市整体规划

随着发展条件与环境变化,城市内部空间结构不断发生改变。城市空间规划能有效引导城市内部各项资源要素的合理分布。例如,日本东京为了应对大量人口涌入导致城市公共产品出现供给短缺和空间分布不均衡,先后实施了若干次重要的首都圈规划的调整措施。这些措施弱化了金字塔型城市体系的现状结构,积极引导城市发展,重点培育多核心城市群、都市圈,通过加强区域横向联系,形成水平网络型城市均衡发展的结构关系,最终实现了彼此互补、高密度的分散型网络区域空间结构(王兴平、易虹,2001)。《北京城市总体规划(2004年—2020年)》①提出战略转移和旧城有机疏散的城市空间发展策略,并对首都公共服务、医疗卫生等社会事业领域提出了重要的战略发展指向。当前北京亟须出台城市公共产品和公共服务的专项规划和详细规划,落实城市公共产品的规划和建设目标。

(2) 适当推进行政区划调整

行政区划是城市实施政治和经济管理的重要手段,是资源、权力在空间上的再分配机制。在城市外部关联呈现开放性、流动性和网络化特征的发展时期,公共产品和服务必然跨越行政区划界限出现区域供给趋势。适当调整行政区划将是打破行政区经济模式、整合公共资源、解决城市内部公共产品失配问题的有效途径。通过调整行政区划,设定合理的辖域规模,一方面在整体上提升城市基础设施、公共服务和城市建设管理的水平,发挥规模经济效益;另一方面精简原有的机构编制,提高公务员的效能和服务水平,优化区域行政管理和公共服务,节约行政成本。

参考文献

王兴平,易虹.新世纪的区域规划:思路、框架与对策[J].城市发展研究,2001,4(4):56.

---

① 北京市规划委员会.北京城市总体规划(2004年—2020年)[EB/OL].[2011-05-20]. http://www.bjghw.gov.cn

附录1 各街道电影院供给能力的测算-技术方案

步骤一:以代表性街道的几何中心点为中心,搜索半径15 km范围以内所有一级至七级的电影院,并标记出来。

步骤二:对七个等级电影院的重要性进行赋值。赋值的基本原则包括:等级高的电影院更具有吸引力,赋值应该更高。因此根据上述原则,采用德尔菲法对电影院的综合得分等级,即重要性,进行专家背对背打分,最终得到一致的打分结果(附表1)。

附表1 电影院重要性打分结果

电影院等级	一级	二级	三级	四级	五级	六级	七级
重要性	13	11	9	7	5	3	1

电影院等级分类说明:

① 综合得分1=7×厅数 & 座位数打分+5×电影院放映质量打分+3×所有在职服务人员数量打分+5×性质打分。

② 综合得分2=综合得分1×营业时间系数。

③ 综合得分等级划分标准为:大于120,为一级;大于100,小于等于120,为二级;大于80,小于等于100,为三级;大于60,小于等于80,为四级;大于40,

小于等于60,为五级;大于20,小于等于40,为六级;大于0,小于等于20,为七级。

步骤三:将代表性街道的几何中心至15 km半径范围内划分为三个圈层,即0~3 km为第一圈层,3~8 km为第二圈层,8~15 km为第三圈层。临界点的划分主要考虑到以下两方面因素:佔测北京市公交车的平均时速为15 km·h^{-1},则三个圈层分别对应公交车乘车时间12 min、32 min、1 h;估测北京市自驾车的平均时速为30 km·h^{-1},则三个圈层分别对应驾车时间6 min、16 min、0.5 h。

再将每个圈层内的电影院根据所在的圈层距离街道中心的远近按距离衰减的原则赋予距离重要性(β)权重,离街道中心越远,赋予的距离重要性权重越低。不同的电影院随距离衰减程度不同,基本原则是:电影院等级越高,随距离衰减的速度越慢。同样采用德尔菲法对商业设施的距离重要性进行专家背对背打分,最终得到一致的打分结果如附表2。

附表2 电影院距离重要性打分结果

圈层	一级	二级	三级	四级	五级	六级	七级
0~3 km	1	0.9	0.8	0.6	0.3	0.2	0.1
3~8 km	0.9	0.8	0.6	0.3	0.1	0	0
8~15 km	0.7	0.5	0.2	0.1	0	0	0

步骤四:对代表性街道周围15 km以内的所有电影院的重要性和距离重要性按照以下公式进行加总:

$$I_s = \sum_{j=1}^{m} \sum_{i=1}^{n} \alpha_i \beta_j$$

其中,α_i表示第j个圈层内各电影院本身的重要性;β_j表示第j个圈层的距离重要性;I_s表示代表性街道周围所有电影院加权距离后的重要性总和,可以理解为该街道的电影院供给总水平,或者是得到的电影院消费可能性的多少。

步骤五:对北京市范围内的每一个街道都重复上述操作步骤,从而可以得到每一个街道的I_s数值。将I_s作为街道的属性特征值用GIS软件在地图上进行着色,制作DEM图谱,从而可以对北京市电影院的空间分布整体情况进行观察。

附录 2　问卷设计及结果分析

第一部分　问卷设计

一、填表人基本情况

1. 您的年龄：_____岁［填空题］［必答题］
2. 您的性别［单选题］［必答题］
   ○ 男　　　　○ 女
3. 您的家庭中常住在北京的人口［单选题］［必答题］
   ○ 1 人　　○ 2 人　　○ 3 人　　○ ≥4 人
4. 您的家庭地址是：_____区_____街道_____小区（请尽量详细）［填空题］［必答题］
5. 您的职业［单选题］［必答题］
   ○ 政府工作人员　　　○ 普通公司职员　　　○ 企业管理人员
   ○ 专业技术人员
   ○ 教师　　○ 军人　　○ 工人　　○ 学生
   ○ 离退休人员　　○ 家庭主妇　　○ 其他（请填写）_____

6. 您的文化程度[单选题][必答题]
　　○ 小学及以下　　　　○ 初中　　　　○ 高中或中专　　　　○ 大专
　　○ 大学本科　　　　　○ 硕士　　　　○ 博士

7. 您的月收入：_____元[填空题][必答题]

8. 您的家庭人均月收入：_____元[填空题][必答题]

二、公园

9. 您一般去的公园是：_____(可填写多个)[填空题][必答题]

10. 您去公园的频率是：_____(单位：次/月,可以为小数)[填空题][必答题]

11. 您去公园平均每月的门票消费：_____元[填空题][必答题]

12. 您到达公园途中所花时间是：_____分钟[填空题][必答题]

13. 您每次在公园平均待多长时间：_____分钟[填空题][必答题]

三、商场

14. 您一般去的商场是：_____(可以填写多个)[填空题][必答题]

15. 您去商场的频率是：_____(单位：次/月,可以为小数)[填空题][必答题]

16. 您平均每次在商场消费的金额是：_____元[填空题][必答题]

17. 您到达商场所花费的大约时间为：_____分钟[填空题][必答题]

18. 您每次逛商场平均所花费的时间是：_____分钟[填空题][必答题]

四、医院

19. 您生病时一般选择去的医院是：_____(可以填写多个)[填空题][必答题]

20. 您去医院的频率为：_____(次/年,可以为小数)[填空题][必答题]

21. 您在医院平均每次花费的金额为：_____元[填空题][必答题]

22. 您到达上述医院途中平均所花费的时间为：_____分钟[填空题][必答题]

23. 您在上述医院就诊平均所花费的时间为：_____分钟(包括排队时间)[填空题][必答题]

五、电影院

24. 您一般去的电影院是：_____(可以填写多个)[填空题][必答题]

25. 您去电影院的频率是：_____(次/月,可以为小数)[填空题][必答

题]

26. 您到达电影院花费的时间是：_____分钟[填空题][必答题]

27. 您在电影院平均每次花费：_____元[填空题][必答题]

六、博物馆

28. 您去得较多的博物馆是：_____（可以填写多个）[填空题][必答题]

29. 您去博物馆的频率是：_____（次/年，可以为小数）[填空题][必答题]

30. 您去博物馆每次平均花费的金额是：_____元[填空题][必答题]

31. 您到达博物馆途中花费的时间是：_____分钟，您在博物馆平均每次停留的时间是：_____分钟[填空题][必答题]

32. 如果您有100元，在以上5类公共产品中您会如何分配：医院_____元；公园_____元；博物馆_____元；电影院_____元；商场_____元[填空题][必答题]

第二部分　问卷分析结果

问卷调查开始时间：2013年5月28日。结束时间：2013年12月12日。

样本总数：1057份。有效问卷：1000份。

原始数据来源：http://www.sojump.com/report/1721759.aspx? qc＝，2013年5月20日访问。

问卷调查结果见附图1至附图18。

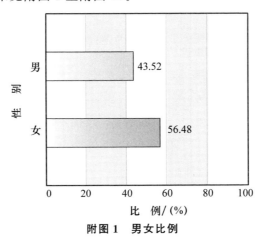

附图1　男女比例

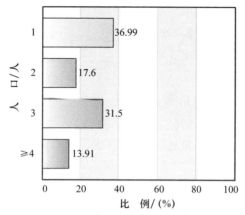

附图 2　家庭中常住在北京的人口

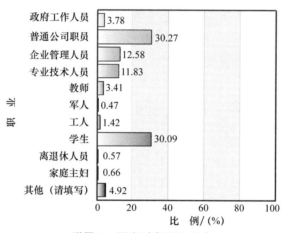

附图 3　调查对象职业分布

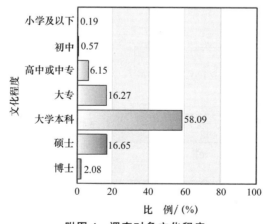

附图 4　调查对象文化程度

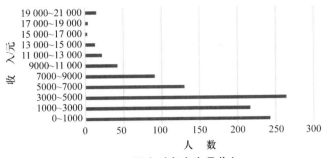

附图 5　调查对象个人月收入

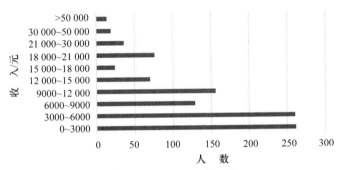

附图 6　调查对象家庭月收入

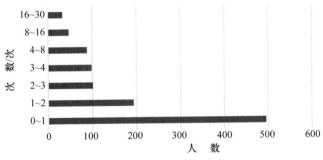

附图 7　每月去公园次数

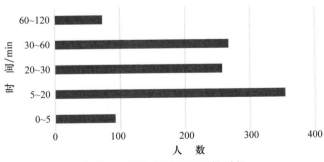

附图 8　到达公园平均通勤时间

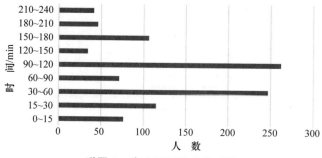

附图 9　在公园平均花费时间

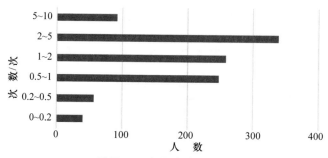

附图 10　每月去商场次数

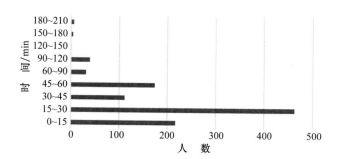

附图 11　到达商场平均花费时间

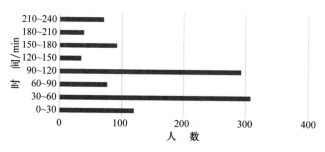

附图 12　在商场平均花费时间

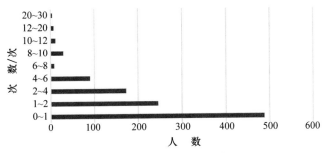

附图 13　每年去医院次数

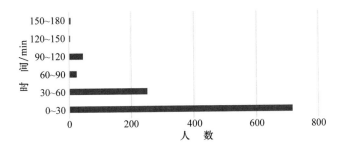

附图 14　到达医院平均花费时间

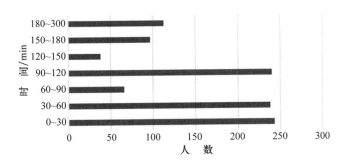

附图 15　在医院平均花费时间

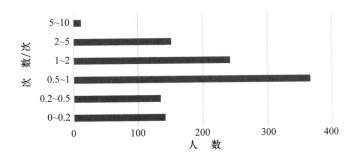

附图 16　每月去电影院次数

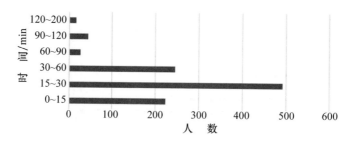

附图 17　到达电影院平均花费的时间

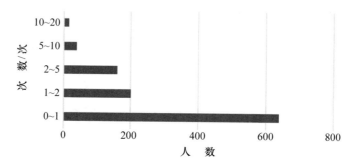

附图 18　每年去博物馆次数

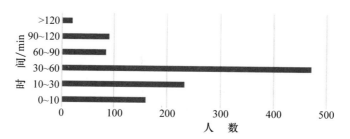

附图 19　到达博物馆平均花费时间

后 记

　　任何城市的任何发展都是理性与激情交织作用的产物。现实中的城市激情源于现代技术创新周期的不断缩短,源于全球化和区域一体化时代外部发展环境的整体改善,源于各类激励性政策和机遇的有利推动,容易让人产生城市发展可以信手拈来、无往不利的信念,直至导致形势、环境和条件的不利与突变,才促使我们冷静并恢复理性。

　　本书来自深入思考后冷静的认知,即对城市发展而言,历史扮演十分关键的角色,越是历史悠久、地位崇高、规模庞大、人口众多的城市,就越会受到历史的强烈影响,碍于沉没成本和机会成本的高企,难于摆脱路径依赖的历史理性。

　　本书以北京作为案例,以城市公共产品的供求及其空间匹配作为视角,一方面,可视化地归纳了 21 世纪以来北京城市公共产品和基本公共服务的发展轨迹、现状水平、结构问题和矫正措施;另一方面,沿着北京硬件设施和服务功能的完善与演进之路,因循着历史的证据链条,为探索城市未来战略提供历史性的科学逻辑基础,清醒地找到门径与钥匙。

　　在本书付梓之际,借后记的一寸方圆,再次向若干年来在本研究的持续进行中给予我们指导与帮助的所有人致以诚挚的感激。感谢北京大学出版社理科二编辑部的王树通、赵旻枫老师。作为本书的责任编辑,他们在本书编辑和出版过程中,付出了大量的努力和辛勤工作,为本书的出版提供了极高的效率和质量保障。

陆　军

于北京大学廖凯原楼

2021 年 9 月